河北省社会科学基金项目(项目编号：HB19GL027)成果

XINXING ZHIYE NONGMIN PEIYUZHONG DE
JINGJI ZHUTI XINGWEI YANJIU

新型职业农民培育中的
经济主体行为研究

周　瑾/著

中国财经出版传媒集团

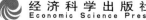

经济科学出版社
Economic Science Press

图书在版编目（CIP）数据

新型职业农民培育中的经济主体行为研究/周瑾著 .
—北京：经济科学出版社，2020.7
ISBN 978 - 7 - 5218 - 1672 - 3

Ⅰ . ①新…　Ⅱ . ①周…　Ⅲ . ①农民教育 - 职业教育 -
研究 - 中国　Ⅳ . ①G725

中国版本图书馆 CIP 数据核字（2020）第 114450 号

责任编辑：张　燕
责任校对：郑淑艳
责任印制：邱　天

新型职业农民培育中的经济主体行为研究

周　瑾/著

经济科学出版社出版、发行　新华书店经销

社址：北京市海淀区阜成路甲 28 号　邮编：100142

总编部电话：010 - 88191217　发行部电话：010 - 88191522

网址：www. esp. com. cn

电子邮箱：esp@ esp. com. cn

天猫网店：经济科学出版社旗舰店

网址：http://jjkxcbs. tmall. com

固安华明印业有限公司印装

710 × 1000　16 开　15. 75 印张　270000 字

2020 年 8 月第 1 版　2020 年 8 月第 1 次印刷

ISBN 978 - 7 - 5218 - 1672 - 3　定价：62. 00 元

前　言

这是一本研究如何提高新型职业农民培育效率的书，突出基础性、实证性和系统性。主要面向乡村人才振兴，定位农业劳动力的培养路径，目的是引导读者从经济主体行为的角度了解新型职业农民培育的经验性模式和学理化过程，力求内容充实易懂，案例典型实用，理论方法得当。

※如何看待新型职业农民培育

近年来，随着农村青壮年劳动力向城镇和第二、第三产业的持续转移，我国务农人口老龄化、兼业化程度不断加大，农业劳动力结构性短缺与农业现代化发展需求间的矛盾加剧。新型职业农民培育作为提高农民职业化水平的重要途径，是破解"谁来种地"困境的关键对策，对提高农民主体意识、促进农村发展、推进现代农业建设具有重要意义。

2012年，"新型职业农民"这一称谓首次出现在大众视野，中央一号文件连续8年就"培育新型职业农民"问题提出要求。这些年，学界反响热烈，众多学者着眼于研究新型职业农民"新"在哪里，"职业性"如何体现以及"培育"究竟是何目标，有何内涵，就此产生了大量学术成果。截至书稿完成日，中国知网上以"新型职业农民培育"为主题的理论文章共计2546篇，主要涉及社会学、农业经济、农村发展等专业领域，重点围绕农民培训和农民培育的现实问题、农民培育的意义与作用等方面展开研究。

※本书的逻辑

本书的立意角度和其他学术成果不同。本书是将新型职业农民培育看作一项经济活动来进行研究的，研究内容是新型职业农民培育中的经济主体行为。其中，经济主体包括个人（培育对象）、企业与政府。

本书的研究目的是探索如何提高新型职业农民的培育效率，优化新型职业农民的培育路径。

本书的研究思路是通过对新型职业农民培育的经济学内涵、性质以及培育中的经济主体进行科学界定，以理性经济人行为理论、公共产品最优供给理论、参与式发展理论、交易成本理论及博弈论为基础，依托在全国范围内发放的 1216 份新型职业农民调查问卷及 84220 份河北省新型职业农民培育对象摸底调查等数据资料，结合材料分析与模式总结，采用实证与规范相结合的研究方法，重点运用理性层次分析、多分类从业选择模型分析、利益机制分析、政府职能分析等分析手段，围绕三大经济主体在新型职业农民培育中的行为逻辑、行为方式、行为路径等内容展开论述。最终通过对各主体在新型职业农民培育中的行为关系和作用协同的分析研究，得出推进新型职业农民培育的相关启示与对策建议。

※本书的特点与主要结论

一是对农民的理性层次展开了分析，明确了经济理性是培育对象参与培育的行为准则，获得产业化与职业化发展能力是其参与培育的客观需求。结合对培育对象在不同职业类别间的从业结构特征描述和影响其从业选择的微观因素分析可知，不同个体特征、家庭特征、居住地特征的培育对象会体现出差别化的从业意愿。

二是明确了企业与新型职业农民间的利益关系。企业参与新型职业农民培育对培育效率的改进具有必要性作用。其参与行为包括教育培训、就业保障与发展扶持等，这些行为实质上是企业追求自身利益最大化的过程，而企业与培育对象间的利益联结机制决定了企业利益实现的不同路径。

三是新型职业农民培育的系统性与正外部性决定了政府在新型职业农民培育中的基础作用和主导意义，通过分析、评价政府在新型职业农民培育中的规范设计、教育培训、认定管理与政策扶持行为，明确了政府在新型职业农民培育中扮演着教育培训资源的整合者、培育质量的监督者和公共服务的供给者等多重角色。

四是在理性经济人假设下，培育对象、企业与政府的行为趋向分别表现为个人效用最大化、组织利润最大化及社会福利最大化，三者在新型职业农民培育中的行为关系实际上是三者合作博弈的结果。通过分析均衡解，可以看出不同主体的行为方向，即企业投资新型职业农民的专用性人力资本，政府投资新型职业农民的通用性人力资本和职业化发展能力，并且由政府对企业和培育对象予以扶持与激励，由此实现主体收益均衡和培育效率优化。

五是当研究新型职业农民培育的系统性时，为协调培育供需，提高培育效率，应以新型职业农民培养为核心。依据培育对象的客观需求，完善新型职业农民培养的内容体系；依据培育主体的供给目标，优化新型职业农民培养的方式方法。在此基础上，可结合发展扶持措施，针对不同职业类型、不同从业特征、不同发展阶段的培育对象群体，协调选择相适应的培育路径。

　　由于笔者水平有限，书中难免存在不足和错误之处，恳请广大读者批评指正。

周　瑾

2020 年 7 月

目　　录

第一章 导 论

第一节 问题的提出

一、研究背景

中国是农业大国，破解"三农"发展瓶颈关乎中国社会改革和经济复兴，是多年来社会各界与相关学者广泛参与研讨的深刻话题。农民作为适应特定产业与区域的生产力代表，决定了"三农"发展的核心。随着工业化、城镇化的推进，大量农村青壮年进城务工，农村劳动力转移愈演愈烈。国家统计局数据显示，2015年我国农民工数量达到2.77亿人，并以每年900万~1000万人的增速持续增加。四川省的抽样数据显示，农村劳动力转移比率高达60%，其中26%举家转移，仅有20%的农民留守农村。陕西省的抽样数据显示，25~35岁的农民中有72%外出打工，留守的务农农民平均年龄为55岁，其中妇女占比63%，初中及以下学历占83%。以上数据表明，我国农村逐渐出现了农户兼业化、村庄空心化、人口老龄化的结构变化，"谁来种地"问题日益突出，急需培养、造就一支"有文化、懂技术、善管理、会经营"的新型职业农民队伍。同时，在"四化"同步发展的时代背景下，新型职业农民培育成为推进农业现代化的重要力量。现代农业是广泛应用现代科学技术以及现代工业提供的生产资料和科学管理方法的社会化农业。舒尔茨在《改造传统农业》中指出，发展现代农业不仅要依靠优质种子、先进机械等生产资料，更重要的是让农民掌握土壤、动植物、机械的认知使用能力。可见，发展现代农业需要具备时代感的劳动者充当现代技术、先进资料和科学方法的应用载体。新型职业农民作为解决农业劳动力短缺，适应先进农业生产力与生产关系协调的核心要素，建设其队伍已成为保障我国粮食安全和农业可持续发展的战略要求。

　　新型职业农民培育是符合中央政策导向、教育制度变革及农业发展战略的系统性、承接性、长久性工程。2005 年底，基于提高农民整体素质，农业部在《关于实施农村实用人才培养"百万中专生计划"的意见》中提出了培养职业农民的要求，指出将农村劳动力中具有初中（或相当于初中）及以上文化程度，在农业生产、经营、服务及农村经济、社会发展等领域从事工作的职业农民作为培养对象[1]。这是在国家层面首次提出"职业农民"的概念，界定了职业农民的素质要求和从业范围。2006 年，中央一号文件同样以提高农民整体素质为目标，进一步从"有文化、懂技术、会经营"的能力素质要求方面提出了"新型农民"的概念。2007 年 10 月，在党的十七大报告中明确了新型农民在新农村建设中的主体作用，指出培养新型农民队伍不仅需要通过教育培训提升其综合素质与专业技能，而且需要通过政府扶持和环境建设保障其自身发展与产业需求。自此，长期以来的农民培训概念正式升级为农民培育。2008 年，在党的十七届三中全会上指出我国总体上进入"加快走中国特色农业现代化道路，加速发展城乡经济社会一体化"的重要时期。在该形势下，中央提出将职业农民培育作为实现农业和农村现代化工作的最基本内容。2012 年，中央一号文件立足我国农村劳动力结构和职业教育发展的新变化，为适应现代农业发展的新需求，提出大力培育新型职业农民。这是中央统筹城乡、推进"四化"同步发展的重大战略决策，标志着我国农民素质的革新及其身份向职业的转变。2013 年，中央一号文件提出大力培育新型职业农民和农村实用人才，指明了"转变经营方式，发展现代农业"的人才队伍建设方向。2015 年，中央财政安排农民培训补助资金 11 亿元，农业部正式启动新型职业农民培育工程，集中力量、突出重点、针对实际、迅速及时地培育一批新型职业农民。2016 年，中央一号文件立足农业供给侧改革，以实现全面小康为目标，以农业提效为重点，提出"加快培育新型职业农民，将新型职业农民培养成建设现代农业的主导力量"，突出了新型职业农民群体在农业现代化进程中的主体地位，明确了培育的重点对象与方式方法。长期以来针对农民科技素质提升、农业发展能力促进的政策措施奠定了新型职业农民培育的环境基础，同时指明了新型职业农民培育的基本方向与路径。在此基础上，新型职业农民培育在各地开展速度迅猛，成效喜人，迫切要求有相关的理论研究成果支撑培育经验的验证与思路的创新，为进一步发展新型职业农民培育事业打下坚实的理论根基。

综上所述，培养造就一支新型职业农民队伍，发展稳定而高效的职业化务农群体，持续农业增效，带动农民增收，促进农村发展，进而打造新的社会经济发展增长极，推进城乡一体化发展，已成为近几年党和国家，乃至社会各界广泛关注的核心问题。截至目前，新型职业农民培育试点县（示范县）通过先试先行，探索了一些符合地区特色与产业要求的有益经验，如四川崇州、浙江湖州、湖北武汉东西湖区、山西晋中榆次区等地区凝练总结出了新型职业农民培育的有效做法和模式，形成了一些如《新型职业农民培育典型模式》《职业农民是如何成长的》等经验性说明的书籍与论文成果，对新型职业农民培育的推进开展给予了一定的指导。然而，新型职业农民培育的效率目标实现路径并未得到过深入的分析与讨论，亟待有关的学术研究予以验证和说明。

二、研究目的

通过对近年来新型职业农民培育研究成果的梳理可知，学者们多以教育学或社会学为视角研究新型职业农民培育问题，并大多将其等同于农民教育培训，看作政府单方的公共产品供给行为，重点分析政府投资的措施与意义。然而，从实际来看，新型职业农民是劳动力非农转移和四化同步发展联合作用下兴起的职业化群体，是由市场遴选出的适应现代农业生产方式变革的生产力资源。因此，本书采用经济学视角，通过资料梳理与实地调研，以主体收益为导向，将新型职业农民培育看作一种参与式发展框架下的多主体经济行为予以研究。目的在于通过本项研究的成果，在理论上总结新型职业农民培育中各经济主体的行为逻辑、行为趋向和规律做法，并就如何激励各主体协调参与新型职业农民培育进行讨论，最终通过政府行为与企业行为的互联、互补与相融，共同适应新型职业农民发展的客观需求，优化新型职业农民培育体系，明确新型职业农民培育的高效路径，为新型职业农民培育的系统完善、广泛实践以及相关政策制定提供理论依据和方向指导。具体目标包括以下三点。

第一，以人的发展能力为核心，将新型职业农民培育放在市场化、产业化发展背景下，对新型职业农民培育做出经济学解释。

第二，通过材料分析与实地调研，对参与新型职业农民培育的三大经济主体——培育对象、企业与政府在培育中的相关行为进行剖析，明确各经济主体的行为特征。

第三，深入分析三大经济主体在新型职业农民培育中的行为趋向、行为关系和行为作用的耦合，最终有针对性地提出完善培育体系、优化培育路径的对策建议。

三、研究意义

新型职业农民是新型农民和职业农民的有机结合，是社会发展趋势与市场经济改革的必然产物。它体现了农民由身份向职业转变，由传统向现代转变，由兼业向专业转变的时代要求。同时，它也为构建新型农业经营体系奠定了微观基础，成为中国农业现代化的推动者和社会主义新农村的建设者。作为一项人才战略，培育与经济的联系越紧密，培育路径的特色就越鲜明，培育效果就越能符合经济社会的发展规律与现实需求。新型职业农民培育区别于"一事一训"的传统培训，涉及人才培养的全面内容，并要求从环境、制度、政策等层面进行引导，重点构建包括教育培训、认定管理、扶持政策相互衔接、有机联系的培育制度体系[2]，明确各参与方主体责任，促进政府平台建设与企业组织化、市场化行为的协同。因此，以实证为支撑，分析培育对象、企业与政府在新型职业农民培育中的行为与作用，不仅是将培育作为具有经济特性事物的研究视角创新，而且是规范与放活培育市场，协调培育效率与公平，加速打造新型职业农民队伍，回答"谁来种地""如何种地"的可靠思路，对推进我国农业可持续发展，保障国家长期粮食安全，促进农村社会稳定繁荣具有重要的理论价值与现实意义。

（一）理论意义

在劳动力结构变迁与农业现代化发展的背景要求下，多数学者把研究重点放在了新型职业农民的教育培养以及政府的行政行为上。本书通过分析农民概念的演变，首先界定出新型职业农民、新型职业农民培育、新型职业农民培育中的经济主体等概念，并将新型职业农民培育这一准公共产品的供给行为放在市场化条件下进行研究，运用理性经济人行为理论、公共产品最优供给理论、参与式发展理论、交易成本理论以及博弈论的观点与框架对新型职业农民培育中的经济主体行为进行分析，为明确新型职业农民培育机制，提升新型职业农民培育效率提供了理论依据，同时也对农业人力资源开发、农业劳动力市场结构调整等问题的研究做出了补充。

（二）实践意义

研究多主体参与的市场化培育路径，是完善新型职业农民培育体系的有益探索。自 2013 年农业部开展 100 个县的试点培育工作以来，各地积极结合区域特色，整合培育资源，探索有效路径，新型职业农民培育初见成效。尤其是四川崇州、陕西安康等地将人才培育与经济手段进行了结合，实践了以企业为主体、农广校为依托的新型职业农民培育市场化模式，有效增强了农业、农村的吸引力和新型职业农民群体的影响力，探索出了一条促进农业生产力和生产关系协同发展，新型农业经营主体和新型职业农民融合成长，农业经济和农村社会共同繁荣之路。在此基础上，本书以解答"地由谁来种""地怎么种""怎么让他们种"等问题为目标，重点运用经济学理论与方法，剖析新型职业农民培育中培育对象、企业、政府的行为准则、行为路径与行为边界，最终解答如何通过经济主体行为的耦合实现整体福利的改进：政府协调优化资源配置，投入最少的公共成本，企业自主参与培育并获得利益最大化，培育对象意愿参与培育并获得效用最大化。最终促进新型职业农民培育的效率性与持续性发展。

第二节 国内外研究现状

新型职业农民培育是适应我国农业现代化发展方向与农业劳动力结构性失衡等形势提出的新概念，其内涵具有一定的时代性与地域特性。由于国内外对于农民概念的定义角度不同，有关新型职业培育的研究成果并不均衡。国外一般没有专门关于新型职业农民培育的系统研究，仅有部分以农民职业化教育培训和职业化扶持措施为主题的研究成果可供借鉴。与之相比，随着我国新型职业农民群体作用的凸显与社会对其认知水平的提高，新型职业农民培育的相关问题研究越来越受到国内学界的重视，逐步形成了一批理论成果。自 2012 年提出新型职业农民的概念至今，中国知网收录的以"新型职业农民培育"为主题的文章共计 2546 篇（搜索时间为 2019 年 12 月 26 日）。其中，2012 年共计 13 篇，之后每年的文献成果均以倍数增长，2017 年高达 435 篇；诸如政策宣传、经验做法等报道性文章占比超 80%，学术性论文相对有限；以"职业农民""职业农民培育"为主题的硕博论文共计 153 篇（其中博士 5 篇，硕士 148 篇），基本全部以"相关问题""培育路径""培育模式""培育对策"为题名。针对现有的研究，总结出对本书较有借鉴意义的成果如下。

一、新型职业农民的概念研究

长期以来，西方学界一直以 peasantry（传统农民）而不是 farmer（职业农民，也翻译成农场主）来认识与称呼中国农民。艾瑞克·沃尔夫（Eric Wolf，1966）认为，传统农民的生产目标主要是维持生计，它是身份有别于市民的群体代称；职业农民是充分参与市场，将农业作为产业，并利用一切可能的选择使报酬最大化的职业群体[3]。在发达国家近百年的农业发展中，农民大多指代职业性的经济学概念。但在我国，农民大多指代二元户籍制度限制下具有身份性特征的社会学概念。新型职业农民的官方概念出自 2012 年中央一号文件的重大部署。之后，很多国内学者对新型职业农民的内涵进行了研究与解读。截至目前，新型职业农民虽未发展成稳定的职业群体，但已基本形成了"大致轮廓"。根据研究角度的不同，学者们对新型职业农民有着不同的理解和定位。

王国庆（2011）及李文学（2013）等从发展的角度将新型职业农民看作工业化、城市化达到相当水平后伴生的新型职业群体，是适应于农业产业结构调整与产业化发展而产生的，是有别于传统农民的职业化群体队伍，主要追求自身的创业与发展[4]。

蒋平（2012）及殷喜悦（2016）以职业内涵为视角，认为新型职业农民是指在三次产业自主择业并且实现充分就业，专业从事农业生产经营或农业服务的务农人群[5][6]。

蒋平（2012）及朱启臻（2012）从能力特征着眼，认为新型职业农民是兼具一定农业生产技能、一定农业生产经营规模、收入主要来源于农业且达到一定标准的职业化农民，是现代农业生产与新农村建设的生力军[5][7]。

曾一春（2012）及朱启臻（2013）分析了新型职业农民与其他相关概念的联系与区别，认为新型职业农民与兼业农民的最大区别在于因收入来源不同所决定的对土地的不同态度，但其概念与农民技术骨干、新型农民、农村实用人才等一脉相承，具有鲜明的时代特征和需求导向，并指出未来家庭农场会是新型职业农民诞生的主要驱动力与发育摇篮[8][9]。

综上所述，国内外学者在对新型职业农民进行界定时，虽视角不同，解释不同，但基本都是围绕农民的现代化、职业化进行的论述，提出了新型职业农民在生产能力、盈利能力、创新能力、发展能力等方面的特征，并大致分析了其责任与义务。总的来看，新型职业农民的概念有广义和狭义之分。广义上的新型职业农民泛指一类职业，即专业化的务农者。狭义上新型职业农民则特指在农业从业领域中，具有较高素质，掌握专业技能，具备现代发展意识与经营管理能力，从事农业生产、经营、服务等工作的专业人员。

二、新型职业农民培育的意义研究

首先，培育新型职业农民的过程，本质上是传统农民向职业农民转型的过程，是农民自身素质与发展水平提升的过程。弗奇（Fetsch，2001）认为，受过良好教育的农民能更好地把握经济转型所带来的机会[10]。

其次，由于我国新农村建设的劳动力短缺问题日益严峻，迫切需要培育新型职业农民，提高农业劳动者的整体素质。王君丽、祝士明（2006）指出，农民是农村和农业中的主体。农民知识的现代化直接影响农村发展的现代化，较低的文化素质和落后的生产技术阻碍了农民创造农业剩余，深化了有限农业剩余和无限现代化需求间的矛盾[11]。周广熊、张武鸣等（2013）指出，只有培养一大批素质优良的新型职业农民，将经济增长转移到依靠科技进步和提高劳动者素质的轨道上来，才能把农村的人口压力转化为人力资源优势，激发社会主义新农村发展建设的动力，促进传统农业向现代农业转变，从落后农村向美丽乡村变革[12]。

最后，农民是最活跃的生产要素，主体地位至关重要。培育新型职业农民是提高农民知识与职业素质水平的必由之路，是发展现代农业的根本之计。舒尔茨（Schultz，1964）在《改造传统农业》一书中指出了对农民进行人力资本投资在推动农业技术进步和改造传统农业中的作用[13]。伯索尔（Birdsall，1993）利用加纳、马来西亚等国的数据综合分析了农民教育对农业产出的影响水平。蒋平（2012）则对江苏省农业基本现代化监测指标之一的"持证农业劳动力占农业劳动力的比重"进行了系统测量，提出要将农民发展成为职业化、专业化的现代农业主体，并通过培养造就新型职业农民队伍带动广大农民群体进行产业经营的提档升级，转变应用产业化、规模化、集约化、标准化、信息化的农业生产经营方式，实现现代农业的强劲发展[5]。魏登峰（2012）在专访农业部副部长张桃林的文章中指出，培育新型职业农民是解决未来"谁来种地"问题的根本途径，是推进我国农业现代化发展的必然要求，是世界各国的普遍做法[14]。孔祥波（2013）与王守聪（2013）等将培育新型职业农民的战略定位提升到了新的高度，认为培育新型职业农民是培育现代农业的现实与未来，提升农民的素质层次与发展能力是实现国家长久发展的根本战略，发展现代农业，繁荣农村经济，是推动"三农"事业发展的根本制度变革[15][16]。陈别锐等（2014）认为，培养新型职业农民是促进农民就业和创业的有效途径，是促使农民掌握现代农业知识和专业技能的重要渠道，是专业化生产和产业化经营的迫切需要[17]。

将新型职业农民培育作为破解"三农"问题的关键举措，这一点已成为社会共识。作为一项深具发展导向的人才战略，培育新型职业农民的实践价值也同样重要。通过对新型职业农民培育相关问题的研究，分析总结规范性和规律性培育路径，为全面提高培育水平提供决策依据，才更有利于造就新型职业农民队伍。

三、新型职业农民培育的模式研究

从世界范围来看，无论是发达国家还是发展中国家都普遍重视农民培育，多表现在农业职业教育与农民职业培训方面，国内学者对一些经验做法进行了系统的总结。

从不同国家的特点来看，戴洪生、张瑞慈（2003）简要分析了韩国农业职业教育的有效做法，并针对教育主体、龙头企业和受益者的参与特点进行了梳理[18]。从国外的模式经验来看，发达国家具有较为成熟的历史经验，学者们的研究多集中于三种模式：以美国为代表的北美模式，以英、法、德为代表的西欧模式，以及以日、韩为代表的东亚模式。赵正洲、王鹏等（2005）分析了不同模式的突出特点，认为东亚模式主要以政府为主导，通过国家立法保障，在教育类型、教育层次、教学方向、培养目标上呈现多元化；西欧模式主要以家庭农场主为重点培养对象，通过政府、学校、科研单位、农民培训网四方主体共同参与，整合配置教育培训资源，并结合普通教育、职业教育、成人教育等多种形式推进农民综合能力培养；北美模式主要以机耕手和农业规模经营者为主要对象，以农学院为主导，结合农业教育、农业科研、农机推广等部门，依托农业教研机构，多措并举开展农民培育[19]。王桂芝（2011）总结了三类培育模式的相同之处，认为以上培育模式都是以国家立法为保障，以基础教育为支撑，充分发挥社会各方的力量，为农民提供系统化的教育培训[20]。

从不同模式的主导主体与适用性条件来看，王秀华（2012）认为，新型职业农民的培养模式不同于普通大学生的培养模式，不仅要反映农业经济的特点和发展要求，而且要善于利用各种社会力量，打造订单培养模式、委托培养模式、一贯制教育模式等培养模式[21]。华芳英（2015）提出，构建农民终身教育培训一体化模式，要明确素质与技能、学历与非学历的多层次培养目标；探索学校教育、家庭教育和社会教育有机结合的农民职业教育联动机制；要明确牵头部门职责与任务，明确相关职能部门的职责与任务；还要根据不同农民群体设计多层面的现代新型职业农民培养方案[22]。邓湧等（2015）认为，新型职业农民培训模式可以选择自选模式、示范引导模式、典型案例模式、模块式培训模式、五天培训模式等多种形式，以提高培训的参与度和质量[23]。

不难发现，学者们一直都在寻求不同的新型职业农民培养模式，且模式的选择需要结合不同的地域、产业、主体和对象特征才能达到预期效果。但是，多数学者对培育模式只是做出了定性的总结，并没有给出科学评价与启示性建议，如模式的经验凝练、适用条件等问题都尚未获得明确解析。

四、新型职业农民培育中的经济主体行为研究

（一）新型职业农民培育中的农民行为研究

常佳佳、王伟（2010）等引用大量数据，揭示了培育中农民自身的素质层次与社会认识问题：从我国16个行业的从业人员人力资本情况来看，农林牧渔从业人员受教育水平最低，且由于综合素质较高的劳动力大量外流，留守务农的只有"老弱病残"，他们因受故步自封的传统观念影响，市场意识和政策意识相对淡薄，发展眼光不够长远，无法对提高自身素质与获得职业发展的引导信号做出积极反应[24]。丁丽军、赵莎莎等（2012）对新型职业农民的培训需求和培训意愿进行了调查，通过统计数据分析，从接受高等教育、获取专业技术、农民现实期望等方面分析了新型职业农民培育的现状[25]。陈池波等（2013）及童洁等（2015）指出，新型职业农民获得自身发展的行动

力较差，应首先对其进行观念革新，即转变主体观念，开放创新观念，标准化科学观念，把握诚信观念，严格法律观念；其次提高其自身的科技素质、文化素质、道德素质和身心素质在内的综合素质水平；最后提升农民的产业化、工业化生产能力，掌握合作组织化能力，增强农业特色化、差异化发展能力[26][27]。张红（2013）通过问卷调查，在描述我国农民职业分化现状的基础上，分析指出新型职业农民培育中农民群体的职业意识缺失，目标群体的理性认识缺乏等问题[28]。

（二）新型职业农民培育中的企业行为研究

首先，参与新型职业农民培育的企业范畴较为广泛。王守聪（2013）指出，随着我国农业由传统小农生产向社会化大生产的方式转变，规模化的种养大户、家庭农场等新型农业经营主体逐渐增多，农业加快向产前、产后延伸，更多环节、更高层面、更大规模的分工分业成为趋势，为新型职业农民的产生和发展奠定了市场化主体基础[16]。

其次，企业与新型职业农民的关系相对密切。石骏（2013）对农民专业合作社视阈下的新型职业农民培养方式进行了研究，指出专业合作社是新型职业农民的组织载体，与新型职业农民在发展中相互促进，有利于通过微观主体与产业组织的融合，改变农民的弱势发展地位[29]。李小红（2014）从农民专业合作社参与新型职业农民培育的意义着手，提出合作社能够在培育中做到全方位、实效性的培育以及在科技成果转化、培训与创业结合等方面展现主体优势，并提出了合作社参与新型职业农民培育仍存在辐射带动能力不足、带头人素质低、合作社自身不规范、利益排他等现实困境[30]。

最后，在新型职业农民培育中，企业的行为方式呈现多元化特点。赵正洲、王鹏等（2005）通过对职业农民培育的西欧模式进行分析，提出针对家庭农场主等重点培养对象，企业通过与政府、科研单位、农民培训网的协同配合，有机配置教育培训资源，并通过多种教育形式推进农民的综合能力培养[19]。王志成（2013）通过分析富阳市新型职业农民培育与家庭农场建设的协同，指出了家庭农场在对象遴选、创业发育等新型职业农民培育方面的作用[31]。朱启臻（2013）在论述了新型职业农民内涵的同时，对家庭农场在新型职业农民教育培训和就业发展中的载体作用进行了论述[32]。王治、程星（2015）分析了家庭农场对新型职业农民进行创业扶持的行为路径，提出新型职业农民是家庭农场的主体，落实家庭农场的政府专项资金资助与科技帮扶可以化解新型职业农民职业化发展与产业化经营的困境与难题[33]。

（三）新型职业农民培育中的政府行为研究

针对政府行为研究多集中于对政府在新型职业农民培育中的政策设计、规范引导和资源整合等方面。

赵邦宏（2012）认为，新型职业农民培育需要增强政府的主导力，完善现实保障，在为职业农民颁发职业证书、出台特惠性政策、提高新型职业农民收入水平等方面强化抓手，改变"农业是弱势产业"的现状与认识[34]。农业部副部长张桃林（2012）指出，政府在推进我国新型职业农民培育中仍存在着培育规模小、投入不足、法制保障不到位等问题[35]。魏登峰（2012）在对张桃林的专访中也引用其观点指出，培育职业农民的基本对策在于强化政府的政策扶持，深化教育教学改革，探索建立农业资格准入制度，加快推进农民教育培训立法等方面工作[14]。

赵正洲、王鹏等（2005）在对东亚职业农民培育模式的分析中，对政府通过国家立法，保障职业农民培育体系在教育类型、教育层次、教学方向、培养目标上的多元化发展内容进行了剖析[19]。李红（2008）从政府的制度保障、资金投入、体系运作、培训渠道创设等方面研究了日本的职业农民培育路径[36]。周建华、王锡锋（2012）则从经费投入与宣传力度等方面分析了政府单方供给下的农民培训存在培训师资缺失、培训方法落后、培训途径单一等现实问题[37]。周波（2012）提出，要从政策、培训、品牌、监督、服务等环节加大政府在新型职业农民培育中的投入和引导，通过构建多元主体的培训体系，依靠品牌建设和产业带动增强培育引力，同时公开公正地对培育全程予以监督，构建保障权益的政府跟踪服务模式[38]。李俏、李辉（2013）引入"参与式"培育理念，指出可通过对农民的赋权来引导新型职业农民的自我发展[39]。张宇等（2015）则借鉴发达国家建立农业职业准入资格制度和农民职业教育改革的成功经验，指出我国的新型职业农民培育应强化政府的政策支持，建立职业农民约束机制，并积极引导职业农民的培养模式在方法、渠道、主体等方面进行革新[40]。

邓志军、黄日强（2004）从政府在职业农民能力培养、培育资源整合、教学形式创新、学分制和证书制体系建设等方面的作用发挥入手，分析了澳大利亚职业农民培育中的政府行为特点[41]。郜艳丽、李峰（2009）探讨了农村职业教育对于培育职业农民的重要意义，提出应由政府加大财政支持力度，加强"双师型"教师队伍建设，充分发挥农村职业教育的作用[42]。李青彦、叶波（2013）认为，要以培训为支撑加快新型职业农民培育的步伐，政府在教育培训中应加大培训工程覆盖，积极引导各级农广校争取阳光工程、新型农民培训工程等农民培训项目，并以其为依托，探索符合本地农村劳动力结构特点、产业特点、经济水平的新型职业农民培育方案[43]。徐涌、戴国宝（2014）从社会地位、市场主体、教育培训三方面分析出农民发展存在"二元"歧视，无人种地使新型职业农民培育对象群体缺失，政府在农民培训中存在项目立项无支撑、组织实施无规范、课程体系不科学、师资队伍不完善等职能缺位问题[44]。

截至目前，专门研究新型职业农民培育中主体行为的成果较少，有关经济主体行为的研究更是凤毛麟角。以本书涉及的经济主体来看，针对培育对象，学者们一般将其等同于传统农民群体，认为其在新型职业农民培育中的行为多在态度、需求等主观行为逻辑层面得到体现与表达；针对企业行为，有部分学者对家庭农场、农民合作社等营利性组织在新型职业农民培育中的作用意义与作用渠道进行了简要说明；针对政府行为，多数学者从培育的公益性角度出发，着重对政府在新型职业农民培育中的主导与调控行为进行了分析。

五、研究现状简评

纵观世界农业发展历程，对农民进行职业化培育是伴随农业现代化进程的全球性课题。综上所述，国内外有关新型职业农民培育的研究体现出以下特点。

一是经验报道性成果多，学术研究成果少。以中国知网上的相关文献为例，现有的论文成果多集中于《农民科技培训》（148 篇）、《吉林农业》（77 篇）、《农民工作通讯》（16 篇）、《农民致富之友》（15 篇）、《中国农业信息》（9 篇）等刊物上，且多以地区经验总结、问题与对策分析等为主题，学术性研究新型职业农民培育的概念内涵、机制机理、主体关系等内容的文献较少，需要合理选题，科学应用研究方法，丰富新型职业农民培育的学术性研究成果。

二是教育学和社会学成果多，经济学成果少。对职业农民的研究，不仅是对改进农业生产力的研究，同时也是对成人教育的研究；不仅有利于农业人力资源开发与现代农业人才培养与管理，而且有利于丰富教育理论、完善社会制度。国外学者在研究职业农民问题时，倾向于在既定经济制度背景与社会发展条件下，重点分析农民教育培训与经济社会发展间的内在关系，发达国家尤其制定和实施了一系列以激发农民发展能力为核心的农业政策来推进农业从业者的职业化发展。从我国国情来看，新型职业农民尚属新兴群体，培育开展时间较短，时至今日只是初见成效，有关学术研究还处于起步阶段。就现有的成果来看，经济学视角的研究存在缺口，尤其缺乏针对各参与主体的经济行为研究，以此为基础的主体行为关系、培育效率改进及培育可持续等问题尚需进一步的剖析与解答。

　　三是研究教育培训的多，研究系统培育的少。在实际的培育问题研究中，多数学者未说明教育、培训与培育的区别与联系，仍将培育问题等同于培训问题予以研究，而全面培育所应涉及的如跟踪指导、政策扶持、帮扶就业等有关新型职业农民能力提升与发展保障的内容未得到同等重视，即使偶有提及，也只是将其作为政府制度建设或行政行为的组成部分。因此，研究新型职业农民培育需要进一步深入研究其概念范畴和有效方法。

　　四是规范研究成果多，实证研究成果少。新型职业农民培育是一项需要长期、系统开展的人才培养工程，需要从经验中总结归纳培育的有效路径。现有研究大多结合原有的农民教育与培训经验，对照培育对象的新时期特征进行方式方法的改良应用。实证研究中，经验实证占比较大，如各模式经验的总结等。近两年开始出现对培育现状、农民意愿等问题的数据实证研究，也大多集中于对基本情况的描述性统计，如向汉国（2016）发表的《新型职业农民培育的时间研究——以湖北省巴东县为例》、金胜男等（2015）发表的《生产经营型新型职业农民培育的意愿及影响因素研究——以黑龙江农场农户数据为例》、刘福军等（2015）发表的《欠发达地区女性新型职业农民培育实证研究——基于云南696位女性农民的调查》、樊筱等（2015）发表的《终身教育视角下新型职业农民培育多样化需求与政策转型——基于陕西省太白县的实证调查》等。

　　五是研究公益性主体行为的多，研究私益性主体行为的少。当前，多数学者将新型职业农民培育作为一项纯公益性的人才培养活动进行研究。从新型职业农民培育中相关经济主体行为的研究重点可以看出，政府在培育中的行为较为全面，涉及培育的制度建设、体系创新、公共投资、监督管理等内容，尤其突出了农广校、职教中心等培训机构在培育中的行为路径与突出作用。少数成果涉及企业在培育中的行为，主要体现在组织载体、政企合作、创业扶持等方面。

综上所述，我国的新型职业农民培育事业正处在探索路径、培育典型、创新模式、加快发展的关键时刻，许多相关问题需要从角度、广度和深度等层面进行研究。从全国来看，亟待通过理论分析、归纳与总结，探索新型职业农民培育的系统规律与效率路径。毫无疑问，中国应借鉴国外先进的经验，逐步构建以法制为保障，以政府为主导，以农民发展需求为根本出发点的多元化培育体系。但同时，为了更好地适应国情，在协调新型职业农民培育需求的基础上节约社会成本，就需要研究培育中各经济主体的行为特征，明确培育对象的参与意愿与动机，强化企业等市场化主体的参与作用，划分政府与企业的行为边界，将农业发展的能力培养要求与农民自身职业化发展定位相结合，确保农业职业分化层次的多样性、新型职业农民发展需求的多样性与农民教育培养方式的多样性相互适应，以此做好培育供给方与需求方的行为协调，在实际的培育策略中加强多主体合作，共同促进新型职业农民培育的效率实施和持续发展。

第三节 研究范围与研究内容

一、研究范围

从国外经验来看，推进农民职业化是多主体联合作用的结果。在我国，新型职业农民培育是农民职业化的重要手段，同样也需要多主体的共同参与。本书重点研究在经济主体行为协调下的新型职业农民培育路径选择问题，故将相关分析限定在以下三个方面。

第一，新型职业农民培育的参与主体较为多元。从供给角度来看，既涉及公益性主体，又涉及私益性主体，属于市场化活动的研究范畴。本书以新型职业农民培育市场化为背景，重点以培育中的经济主体为研究对象，并对其进行广义界定。

第二，新型职业农民培育的效率目标是通过低投入—高产出的培育路径来使培育对象获得产业化、职业化的发展能力，最终服务于现代农业的发展。因此本书引入多元化的产业主体，重点研究产业内培育新型职业农民的相关问题。

第三，本书将新型职业农民培育作为一项经济活动，重点分析各经济主体在新型职业农民培育中的行为逻辑和行为特征，最终通过明确各主体间的行为关系，优化多主体协调作用下的新型职业农民培育路径，对各主体的行为内容与行为方式仅作基础说明，各主体行为的环境条件和反应评价等则不作为本书的研究重点。

二、学术思想

新型职业农民培育是三方经济主体共同参与的经济活动，研究培育问题即是研究经济主体间的协调与合作关系。具体来看，培育对象作为需求侧主体，其行为意愿是精准培育的目标导向；企业与政府作为供给侧主体，由于各自的职能不同，两者在培育中的行为路径和作用也不同。目前尚未有针对以上两方面内容的实证研究，如果通过结合有关材料，应用实证和规范相结合的分析方法，明确各经济主体的行为特征，协调经济主体间的合作关系，就可能实现新型职业农民培育效率的整体改进。

三、研究内容

本书定位了新型职业农民培育的经济学研究视角，界定了新型职业农民培育的经济学内涵、培育中的经济主体等概念，评述了理性经济人行为理论、公共产品最优供给理论、参与式发展理论、交易成本理论及博弈论等理论思想，为研究奠定了理论基础。同时，借助中央农广校支持的和中国新型职业农民网上公开发布的有关新型职业农民培育的文件资料（包括中央及各地区新型职业农民培育实施方案、教育培训实施办法、认定管理与政策扶持方案等）、实地调研的各地区模式总结、全国范围内发放的调查问卷等，以典型培育案例为支撑，结合统计数据，运用理性层次分析、从业选择模型分析、利益机制分析、政府职能分析等分析方法，重点围绕新型职业农民培育中相关经济主体（培育对象、企业、政府）的行为逻辑、行为方式、行为趋向等展开论述，并就三主体在新型职业农民培育中的行为关系和作用协同进行规范性的归纳总结，进一步提出全面培育新型职业农民的对策建议。

全书共分为八章，具体研究内容和结构安排如下。

第一章，导论。以工业化、城镇化发展下的农村劳动力转移与现代农业的生产力发展要求为背景，对开展新型职业农民培育的时代性和迫切性要求做出阐述，提出本书的研究目的和研究意义。综合国内外相关研究基础，对新型职业农民培育的现有研究成果进行评述，借鉴有益结论与方法，明确本书的研究方向、研究内容、技术路线与研究方法，提出创新点与研究特色。

第二章，概念界定和理论基础。以时间为序，通过农民概念在我国社会经济发展中的演变特征，对传统农民、新型农民、新型职业农民的概念进行界定，并对新型职业农民培育的经济学内涵与相关经济主体进行定义，对理性经济人行为理论、公共产品最优供给理论、参与式发展理论、交易成本理论及博弈论等基础理论进行评述，通过培育内涵与理论基础的结合，对本书研究的理论框架进行视角转变和科学架构，为新型职业农民培育中的经济主体行为及其关系研究奠定基础。

第三章，新型职业农民培育中的培育对象行为分析。在传统经济学分析中，需求导向是实现市场均衡的基础。培育对象作为新型职业农民培育的需求侧主体，是培育的中心与重心，其行为特征是其他主体参与培育时行为决策的重要参考，是优化培育效果的关键研究内容。通过对新型职业农民的理性层次分析，明确培育对象的行为逻辑准则，并以此为基础，分析培育对象参与培育的行为动机，最终构建职业选择模型来分析培育对象在不同职业分类中的从业选择结构与决策影响因素。

第四章，新型职业农民培育中的企业行为分析。结合企业参与新型职业农民培育的典型案例，明确企业参与新型职业农民培育的重要作用和重点行为，通过对比不同利益相关关系下的企业行为动机，分析构建企业参与培育的利益机制，以此明确企业培育新型职业农民的行为路径，总结提出企业参与新型职业农民培育的优势与不足。

第五章，新型职业农民培育中的政府行为分析。通过分析培育的性质与特征，对应培育对象的相关需求，提出政府参与培育的必要性，科学划分政府介入新型职业农民培育的方向与边界，并通过对政府的职能划分与角色定位，结合实证材料分析政府在新型职业农民培育中的行为方式与行为规范。

第六章，新型职业农民培育中的经济主体行为关系分析。通过对培育对象、企业、政府参与新型职业农民培育的行为目标与相容机理的分析，阐述三者在完全信息条件下的合作博弈关系，明确各主体行为的利益诉求与关系网络，明确利益均衡条件下各经济主体行为的重点方向。

第七章，促进新型职业农民培育效率实施的对策建议。以解决新型职业农民培育的现存问题与发展障碍为目标，从要素层面提出优化新型职业农民培育体系的有关对策，并结合各经济主体的重点行为方向，以效率原则提出针对不同培育对象的新型职业农民培育路径与培育环境创造的相关建议。

第八章，结论与展望。主要对本书的主要研究结论进行总结，并对后续研究提出相应展望。

第四节　研究方法与技术路线

一、研究方法

本书主要采用逻辑推理与经验实证的分析方法，具体包括以下五个方面。

第一，文献分析方法。对国内外有关新型职业农民培育的研究成果和资料进行梳理，通过分析和思考，抽象出基本原理，为主要论点的提出与各研究部分的深入打下基础。

第二，数据实证方法。通过处理统计数据与调研数据，对新型职业农民培育对象的需求导向与从业选择等问题进行描述性数据分析。

第三，经验实证方法。通过参与相关部门的培育实践工作、进行实地调查和深度访谈等方法，搜集新型职业农民培育模式以及教育培训、认定管理、政策扶持制度等一手资料，在相关理论框架下对资料进行实证与分析。

第四，计量经济方法。在新型职业农民从业选择的影响因素分析上运用多分类 Logistic 计量回归模型，对获取的资料进行分析、处理和计算。

第五，案例与比较分析方法。在企业参与新型职业农民培育的典型模式分析中采用了案例分析法，对不同培育模式下的企业行为特征等进行了比较分析。同时，在分析政府的认定管理行为、政策扶持行为中运用了比较研究方法，支撑了本书的核心观点与结论。

二、技术路线

根据研究内容，将研究框架做如下梳理，如图 1-1 所示。

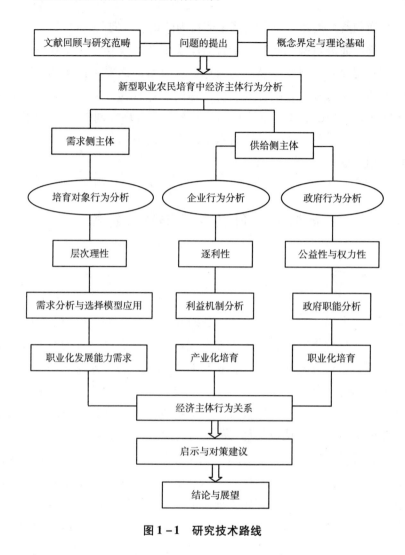

图 1-1　研究技术路线

第五节　创新点与特色说明

一是以新型职业农民培育中的经济主体行为作为主要研究内容，将新型职业农民培育看作一项经济活动，通过明确参与其中的个人（培育对象）、企业与政府三大经济主体，将政府的行政管理与扶持服务内生于经济活动系统，从经济学角度对新型职业农民培育中的经济主体行为展开了系统研究。

　　二是通过案例实证与理论分析，明确了企业参与新型职业农民培育对培育效率改进的必要性作用和对利益追求的必然性动机，并以交易成本理论为基础分析了企业与培育对象在新型职业农民培育中形成的利益关系和机制原理，明确了企业参与新型职业农民培育的优势作用。

　　三是运用博弈论分析了新型职业农民培育中培育对象、企业与政府行为间的合作博弈过程，得出了相应的均衡解条件，明确了均衡收益下各经济主体参与的培育条件与重点行为方向，并以此提出了不同职业类型、不同从业特征、不同发展阶段的新型职业农民培育路径。

第二章　概念界定和理论基础

新型职业农民培育是一个涉及多主体的系统行为过程，研究其相关问题及相应路径首先需要明确新型职业农民培育的内涵、培育中的经济主体等基本概念，并在此基础上梳理总结相关的理论研究成果，为明确新型职业农民培育中经济主体行为这一研究主题，构建理论与方法框架提供必备的基础条件。

第一节　相关概念界定

一、新型职业农民

（一）农民、新型农民与新型职业农民

1. 农民

农民虽是一个普通、常用的概念，但无论在学界还是生活中，人们对农民概念都有着不同的理解。正如《新帕尔格雷夫经济学大辞典》所提到的，"很少有哪个名词像'农民'这样给农村社会学家、人类学家和经济学家造成这么多困难"。根据美国人类学家艾瑞克·沃尔夫（Eric R. Wolf, 1966）对农民的定义："peasantry" 一般指以维持生计为目标，身份有别于市民的农业从业人员，是传统意义上的身份农民，他们受"世袭"式的约束，是被动的身份选择结果；而 "farmer" 指将农业作为产业，充分融入市场，利用一切可能的选择实现报酬最大化的农业从业人员，他们受市场影响，是主动的职业选择结果[3]。在我国，"农民"这一称呼已延续了几千年，其内涵一直也是社会学和经济学界争论的焦点。有些学者从农民的

身份属性出发，认为农民是生活在农村，具有农村户口的人员。也有学者从农民的职业属性出发，认为农民是从事农业生产经营的人员，与"工人""教师"等从业人员相类似。从社会实际来看，随着我国市场经济的发展，城乡劳动力市场逐步开放，越来越多的农民放弃家乡的土地到城市从业或打工。但在城乡二元户籍制度的约束下，不论其是在农业领域还是在非农领域就业，是处于就业状态、失业状态还是兼业状态，只要是农村户籍，都依然是农民。因此，谈到农民，人们常想到的不是一种职业，而是一种社会等级、一种社会身份、一种生存状态、一种社会组织方式、一种文化模式乃至一种心理结构等。为了更清晰地表述我国农民概念的演变，区分农民在不同时期的属性与特征，本书提到的农民概念都特指传统意义下的身份农民。

2. 新型农民

新型农民是与传统农民相对应提出的，它是一个发展中的概念，在不同时期具有不同的内涵特征。2006 年中央一号文件基于提高农民的整体素质，界定新型农民为"有文化、懂技术、会经营"的农民。段飞泉（2007）认为，新型农民是能够适应社会经济发展和社会主义新农村建设需要，具备一定的思想道德素养、民主法制观念、市场经营理念，掌握先进农业技术的新一代农业劳动者[45]。莫鸣（2009）指出，新型农民是兼具社会属性、经济属性和文化属性的概念，他认为"有文化"是新型农民概念的前提与基础，"懂技术"和"会经营"是科学文化知识在生产和经营中的运用和体现[46]。张亮（2010）则认为，新型农民是适应农业产业化发展要求，从事高效农业或者在农村区域参与生产、服务的各类人员的统称，是"有文化、懂技术、会经营、讲文明、守法纪、能创业"的现代化农民[47]。结合以上观点，新型农民应至少包含以下特征：一是农村户籍，即新型农民仍具有身份属性，是在传统农民的基础上发展来的概念；二是生活在农村，即新型农民的居住地为农村社区；三是服务于农村，即新型农民从事农业生产或农村服务之类的相关职业。而其"新"则反映在三个方面：一是新观念。新型农民转变了传统的思维方式，具备一定法制观念、自立意识和合作精神，生产生活逐步与时代接轨，适应了现代化发展要求。二是新素质。新型农民较传统农民而言，文化水平显著提高，是新型的农村知识分子，是具有发展志向和突出技能的新型人才。三是新能力。新型农民是农民中的佼佼者，是技术骨干和经营示范力量，是现代农民的经济学表达，其理性目标是运用知识和技能从事生产活动，提高生产经营效率，获得最大化的收益。由此可见，新型农民是历史的、发展的，是具备良好的思想品质、道德修养、发展理念和服务意识，掌握先进农业科学技术或相关技能，生活于农村、扎根于农村、服务于农村，参与农村各类事物经营管理的现代农民。

3. 新型职业农民

随着农业劳动力结构的改变和对"谁来种地"问题的深思与探讨，社会上有关培养造就专业化、职业化务农队伍的呼声越来越高，职业农民的概念逐步走进公众视野。虽然在 21 世纪初，已有学者先行从职业农民的视阈来研究"三农"问题，但研究成果数量有限，职业农民的概念也没有得到统一的解释。直到 2005 年，农业部实施了农村实用人才培养"百万中专生计划"，为明确农民中等职业教育的对象，首次界定职业农民为从事农业生产、经营、服务及其他农村经济社会发展领域的职业化的农民。职业农民概念的提出为农民职业化培养奠定了基础，农业职业教育事业发展如火如荼。2012 年，我国农村劳动力结构出现新变化，现代农业发展对农业劳动力产生了新需求，为适应"培养未来的现代农业主体"的战略决策，中央一号文件提出"大力培育新型职业农民"，这是"新型职业农民"概念的首次提出。此后，新型职业农民的概念开始逐步深入于各地"三农"工作的重点解读范畴，学术界也通过不同视角，掀起了一波研究和界定新型职业农民内涵的热潮。有些学者着眼于新型职业农民的市场主体属性，从"经济人"角度来进行考量，认为新型职业农民是适应现代农业需要，从事专业化生产的市场主体，能够充分利用市场机制获得最大化报酬的理性经济人[41]。也有学者强调新型职业农民"新"的特征，在新型农民的概念基础上突出农业生产或经营技能，认为新型职业农民是新型的农业生产经营主体，是有文化、懂技术、会经营、善管理的新型农民[48]。更多学者着眼于新型职业农民的职业化特征，认为新型职业农民是在农民职业分化中产生的，从业时间较长，主要经济活动与经济收入都与农业相关的职业化群体[49][50]。

就本书的研究视角和研究重点来看，定义好新型职业农民，需要首先明晰其产生、演化及发展的过程。发达资本主义国家较早实现了分业分工，特别是在政府对农业进行生产标准化规范和人员从业资格确认后，农民也实现了职业化。可以说，市场经济的快速发展使农民开始根据市场需求制订生产计划，这为职业农民的产生提供了必备的条件。从我国国情出发，需要从要素配置的角度着眼研究职业问题，而研究农业劳动力问题需要先行分析我国劳动力市场的二元结构。二元结构的两端，分别为劳动力边际生产率接近于零的传统农业和能够实现充分就业的现代城市工业。改革开放后，农民的职业属性和身份属性相分离，城乡劳动力流动逐渐趋于市场化。理论上讲，工业扩张式的发展会导致劳动力由农业向工业转移，这种转移终将使工、农两部门劳动力的边际生产率趋于一致，工资率水平实现均等化。如此，当单位劳动力的农业生产经营收益等同于或高于工业部门生产收益时，农业的经济引力将会提升，劳动力会自发回流至农业领域，农民最终成为职业农民。随着农业现代化的发展，一方面，农业生产要素得到了相对集中，科技应用水平获得了提高；另一方面，农业市场的属性更为偏向于竞争性市场，市场容量得到了扩大。这使得农业对提高生产力的要求愈发迫切，务农人才的素质和技能需求更为突出和具体，农业产业内各要素的配比新均衡亟待实现。由此，农业实现了更为具体的分工，农民实现了更为细化的分业，农民职业分化的结果也将更偏向于完全职业化的形式和状态。

然而，职业化后的专职务农人员并不完全符合我们所要研究的新型职业农民的定义。众所周知，由于职业和收入的线性关系，市场参与行为能力的提升已成为定义职业农民的主要核心。那么新型职业农民的"新"又源自何处？前文提到，"新"是一个发展的概念，是一个适应环境的特殊副词。新型职业农民的"新"首先体现为符合人的现代化规律，新型职业农民是具有现代化特征的群体，包括有思想、有道德、高素质、会技能、能创新等新的社会属性；其次体现为能够匹配农业产业化发展模式，新型职业农民是有能力、懂经营、集约、高效的农业产业化发展主体；最后体现为新的行为选择方式，新型职业农民不再是身份的被动接受者，而是从业者自主、理性选择的职业对象。

对比农民、新型农民与新型职业农民的关系可知（见图 2 - 1），无论是传统农民还是新型农民，都是社会学意义上的身份农民，强调群体的社会等级秩序。新型职业农民是在城乡劳动力市场实现均衡的条件下的个体职业化结果，不受身份的限制，其来源呈现多样化，既可以是身份农民，也可以是城镇人群。新型职业农民突出表现为经济行为人，他们具有一定的知识水平与技术能力，拥有发展思路与眼光，能够主动参与市场行为，代表的是伴随农业产业化、现代化出现的一种新的职业类型。

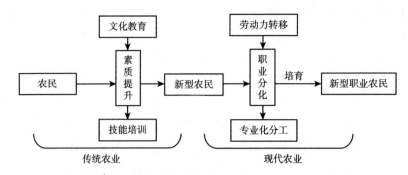

图2-1　传统农民、新型农民与新型职业农民的关系

综上所述，新型职业农民是指具有一定人力资本积累，自主选择农业为职业，积极并长期参与市场行为来获取农业产业化经营收入或相关岗位报酬的现代化、职业化的农业从业者。

（二）新型职业农民的特征

由新型职业农民的定义可以看出，新型职业农民至少具备以下特征。

第一，新型职业农民首先是农业从业者。农业从业者是指以土地等农业生产资料从事农业生产的劳动者[51]。基本包含了以下条件：一是占有一定数量的生产性耕地；二是大部分劳动时间从事农业生产经营；三是经济收入主要来源于农业与相关领域。这是新型职业农民的基本特征，是由农业生产特点所决定的基本从业要求。

第二，新型职业农民具有较高的人力资本存量。从人力资本积累总量来看，新型职业农民是现代化、知识性的农民，具备较好的身体素质，较高的文化水平，较专业的劳动技能，较强的管理能力。新型职业农民需要具备一定的学历教育基础，参与系列的技术培训或农技推广，转变粗放的管理经营模式，实现农业的优质生产、科学管理和有效经营。从人力资本类型的角度来看，新型职业农民是从事现代农业生产经营的专业化人才，这决定了其人力资本具有较强的专用性，使该群体具有较高的进出壁垒。

第三，新型职业农民是市场主体。新型职业农民敢于参与市场，开拓市场，能够掌握市场规律，利用市场信息，提高产品质量，延长产业链条，以满足消费者需求为导向，为市场提供高附加值的农产品。因此，新型职业农民一般具有较大的生产经营规模和较高的收入，且收入水平应至少达到外出打工的平均水平，这也是增强农业引力，吸引新型职业农民长期稳定并活跃在农业领域的基础条件。

第四，新型职业农民具备高度的从业稳定性。首先，职业本身具有终身性特征，区别于传统农民的兼业和资本农业的短期行为，新型职业农民把务农作为职业，能够更好地积累农业生产经验，提升农业生产水平，形成稳定的农业生产制度与发展模式，为农业可持续发展奠定基础。

第五，新型职业农民具有较高的社会地位。随着农民职业化进程的加快，新型职业农民的收入水平提高，专业化程度加大，工作环境好转，与工人、教师等岗位获得相类似的社会属性与群体定位，得到充分的社会尊重，在逐步推进的农业现代化发展和新农村建设中，新型职业农民的发展空间也会更加广阔。

第六，新型职业农民具有高度的职业道德和社会责任感。职业道德和社会责任感是新型职业农民区别于传统农民、兼业农民、工商资本等农业经营主体的主要特征。新型职业农民不仅有文化、懂技术、会经营，担负的社会责任也相对更多更重。新型职业农民不仅要通过提供安全可靠的农产品对消费者负责，也要通过采用不对生态环境造成永久破坏的农业生产技术、科学先进的经营管理手段来打造绿色可持续农业，对生态环境和子孙后代负责。

（三）新型职业农民的分类

新型职业农民是一个广义的群体概念，根据不同的分类标准可以划分为不同的类型。

第一种是以新型职业农民从业基础或从业阶段为标准进行的分类，可以将新型职业农民划分为现有的职业农民和潜在的职业农民。其中，现有的职业农民是指已经从业在农业生产领域的各类种养大户、家庭农场主、合作社领办人、农业企业雇员、雇工以及从业在农业产前、产中、产后的农机服务人员、农村经纪人、植保员、动物防疫员、农资经营人员等社会化服务人员；潜在的职业农民则指有一定的文化素质和经济基础的，计划以农业为主要收入来源的规模生产经营者、返乡农民工、农村"两后生"、大中专毕业生等人员，他们自愿留在农村创业兴业，成为新一代的职业农民。

第二种是以新型职业农民的生产服务领域与岗位特征为标准进行的分类，其目标是以农业生产环节为中心，实现农业产前、产中、产后全链条以及经营、技术、服务等各岗位的职业群体覆盖。这一标准是目前国家文件中拟定的分类标准，具有一定的系统性和权威性。该标准将新型职业农民分为以下三种类型，即生产经营型、专业技能型和专业服务型职业农民。其中，生产经营型职业农民，是指以农业为职业、占有一定的资源、具有一定的专业技能、有一定的资金投入能力、年龄不超过55周岁、收入主要来自农业且明显高于当地农民人均纯收入的现代农业生产经营者。专业技能型职业农民，是指在专业大户、家庭农场、农民合作社、农业企业等新型生产经营主体中较为稳定地从事农业劳动作业，并以此为主要收入来源且明显高于当地农民人均纯收入，年龄不超过55周岁，具有一定专业技能的农业劳动力。专业服务型职业农民，是指在农业社会化服务组织中或个体直接从事农业产前、产中、产后服务，并以此为主要收入来源且明显高于当地农民人均纯收入，年龄不超过55周岁，具有相应服务能力的农业社会化服务人员[52]。

第三种是以是否接受了新型职业农民培育为标准的分类。新型职业农民是长期培养下的代际产物，换句话说，新型职业农民是通过认定获得职业认可的专业化人才，具有一定的门槛与标准，且随着时间的迁移，新的人群会对职业化群体做出补充，而不再符合标准的人员将退出新型职业农民队伍。因此，以是否接受培育为界，新型职业农民群体可划分为准新型职业农民与认定后的新型职业农民，前者是市场遴选出的符合新型职业农民基本内涵与特征的农业从业者，而后者是接受了系统培育并获得国家认定的职业化工作人员。

第四种是以素质特征与资本存量为标准的分类。受教育水平与科学技能水平直接决定了新型职业农民的经营规模、市场带动作用与收入水平，因此，根据以上指标的层次递减，可将新型职业农民划分为初级职业农民、中级职业农民及高级职业农民。

第五种是以职业农民的成长阶段为标准的分类。根据农民的概念演变可以看出，新型职业农民是发展中的时代概念，是市场经济条件下自主分化出的职业类型，因此，以新型职业农民的成长阶段、思维阶段与作用阶段为标准，可以将其划分为职业农民和新农人。其中，职业农民主要是指现有的活跃在产业一线，以农业生产、农业经营与农业服务为主要职业，以农业收入为主要生活来源的农业从业者[53]。而新农人不仅具备较高的文化素质和现代化的农业生产技能，同时具有良好的文化基因、创新基因和互联网思维，包括新农业生产者、流通者、服务商、网商、农村服务商等职业人群，是职业农民的高级形态。

通过以上分析可知，无论参照何种标准对新型职业农民进行分类，都体现出了新型职业农民现代化、职业化、市场化的有关特征。同时也可以看出，新型职业农民是发展中的概念，其内涵标准具有一定的时代属性，对其进行研究需要放在一定的时间和空间背景下进行。为了统一统计口径，本书参照国家拟定的官方标准，即第二种分类方法，将新型职业农民分为生产经营型、专业技能型与专业服务型三种类型，以便将新型职业农民的职业定位与产业发展放入统一的框架中，得出较为系统的研究结论。

二、新型职业农民培育

（一）教育、培训与新型职业农民培育

教育与培训同属教育学概念。教育是"有意识的、以影响人的身心发展为直接目标的社会活动"，一般专指由教育机构提供的有组织、有目的、有计划的素质培养活动，是传递生产经验和社会生活经验的必要手段，是培养人的一种社会现象。培训是"通过正式的、有组织的或者有指导的方式而不是一般监督、工作革新或经验，获得与工作要求相关的知识和技能的过程"，一般指由社会机构提供的有组织、有计划、有目的的专门训练活动。在教育经济学研究的范畴里常将教育与培训的概念统称为教育培训，特指通过人才培养投资人力资本的主要形式。事实上，培训和教育虽然同属于教育系统，但培训在目的、内容、形式、方式和结果等方面与教育相比都有所不同。在目的上，培训注重近期的需要，教育则注重个人的长远发展；在内容上，培训针对特定的知识、技能，进行更新或传授新技能，教育则系统地传授科学文化知识和基本技能；在形式上，培训大多是由社会组织提供的有计划有组织的活动，教育则大多是由政府和社会提供的有计划、有组织的学校教育环境；在方式上，培训是根据个体发展的需要，定期或不定期学习，教育则是按国家规定的学制分阶段进行不同层次的学习；在结果上，培训后可获得相应的结果，达到预期的目的或获得相应的证书，教育则获得国家和社会承认的相关学历。

新型职业农民培育是改造生产力、发展生产力的过程，其概念与以往的农民技能培训有着本质的区别。培训以技能传授为目的，是一种短期的影响手段。相较而言，培育则是一个复杂、全面的系统概念。现代汉语词典中对"培育"一词的释义为培养教育，即在环境支持的条件下，对人才进行针对性的培养和教育。培育不仅要提升素质与技能，更要打造其良好的发展环境。

因此,培育新型职业农民是在劳动力实现完全流动的前提下,对农民的职业化改造过程,是通过一定的制度安排与参与行为,打造适宜环境,打通关键环节,运用多样手段,培养造就新型职业农民队伍,扶持发展现代农业经营主体,实现农民从"兼业化"到"职业化"转型的过程,根本目标是解答"谁来种地"的科学问题,该问题是包含"由谁种地""怎样种地"和"未来谁来种地"等内容的综合性问题。这其中,遴选出一支符合新型职业农民特征的务农人才队伍是解答"由谁种地"问题的抓手,另外两个层面的问题则需要通过培育新型职业农民予以解答。

从经济学角度来看,培育新型职业农民的本质是对农业劳动力进行投资,投资的目的是实现新型职业农民的自我发展。狭义来看,培育包括增加职业化农业劳动力的人力资本和扶持其成为现代农业主体两个层面的内容。增加新型职业农民的人力资本积累,主要是指个人、企业、政府等经济主体通过一定的科学文化知识教育、思想政治教育及农业职业技能培训等手段,让新型职业农民获得较高层次与丰富结构的知识与技能,使其具备学习能力和创新意识,获得市场经营管理能力,掌握现代科学生产技术,拥有良好的职业道德和充分的社会责任感,以此提升新型职业农民的个体人力资本存量和整个农业产业的人力资本总量,以此解答"怎么种地"的问题。服务扶持其成为现代农业发展主体,主要是指通过互益性①行为融合多方主体利益,由代表政府的公益性角色与代表企业的私益性角色的各类组织机构对新型职业农民的就业、创业、兴业过程予以相对应的帮助、服务与扶持,创造新型职业农民发展的优势环境与条件,加速新型职业农民的组织化、产业化、现代化,增强农民职业的吸引力与优越感,引导更多人回到农村从事现代农业生产,解答"未来谁来种地"的问题。

综上所述,新型职业农民培育可以看作在城乡均衡的劳动力市场中,各经济主体通过利益联结,共同致力于个体、集体及社会收益的全面提升,自主通过教育培训、监督管理、服务扶持等参与行为,对新型职业农民进行全面投资,最终实现新型职业农民全面发展能力提升的经济行为过程。

(二) 新型职业农民培育的准公共产品性质

根据公共经济学理论,产品根据其排他性和竞争性的状况,可被划分为

---

① 互益性指参与经济活动的各主体设置共同目标,且在其相融关系中重视各主体的利益实现并对各主体强化吸引力的行为特性。

纯公共产品、准公共产品、俱乐部产品和私人产品[53]。从培育的内涵来看，新型职业农民培育是对新型职业农民全面发展能力的投资过程，既包含基础素质教育、农业职业教育、农业职业培训、农民科技培训、高层次人才教育等人力资本投资形式，又包含就业创业扶持、职业化保障等职业化发展能力投资形式的系统工程。

1. 人力资本投资的准公共产品性质

在基础文化教育（义务教育）层面，国民素质的层次决定了国家整体发展的水平，且从供给主体来看，除代表公共权益的学校外没有其他经济主体有意愿供给该项产品或其替代品。因此，该阶段的新型职业农民培育表现为完全的非竞争性和非排他性，属于纯公共产品范畴，理论上由政府单方供给。

在农业职业教育与农民技术培训的层面，新型职业农民培育是典型的准公共产品：对农业职业教育而言，国家支持与教育成本相对可控，且职业教育不仅为农民带来了职业能力的提高，同时也为我国农业发展提供了急需的农业技术人才，是农业现代化建设的必要手段，此阶段的新型职业农民培育表现出较强的非竞争性和排他性，市场供给相对稀缺，应由政府与培育对象合作供给；对农民职业培训与科技培训而言，由于培训资源相对有限，增加培育对象会使得培训成本上升，该服务供给表现出一定的竞争性，但由于培训系统本身是开放的，能够在市场运行中保障一部分主体的私人利益，并不具有内部排他性，因此该层面的新型职业农民培育表现为竞争性和有限排他性，有一定的市场供给容量，属于俱乐部产品范畴。

在高等教育层面，培育产品处于开放的竞争性市场环境中，由于定向培育资源的相对有限，单个培育对象参与培育会增加其他人的参与成本，降低其他人的效用，相应地，在这一层面上，新型职业农民培育表现为完全的私人产品性质。

由此可见，对新型职业农民的人力资本投资是具有复杂产品性质的综合问题（见图2-2），实质上是不同竞争性和排他性社会资源如何配置的问题，投资产品性质与其所对应的投资主体利益和需求直接相关。依据我国的现实国情和阶段性的人才培养方向，当前新型职业农民培育重点以农业职业教育与农民技术培训为内容予以供给，具有纯公共产品性质的基础教育与具有纯私人产品性质的高等教育暂不纳入培育的范畴。

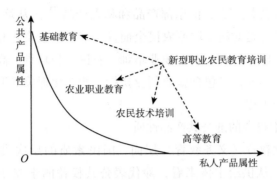

图 2 - 2   新型职业农民教育培训的产品性质

2. 发展能力投资的纯公共产品性质

发展能力投资涉及的产品（服务）一般包括扶持政策及就业保障等，只要新型职业农民的培育对象达到一定标准条件（如获得相应资质或取得相应资格），都可以享受到相应的扶持保障类服务，因此这一阶段的新型职业农民培育具有较强的非排他性特征；而从资源总量来看，不会因为消费培育的对象数量增加而降低其他培育对象的单位效用水平，因此这一阶段的新型职业农民培育具有较强的非排他性特征。由此可见，从发展能力投资来看，新型职业农民培育体现出纯公共产品的供给特性。

综上所述，在本书的逻辑框架中，新型职业农民培育是一项具有准公共产品性质的经济产品。

三、新型职业农民培育中的经济主体

经济主体是指在经济活动中能够自主设计行为目标、自由选择行为方式、独立负责行为后果并获得利益的能动有机体。依据新型职业农民培育的准公共产品性质及宏观经济主体的主要分类，培育中的经济主体应包括参与培育活动的政府、企业与个人（培育对象），主体行为则指培育中各主体为了实现自身既定目标所表现出来的系列活动的过程。因此，从经济活动视角分析新型职业农民培育，需要先对三类经济主体的概念进行界定。

1. 培育对象

新型职业农民培育对象是参与培育的核心主体，是一切培育行为的根本指向。在传统的二元经济结构下，农民与非农民之间的转换受到一定的区域限制与户籍限制。而新型职业农民作为职业化的群体，准入壁垒仅体现在人

员素质、经营规模、农业收入等方面，并不受到人员类别的限制。理论上来讲，无论行为人原来处于什么样的职业状态，只要有意愿将农业、农村作为自身发展的基地，致力于农业事业的创业与发展，以增进现代农业与新农村发展活力为目标，均可以作为新型职业农民培育对象。

在培育对象的分类上，也可按照生产经营型、专业技能型和专业服务型进行划分。其中，生产经营型职业农民培育对象主要包括种养大户、家庭农场主、合作社领头人等经营主体领办人，他们自身具备一定才能、资本、劳动力及土地等要素积累，专注于现代农业生产经营，迫切需要参与培育来解决生产经营中遇到的技术、资金和保障等问题。专业技能型职业农民培育对象主要包括服务于农业生产领域的农业产业工人或农业雇员等，他们对精通于一项或多项专业技术有较高需求，参与培育的主要目的是更新技术知识，提升技能水平，以便将技术转化为更好的服务产品，在与农业经营主体的劳动交易中获得更高报酬。专业服务型职业农民是在农业现代化服务体系中为农业产前、产中、产后提供定向服务的职业者，适应群体较为广泛，培育对象主要包括农资经营服务人员、农业信息源、测土配方施肥员、动物防疫员、统防统治植保员、土地仲裁调解员、农业经纪人等，这些人员具备一定的服务意愿与服务能力，期望通过培育获得更大的市场份额和更高的服务水平。

在从业特征上，培育对象要体现意愿性。理论上来讲，无论行为人原来处于什么样的职业状态，只要有意愿从事农业生产经营或相关服务领域的工作，能够通过其生产、经营、服务等行为增进农业与农村发展活力，并将其作为自己的长期事业，都可纳入新型职业农民培育对象。2012 年中央一号文件中指出，新型职业农民培育对象应重点包括未升学的农村初高中毕业生、在职务农的农村青壮年和返乡农民工。也有学者认为，新型职业农民培育对象应重点包括种田能手、外出打工的返乡创业者，以及对农业有兴趣的城市居民、大中专毕业生和退伍军人等。在实际的培育工作开展过程中，培育对象首先应保证能够符合新型职业农民的遴选范围，应重点围绕现代农业发展中的关键主体——种养大户、家庭农场主、农业产业工人与农业社会化服务人员开展，同时兼顾农业后继者——农村"两后生"、复转军人、返乡农民工等群体。

在发展阶段上，培育对象遴选要突出可持续性。一方面，将有一定农业生产知识，对农业有感情的现有农业从业人员设置为重点培育对象；另一方面，将有一定农业生产认识、农村生活经历的返乡农民工、新型职业农民二代子女以及有志务农的大中专毕业生等人群设置为培育对象。

2. 企业

抽象地讲，企业是一种经过谨慎规划，用以协调分工的制度原型。经济学上的企业是指集合各种生产要素，为社会提供产品和服务，以营利为目的，具有法律地位，实行自主经营、独立核算的经济组织。古典经济学派将企业看作是一个整体变量，即假定资源与技术条件给定，仅考量企业的最小投入与最大产出。科斯（Coase，1937）则在《企业的性质》一文中打开了企业的"黑箱"，用更为微观的行为理论与准则论述了企业的来源及其组织特征，并将其行为与交易关系相联系，明确了企业组织成本与交易成本的概念。

农业企业是农业产业化经营的主体，是指综合运用资本、劳动、土地等生产要素，依照现代经营和管理方式，以营利为目标，从事商品性或服务性农业生产的经济组织。从我国基本国情和农业产业化发展进程来看，多种经营主体形态的衍生与发展均体现出企业化特征，农业企业因此具有了独特的内涵与外延。狭义来看，农业企业一般特指农业产业化龙头企业，它是经政府有关部门认定，以农业产业化生产为基础，以农产品加工流通为主要业务渠道，通过与农户建立一定的利益联结，带动农户参与市场，促进农产品生产、加工、销售的链条化、一体化发展的标准化、规模化经营组织[53]。广义来看，农业企业应包含在农业产业化链条上提供商品或服务买卖的多种组织经营形态。从产业环节上表现为农业生产、加工、流通以及服务类的各类企业，从组织经营形态上表现为农业产业化龙头企业、合作社、农业服务公司等。本书所指企业，泛指广义下的农业企业。

3. 政府

政府区别于一般的组织，是伴随国家产生而出现的具有权威性，代表集团利益，制定和实施公共决策，象征国家公共权力的特定机构，泛指各类国家公共权力机关，是公共权力的承载体与行为体。根据职能边界的不同，政府概念也有广义与狭义之分。其中，广义的政府指国家立法机关、行政机关、业务机关等公共机关的总和，代表着社会公共权力[54]；狭义的政府则特指国家政权机关中的行政管理机关。不管出自广义还是狭义的概念，政府最重要的特性都表现为：政府是社会公共权力的执行机关。从职能范围来看，政府又分为中央政府与地方政府。其中，中央政府负责全国范围内的行政事务治理，地方政府则负责地方的行政事务治理。在经济学的相关研究中，政府作为主体出现已屡见不鲜。但与其他经济主体不同，除经济投资职能外，政府在经济活动中也同时拥有行政权力与社会服务义务，可为经济活动提供特定的政策环境与管理条件。新型职业农民培育作为"三农"发展事业的关键措施，具有较强的公益性特征，需要政府在投资、管理、协调等方面的参与。因此，本书以广义政府为主体，研究其在新型职业农民培育中的行为准则、内容与路径。

第二节　相关理论评述

一、理性经济人行为理论

1776 年，亚当·斯密（Adam Smith）曾言："我们每天所需要的食物和饮料，不是出自屠户、酿酒商或面包师的恩惠，而是出于他们自利的打算。"在此之后，李嘉图（Ricardo，1817）对经济人假设进行了概括与演绎，使其更贴近于经济学现象的现实假设。直到穆勒（Mill，1848）将人类活动的经济性抽象出来，才开创了对理性经济人假设的研究，提炼出了理性经济人假设的含义和特征。在以斯密为代表的古典经济学对经济人的人性理解基础上，新古典经济学把"理性经济人"定义为以利益极大化为基本原则的个体。其中，洛桑学派首次引入经济人的概念，把经济人定义为具有完全充分有序的偏好、完备的信息，能选择使自己利益最大化的个体，并利用数学方法证明了经济人在市场机制中可以实现帕累托最优[55]。从此，"理性经济人"作为一个明确的经济学概念，成为研究主体经济行为的基本假设。

新古典学派认为，追求自身利益是经济人行为的根本动机。人的自利性是生存竞争和社会进化的结果，只有考虑自己的利益才能实现自我保护。自利的人总是关爱自己超过关爱别人，每个人首先关注的都是自己的福利。自利的人总是首先考虑利益，理性经济人的行为动机总是以个人为本位的。从经济人的行为目标来看，经济人的理性具有一致性，其行为隐含着逻辑的非矛盾性与可计算性，即理性行为人的决策可通过成本—收益分析方法作出权衡。从方法论的个人主义来看，首先，每一个理性经济人在追求自己利益的同时，都会合理配置资源，因此个体行为的群体化会使得整个社会的福利增进。其次，人们具有相互交易的倾向。经过社会分工产出不同产品，不同的主体行为人之间会通过相互交换满足各自的需要，同时提高整个社会的满意

度。然而，20 世纪中叶，针对某些经济现象的观察，利益最大化的理性解释
在诠释现实经济活动中的某些行为和结果时产生了不一致的结果。新经济学
派代表人加里·斯坦利·贝克尔（Gary Stanley Becker，1957）和詹姆斯·布
坎南（James M. Buchanan Jr.，1986）等对经济人进行了全新的诠释，认为
在新发展阶段，个人利益不再仅由货币收入、物质享受等经济利益构成，还
包括了尊严、名誉、社会地位等不能用纯经济尺度来衡量的利益内容，即经
济人理性体现为对"效用最大化"的追求而非对"经济利益最大化"的追
求，并提出了要素市场影子价格对理性经济人行为的影响，即"假设一个人
仅有的稀缺资源是其有限的时间，那么这些时间将被纳入其效用函数中的各
类商品，目标是实现效用的最大化"[56][57]。

新经济学派对理性经济人行为理论的发展很好地诠释了在行为学、社会
学与经济学相融下的经济人行为准则，揭示了个体行为的群体化特点，为研
究新型职业农民培育中的经济主体行为目标、行为逻辑与行为趋向奠定了重
要的理论基础，即所有的经济主体在参与培育这项经济活动中都表现出一定
的行为理性，其行为方式、行为路径与行为相容关系均是在各自效用最大化
的基础上产生的。

二、公共产品最优供给理论

早在 1919 年，林达尔（Lindahl）出版著作《课税的公正》，从理论上对
比了公共产品与私人产品的市场均衡价格原理，建立了关于公共产品的供给
模型（林达尔均衡），推动了公共产品理论与公共财政理论体系的形成与发
展[58]。1954 年和 1955 年，萨缪尔森（Samuelson）分别发表了《公共支出的
纯理论》和《公共支出理论的图式探讨》二文，通过对比私人产品，从效用
的群体性角度给出了公共产品的经典定义，并对公共产品的非排他性和非竞
争性特征予以了分析说明，同时解决了供给公共产品所需资源的配置问题，
开创了纯粹公共产品理论的先河。其中，非排他性是指当公共产品被供给至
市场，消费者对其进行享用与消费不能排斥其他消费者同时进行消费，这里
的"不能排斥"可指技术上或经济上难以实现，也可指无法拒绝其他消费者
的介入。非竞争性则是指当公共产品被供给至市场，消费者对其进行享用或
消费不会影响其他消费者的消费效用，即不产生额外的消费成本[59]。其他公
共产品理论的研究者们对公共产品的内涵和供给研究中，均是以萨缪尔森的

公共产品特征为基础的，并将同时具备非竞争性和非排他性的产品视为纯公共产品，将部分符合两类特征的产品视为准公共产品，将不具有任何一个特征的产品视为私人产品。

公共产品的非竞争性和非排他性决定了公共产品的产权难以明晰，因此，新古典经济理论认为供给公共产品是政府的重要职责。同时，公共产品理论作为新政治经济学的基本理论，是正确处理政府职能转变、改善政府与市场关系、构建公共财政收支的基础理论，其核心理论是公共产品的供给理论。由于消费者在等量享受公共产品的基础上负担了不同的税负价格，因此公共产品供给的帕累托条件是消费者的边际替代率等于公共产品生产的边际转换率。20 世纪 70 年代后，公共产品理论的发展多集中于供给效率的机制设计上，重点对确定公共产品的供给总量与价格，实现社会福利最大化等问题进行研究，提出了运用公共投票或设立激励机制等方式，让个人基于自身利益，实现公共产品的有效供给[59]。最终，按照局部均衡的分析方法，通过分析信息不对称下的公共产品供需关系，得出必须准确获得消费者的需求信息，才能实现公共产品有效供给，最终实现供求均衡的结论。由此产生了公共产品最优供给理论：引导市场力量参与供给体系，并在公共产品的供给者与需求者间插入市场媒介，运用民主机制进行公共选择，迂回解决公共产品的供需失衡问题，最大限度地反映消费者对公共产品的偏好信息。

毋庸置疑，公共产品最优供给理论对优化我国新型职业农民培育的供给结构具有重要的借鉴意义。由于现阶段我国仍将新型职业农民培育作为一项准公共产品，由政府主导供给，但自上而下的供给机制容易忽略广大培育对象的实际需求，导致现行的新型职业农民培育出现供给总量过剩和结构性供给不足并存的现象。要解决这一问题，必须要结合我国的社会经济制度，从培育对象的实际需求出发，通过多方主体互联互补，建立完善的需求表达机制，优化新型职业农民培育的整体格局。

三、参与式发展理论

20 世纪 40 年代末期，西方国家在对第三世界国家的援助中实施了"社区发展战略"，鼓励地方群众参与建设城乡社区基础设施，"参与"（participation）发展的概念初现雏形。到 60 年代末期，"参与"的概念逐步演化成为在特定状况下社会发展的受益群体对资源的控制及对制度的影响，通常意义上的经济目标群体成为经济活动的积极参与者，参与式发展成为一种社会经济理论并获得了丰富与发展。90 年代后，定县实验和邹平实验中也应用了参与式发展理论，最初该理论应用于乡村建设运动与农村扶贫中资源管理、社会发展、环境保护、小额信贷等公共基础产品与设施的建设与维护中，取得了显著的成效。自此，参与式发展理论成为一个社会经济发展模式得到更为广泛的应用与发展[60][61]。

参与式发展是区别于传统的"自上而下"模式的新的社会发展实践形式，重视发展的过程与结果，强调建立"伙伴"关系，即参与社会发展活动的各主体地位平等。一般以社会动员为手段，通过经济行为培养对象的知识系统、提升其解决问题的能力，并在此过程中将该项经济活动变成对象的自身活动，建立起"参与意识"与"拥有意识"，增加各方经济主体的行为一致性与认同感。具体来讲，参与式发展就是将非政府组织或个人发展为经济活动的主体，以外在发展理念、物质条件、科学技术、管理模式等生成辅助系统，由政府制定制度与政策体系，推动群体或个人进入系统，同时利用相应条件，在提高行为人自身效用水平的同时推动社会福利效率的改进。参与式发展并不是简单地引导各方主体参与，其核心在于通过赋予公众权力（empowerment）来提高经济主体创新的能力和参与经济活动的动力。该理论主要包含以下三个角度的含义：从政治学角度看，参与式发展是政府对其他组织或个人赋权，令其参与社会经济发展的相关决策，并在该过程中发挥作用；从社会学角度看，参与式发展强调社会变革与经济发展中各个行为主体间的互动，以此带动在社会经济发展进程中多元主体的平等参与；三是从经济学角度看，参与式发展能够有效地改变公共产品（服务）或公益性建设的供给结构，提升政府干预的经济效率。参与式发展强调以人的发展为焦点，并将其由被动、消极的客体转变为发展过程的主体，通过强化发展过程中参与人的能力保障发展的可持续。

参与式发展理论为研究新型职业农民培育提供了独特的视角与理论参考。参与式发展方式强调同一项社会经济活动的多主体参与，但并不否认政府在推动社会经济发展中的地位和作用。事实上，对于培育这一具有公共产品属性的事物而言，只通过市场竞争难以得到有效供给的实现。因此，在新型职业农民培育中应用参与式理论，关键在于如何实现政府管理体制创新和扶持政策结构优化，提高企业、培育对象在培育中的参与能力和创新行为，为其提供相应的资源条件、保障机制和制度环境，改善传统培育方式下政府大包大揽、效率低下的问题。因此，参与式发展理论为本书研究核心主体——培育对象、企业、政府的行为耦合提供了逻辑支撑。

四、交易成本理论

"交易"最早由传统制度经济学的奠基人康芒斯（Commons，1934）提出，交易成本则起源于人们对货币交换的深入思考。亚当·斯密在其《国富论》中讨论了交换所遇到的"障碍和困难"，这一概念在经济学发展中被各经济学家借用"摩擦"予以表述，指代交易过程中收支不同步的问题与困难。事实上，"摩擦"即是表明交易是有成本的。20世纪30年代，希克斯（Hicks，1939）倡导统一价格理论与货币理论，尝试将经济学分析中的"摩擦"转化为更易被量化分析的"成本"范畴，该思想在其著作《简化货币理论的一个建议》中得到了体现。同时期，新制度经济学鼻祖科斯撰写《企业的性质》一文，通过分析企业存在的理由，首次提出了交易成本的概念，认为交易会从价格体系转向企业组织内部的原因在于存在"使用价格机制的成本"（即交易成本），并明确交易成本是企业组织行为和市场经济行为边界的决定因素，奠定了交易成本理论的重要基础和最初框架[64]。威廉姆森（Williamson，1985）则以契约的运行为视角，在其著作《资本主义经济制度》一书中对交易成本做出了更为明确的界定。威廉姆斯认为，交易成本本质上是契约运行的成本，可以依据签订契约的时间分为"事先的"和"事后的"交易成本两部分。前者是指"起草、谈判、保证落实某种协议的成本"，后者则是指交易双方维护契约、变更契约、解除契约时发生的成本。张五常在前人的基础上扩大了交易成本的概念边界，认为交易成本是一切不直接发生在物质生产过程中的制度成本的总和，包括缔约前的信息成本、谈判成本，缔约产生的起草和实施成本、产权界定和实施成本、监督管理成本以及改变制度安排所产生的费用与成本。

作为关乎企业边界的关键成本，交易成本的产生与计量受到多方因素的影响。威廉姆森将其内因划分为"人的因素"和"交易因素"。前者主要指代交易方作为经济行为人，本身具有有限经济理性（bounded rationality）和机会主义倾向（opportunism）。有限理性是指因行为人知识、技能、信息、认识、时间等条件的有限，阻碍了其进行完全理性的经济行动，通常会导致契约的不完全性。而机会主义一般指交易人借助欺诈等手段谋取更多利益的行为倾向，隐藏在契约签订之前及执行过程中。有限理性和机会主义是交易成本产生的前提，本身并不足以产生交易费用，决定交易成本大小的是交易因素，主要包括市场不确定性、潜在交易对手数量、交易技术结构等方面，具体因素有资产专用性、交易频率以及交易的不确定性等。资产专用性是影响交易成本大小的核心因素，一般来说，专用性资产的市场交易成本较高，行为人较倾向于采用组织内的产权交易转移，而通用性资产的交易成本相对有限，资产所有者常选择市场交易方式。除资产的专用性外，交易的不确定性也与交易成本存在一定的正相关关系，即交易的不确定性越大，交易成本越高，行为人越倾向于采用内部交易的手段进行产权转移。交易频率也对交易成本的大小存在一定影响，较低的交易频率往往在市场中进行，频率较高的交易则往往发生在企业内部。随着制度经济学的发展，威廉姆森也考量了制度因素和企业及个人行为的关系，指出制度环境对市场、企业或其他契约关系具有深刻影响。

交易成本理论作为新制度经济学的核心理论，在分析组织与市场的关系中具有重要作用，因此成为本书分析企业参与新型职业农民培育的重要理论工具。新型职业农民作为现代农业劳动力的突出代表，其职业化发展与农业劳动力市场的完善形成了高效互动，交易成本普遍存在于其从业、就业的过程中，成为影响企业与培育对象选择培育方式与构建联结关系时所考察的关键因素。在这些选择决策的过程中，不同的劳动力类型与企业的利益联结所产生的交易成本主要受资产专用性等交易特征变量的影响。企业根据不同的交易特征和培育对象的劳动特性而采用不同的利益联结形式，形成不同的组织关系，培育对象则会在理性和外部约束条件下选择对自己最有利的制度安排。

五、博弈论

博弈论（game theory）又称对策论，是多方主体行为发生相互关系时的对策选择理论，指一方局中人（博弈方）以充分考虑其他局中人（博弈方）可能采取的行为策略为基础，遵照一定规则集中选取相应对策或策略，并从中获得最大利益或蒙受最小损失的过程。博弈论萌芽于 19 世纪 30 年代古诺（Gournot，1938）模型中对两个寡头垄断竞争的行为研究。1944 年，诺依曼（Neumann）及摩根斯坦（Morgensten）合著了博弈论开山之作《博弈论与经济行为》，提出了标准型、扩展型和合作型博弈模型及博弈解的概念和分析方法，标志着博弈论的正式产生。此后，博弈论作为一门新兴学科受到了人们前所未有的重视。其中，合作博弈论在 20 世纪 50 年代得到了迅猛发展。1950 年，塔克（Tucker）给出了著名的博弈论基础案例——"囚徒困境"。同年，纳什（John F. Nash）发表了《多人博弈中的均衡解》，阐述了非合作博弈的存在及其均衡解的推导，证明了非合作均衡解的存在。1965 年，塞尔顿（Selten）运用纳什均衡分析了动态博弈问题，提出了"精炼纳什均衡"概念。1967 年，海萨尼（Harsanyi）则将不完全信息引入博弈论的假设研究，提出了不完全信息博弈和贝叶斯均衡的概念。随着经济决策理论的发展，20 世纪 80 年代，博弈论发展进入繁荣时期。1982 年，克瑞普斯（Kreps）、威尔逊（Wilson）、米格罗姆（Milgrom）和罗伯茨（Roberts）在动态不完全信息博弈及信誉问题研究方面取得了丰硕成果。其中，克瑞普斯和威尔逊合作研究了关于动态不完全信息博弈均衡的相关问题[65]。尽管博弈论研究的问题形形色色，但任何一个博弈问题都包含下列三个要素。

一是局中人（players），指参与竞争的各方，它可以是一个人，也可以是一个集团，但局中人必须是有决策权的主体，而不是参谋或从属人员。局中人可以有两方，也可以有多方。当存在多方的情况下，局中人之间可以有结盟和不结盟之分。

二是策略（strategies），指局中人所拥有的对付其他局中人的手段、方案的集合。在静态博弈中，策略必须是一个独立的完整的行动，而不能是若干相关行动中的某一步。例如一次乒乓球男子团体比赛中，包括两名单打和一对双打选手出场，比赛前提交的名单除规定出场球员姓名之外，两名单打还必须明确谁是第一单打，谁是第二单打，这样不同单打和双打队员的出场搭配以及两名单打队员的不同排序就构成了不同的策略。相应每个局中人的策略选择形成的策略组称为一个局势。

三是收益函数（payoff function），指一局博弈后各局中人的输赢得失，通常用正的数字表示局中人的赢得，负的数字表示局中人的损失。

以上要素中，策略与收益函数构成了博弈的信息集。根据前人的研究成果可知，按局中人对信息的掌控情况，可将博弈关系区分为完全信息博弈和不完全信息博弈。按局中人采取行动是否具有次序性，可将博弈关系区分为静态博弈与动态博弈，前者特指局中人同时采取行动或在互相保密情况下采取行动，后者指局中人行动有先后次序，后采取行动的人可以观察到前面人采取的行动。综上所述，博弈论可细分为以下四种形式，且对应四种不同的均衡解：一是完全信息静态博弈，均衡解为纳什均衡；二是完全信息动态博弈，均衡解为精炼纳什均衡；三是不完全信息静态博弈，均衡解为贝叶斯纳什均衡；四是不完全信息动态博弈，均衡解为精炼贝叶斯纳什均衡。当然，按局中人是否结盟情况，博弈还可区分为合作博弈和非合作博弈。合作博弈是解决多利益主体行动与效益分配协调问题的行为博弈模型[66]。合作是指参与者从自己的利益出发选择行动，但选择行动的结果对各方都有利。合作博弈研究的问题是要找到并明确一种效益分配方式，能促使所有利益主体参与合作。基于合作博弈理论的收益分配是希望通过联合从事某项活动，使每个人的收益比单独从事这项活动或作小范围联合时的收益多。

研究新型职业农民培育中的主体行为趋向与行为关系，实质上是研究完全信息条件下政府、企业与培育对象进行的动态博弈，最终实现精炼纳什均衡的过程。也就是说，当政府、企业与培育对象之间存在较为透明的信息传导机制，企业和培育对象可以针对政府的行为做出实际反应，同理，培育对象也可针对企业的行为作出反应，且该项博弈是三类主体从既定目标和既定利益的角度出发，实现合作博弈的过程。因此，运用博弈论来分析新型职业农民培育中相关经济主体的行为关系与利益均衡，具有一定的现实意义。

本 章 小 结

本章通过分析农民概念的演变过程与特征，首先说明了新型职业农民的定义、特征与分类，认为新型职业农民是具有一定人力资本积累，通过自主选择农业为职业，积极并长期参与市场行为来获取农业产业化经营或相关岗位报酬的现代化、职业化的农业从业者，是现代农业从业者的个体形态，表现出较大人力资本存量、较高社会主体地位、较强农业从业稳定性等职业化、市场化特征。新型职业农民可根据不同的分类标准分为不同类型，在现阶段，一般将其按照生产服务领域与岗位特征划分为生产经营型、专业技能型和专业服务型职业农民三类。其次对新型职业农民培育做出了经济学解释，并对参与其中的经济主体进行了界定与说明，认为新型职业农民培育是在城乡均衡的劳动力市场中，个人、企业、政府等主体通过利益联结，自主选择教育培训、监督管理、服务扶持等参与行为，共同致力于个体、集体及社会人力资本总量的投资，以增强农业生产效能的经济行为过程。最后，从新型职业农民培育的经济投资活动与经济主体互动角度出发，以新型职业农民培育的准公共产品性为基础，以理性经济人行为理论、公共产品最优供给理论与参与式发展理论为核心，以交易成本理论、博弈论等相关理论为支撑，对经济主体参与下的新型职业农民培育理论框架进行了评述，为深入研究新型职业农民培育的主体行为方式与整体效率优化打下了必要的理论基础。

第三章 新型职业农民培育中的
培育对象行为分析

新型职业农民培育的核心任务是培养造就一支稳定在现代农业一线的新型职业农民队伍。培育对象是培育系统中唯一的需求侧主体，研究该主体人群是否愿意成为新型职业农民，如何使其自主参与培育等问题对揭示新型职业农民的产业定位和未来发展具有深远意义。因此，明确培育对象的行为准则和行为特征是完善培育体系的核心导向。虽然培育对象的行为会受到形势、政策、策略等环境条件的影响和制约，但新古典经济学认为，局部均衡条件下必须先明确需求才能获得有效供给。因此，为明确提高新型职业农民培育的效率路径，需通过分析培育对象的需求特征和从业特征来揭示培育对象自主参与培育的行为动机与方式。

本章通过分析农民理性的层次表达，提出新型职业农民的理性阶段假设，在此基础上，通过数据实证与计量分析，以培育对象需求为核心，对培育对象参与新型职业农民培育的动机意愿、从业选择等问题展开讨论，以明确新培育对象参与培育的相关行为决策与影响机理。

第一节 新型职业农民的行为理性

一、农民行为理性的提出

理性的经济学含义是指经济行为主体在一定的环境条件下具有明确目标的行为方式[67]。该方式是指：一个行为主体在面临选择机会束（可选择的行动方案集）时，会选择一个能使他的效用得到最大满足的方案[68]。需要指出的是，理性经济人虽然是经济学的基本假说，但严格地说，在现实中的任何经济主体行为都不会符合完全理性。因此，有关行为人理性的判断实际是一种规范性的分析，用以说明行为人为了增进自身利益期望怎么做。

从理性概念的提出开始，针对"农民是否具有理性"的论辩就成为发展经济学领域的热点问题。在理论界的讨论中，农民理性的最早研究对象是自然经济条件下的农民。那时，大多数人认为农民是自私、偏颇、保守、落后的，是缺乏理性的代名词。随后，以塔克斯（Tax，1942）和舒尔茨（Schultz，1945）为代表的部分学者反对对农民非理性的指责，他们认为农民会在其经济行为中综合考虑成本、利润与风险，并分析做出有效的判断，能够将农业生产活动安排得很有效率。也就是说，农民是在传统技术状态下具有进取精神并最大限度利用了完全的生产机会和资源的理性经济人[69]。然而，关于农民理性的争论并没有就此休止，贝克尔（Beaks，1981）、斯科特（Scott，2001）等人通过分析农业生产的周期性和不确定性、土地等生产要素的非流动性、农民抗风险能力的弱质性等问题，推翻了农民具有理性的结论，认为农民会在经济活动中留出"安全余量"，并非完全追求经济利益的最大化[70]。

长久以来，对中国农民理性行为的分析，不外乎是针对以上两类观点的佐证与评价。而近年来，中国农民的概念随着农业发展模式的变化出现了转变与分化，特别是新型职业农民群体产生后，农民的行为理性开始出现多样化的特征表达。无论如何，"非此即彼""以偏概全"的农民理性认识已不能帮助我们分析中国农民经济活动所遵循的原则与追求的目标。为了理清不同阶段农民的行为逻辑，需要分层次来对农民理性进行剖析，解释不同时期、不同阶段下的农民行为目标和与之相对应的农民理性表达。

二、农民行为理性的层次表达

理性作为经济人的行为准则常用来揭示人类活动的动因，然而追求利益最大化只是经济人理性表现的"其中之一"。历史经验表明，社会经济活动会受到多种正式或非正式制度的约束，某些经济主体的行为似乎表现为放弃了预期经济收益的最大化。依据新古典经济学派提出的理性经济人分析框架，理性目标是一个效用概念，经济人所追求的效用体现为个人整体效用而非单纯的经济收益。明确经济人的效用目标对研究农民理性的层次关系，进而揭示新型职业农民的行为逻辑具有重要意义。

效用是对需求满足程度的度量。根据马斯洛的需求层次理论，人的发展是具有层次递进性的，每一层次需求的满足会促使人发展进入新的阶段。然而，农民的经济行为表现出一定的特殊性，即农民兼具生产者与消费者的双重身份。分析农民行为是否具有理性的核心是如何将农民放入历史观和发展观中进行角色观察和属性区分，通过研究不同阶段农民在生产者与消费者间的角色转变来确定不同时期、不同层次农民的需求，以此了解农民理性的进阶特点，再对其行为逻辑做出判断。理论上，与马斯洛需求层次相对应，农民的层次理性会随着农民富裕程度和职业化程度的提高依次表现为生存理性、生活理性、收入理性和经济理性[71]（见图 3-1）。

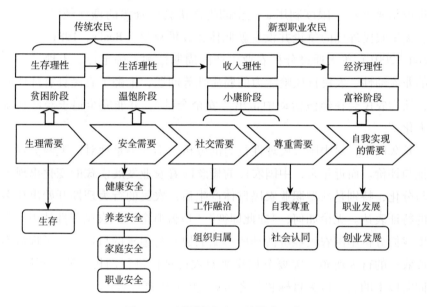

图 3-1　新型职业农民的需求层次

（一）生存理性

生存理性是指维持生存状态的理性经济行为。该阶段农民的核心行为目标是维持基本生计，是完全的农产品消费者。在这一阶段，农民基本处于贫困阶段（绝对贫困），收入极低，靠天吃饭，自给自足，不具备严格意义上的职业化特点，与市场基本无关联，保障生存和生理需求成为其生产生活的唯一目标。处在这一阶段的农民一般缺乏资金或技术，往往采取"过密化"

的劳动生产方式，精耕细作，依靠传统农业内部的自我剥削维持生计，通过边际劳动力报酬极低的劳动方式获取供自己消费的农产品，不会去计较收益水平，也不会追求职业感或社会认同感。

（二）生活理性

生活理性是指农民追求"舒适生活"所表现出的理性经济行为。在该阶段，农民的收入有了一定的提高，基本实现了温饱，在繁重而乏味的农业生产工作和满足生活消费的闲暇间逐渐偏好于后者。随着农民财富的积累以及生产效率的提高，农民的生活理性逐步替代生存理性成为农民经济活动的主要表现。当农业劳动生产率提高到足够满足个人或家庭消费需求时，便开始出现了农产品交换或买卖，市场化的农业经济得到了发展，农民的职业属性显现。这时，农民会自发降低在农业上的自我剥削程度，减少边际报酬较低的过度劳动，不再一味追求产量最大化，而是仅在农忙时进行劳作，在温饱的基础上进一步追求如健康安全、养老安全、家庭安全和职业安全的安全需要。其中，农民的健康安全需要是指农民对于自身健康情况的关注，是在生病时有地方看病并且看得起病的需要；养老安全需要是指农民在年老后不能劳动的情况下获得生活保障的需要；家庭安全需要是指家庭成员能够获得如就业、受教育等保障的需要；职业安全需要是指获得包括就业稳定性、就业环境安全性等保障的需要。

（三）收入理性

收入理性是指农民以现金收入最大化为原则的理性经济行为。对于农民来说，追求"闲暇"只是一个短暂的过程，当收入水平进一步提高，农民的富裕程度进入小康阶段，其农产品生产者的属性逐渐增强，主要经济行为逐步转化为市场化、社会化的消费行为，消费品也从单一的农产品向多样的工业品转化。同时，农民对非食品的消费增量逐渐大于食品的消费增量，较高的消费欲望和货币化的消费方式使农民产生了旺盛的现金收入需求。由此，农民理性行为进入收入理性的表现阶段，他们开始活跃地参与市场活动，并通过增加资本或科技投入来提高农业的生产效益，与企业的关系越来越密切，职业化程度也越来越高。在这一阶段，收入理性不仅表现为对提高收入水平的追求，而且同时表现为对收入稳定性的需要。因此，农民的需求层次也越来越向社交需要和尊重需要递进，且社交需要多表现为农民在融入企业工作时的满足以及企业给予的归属感，尊重需要则多表现为职业感带来的自我尊重和社会认可。

（四）经济理性

经济理性是指以满足整体效用为原则的理性经济行为。在收入理性的引导下，当农民的收入水平上升到一定水平，农民进入个人富裕状态，开始具备较高的人力资本和物质资本条件，能够进行现代农业的生产投资，农业要素市场与产品市场均会出现竞争，资源的整合和要素的配置使农业生产的边际收益持平于甚至高于第二、第三产业，农民逐步实现完全职业化，成为像企业一样具有一定生产规模的新型农业经营主体（如种养大户或家庭农场主），或是受聘于企业成为专职的农业产业工人或技师，其需求层次也相应提升到了自我实现的阶段，表现为对职业发展的需要以及自我创业的需要。

三、新型职业农民的行为理性特征

农业现代化发展催化了我国农业生产力和生产关系的变革，尤其是新型职业农民群体产生后，其理性行为的表达需要进行重新审视和定义。截至目前，多数学者在研究新型职业农民的相关问题时，着重关注其市场参与程度这一指标，并将其作为区分传统农民与新型职业农民的标志，认为传统农民自给自足、因循守旧的"小农意识"仅符合非理性的行为逻辑。这样的结论不免有失偏颇。根据前文对农民理性的层次分析，市场参与程度仅为传统农民与新型职业农民行为差异的表象，而差异的核心则在于二者因效用预期不同所导致的理性表现阶段的不同。由于新型职业农民与传统农民在人力资本、物质资本、社会资本等方面均存在较大差异，二者拥有的资源储备总量与结构也处于不同的层次，自然表现出不同的理性表达（见表3-1）。与传统农民相比，新型职业农民之所以成为市场主体，具备较强的职业稳定性与社会责任感，一方面源于自身的高素质，另一方面源于新型职业农民可以实现收入水平和社会地位的双提升，能够满足社交、尊重和自我实现的较高层次需要。当农民理性层次由生活理性转变为经济理性，其市场的参与程度自然得到了提高。

表 3 - 1 农民理性表现的对比关系

对比特征	传统农民		新型职业农民（培育对象）	
理性表现	生存理性	生活理性	收入理性	经济理性
所处阶段	贫困阶段	温饱阶段	小康阶段	富裕阶段
特征表现	风险回避	劳苦规避	市场参与	趋企业化
市场参与度	低	较低	较高	高
政府政策目标	扶贫	劳动力转移	职业化培训	职业农民培育
企业培育方向	—	—	企业员工	合作伙伴或企业客户

　　新型职业农民的理性层次决定了培育对象的行为准则。通过分析农民在不同需求层次的理性行为特征可以看出，传统农民与新型职业农民实际上都遵循理性行为假设，都会整合自有的资源条件，合理配置劳动力资源，做出最能满足其效用预期的生产或生活安排。因此，两类人群的行为逻辑并不对立，只是效用层次和理性特征存在差异，并且随着农民收入层次的变化与职业化进程的加速，传统农民到新型职业农民的理性表达会出现递进性变化，传统农民可进一步转变为新型职业农民。综上所述，新型职业农民主要是以收入理性和经济理性为原则的经济行为人，相比传统农民，生产者属性强于消费者属性（见图 3 - 2），是较成熟的市场主体，与经济社会中的其他经济主体关系更为密切。因此，理论上来看，新型职业农民以经济理性为行为准则，比传统农民更有主动参与农业生产经营的意愿与动机，必然成为现代农业发展要求下的核心劳动力群体。而在政府与企业对新型职业农民的投资行为中，为了更好地契合其需要，对收入理性期的新型职业农民培育对象应重点做好职业化培训，增加其对知识技能的储备，并协调落实好其就业；而对经济理性期的新型职业农民培育对象则应重点做好系统培育，扶持其创业兴业，助力其成长为支撑现代农业生产经营的产业化主体。

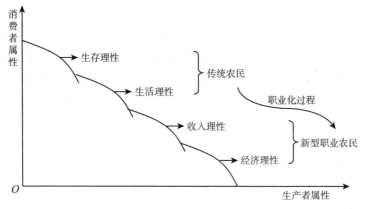

图 3 - 2　新型职业农民的理性层次递阶

第二节　培育对象的行为意愿

一、数据来源

为了了解培育对象对新型职业农民培育的认识与参与态度，探究培育对象的实际需求，笔者以新型职业农民培育中教育培训、发展扶持等关键环节为内容，系统设计并制定了针对 16～60 周岁并有意向参与新型职业农民培育的对象人群发放的"新型职业农民调查问卷"（见附录 A）。采取入户走访、专项实地调研、参加各县市新型职业农民培训开班仪式、在线问卷（问卷星）调查等形式，于 2015 年 9 月至 2016 年 2 月在全国 27 个省份共计 78 个试点县发放调查问卷 2000 份，开展新型职业农民培育专项数据调查。此次调查共回收问卷 1679 份，通过初步的数据筛查与分析，剔除无效数据 463 份，最终获取有效数据样本 1216 份。

此次问卷发放地区范围广泛，涵盖了全国已开展新型职业农民培育省份（共计 31 个）的 87.1%，样本具有一定代表性。同时，调查采用的形式多样，调查人员针对对象群体进行随机抽样，排除了主观因素的影响，保障了调查样本与总体对象的相对一致性，来源数据对研究新型职业农民培育对象的客观现状与需求意愿具有一定的科学性和代表性。

二、培育对象对培育的需求分析

组织行为学认为，需求是人产生行为的动力源泉。没有需求，就不会产生相应的行为动机与行为意愿[72]。研究培育对象对新型职业农民培育的相关需求，是把握培育对象是否自主参与培育，以及如何参与培育的先导环节，也是其他主体参与新型职业农民培育的目标指向，为新型职业农民培育机制的构建、培育体系的完善、培育系统的健全奠定了重要基础。与培训不同，培育是一项长期的系统性工程，涉及新型职业农民知识更新、技能提升、眼界拓展、职业稳定、事业发展等多个方面。换言之，培育对象对新型职业农民培育的需求，应是对自身职业化能力提升的需求表达。因此，结合新型职业农民培育是对人力资本投资与发展能力保障的这一定义，本书重点围绕培育对象需求中具有整体性、协调性、发展性的关键内容，对培育对象的培育目标需求、教育培训需求、发展保障需求以及新型职业农民二代子女培育需求展开分析与研究，以明确培育对象参与新型职业农民培育的意愿与动机（见图 3 - 3）。

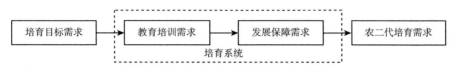

图 3 - 3　新型职业农民参与培育的需求结构

（一）培育目标需求

培育目标需求是指培育对象想要通过参与新型职业农民培育来实现的愿景与追求，简言之，就是培育对象预期通过培育所获得的好处。该需求反映培育对象对新型职业农民培育的基本认识及其参与新型职业农民培育的根本动机，是研究新型职业农民培育参与行为的初始问题。对培育对象而言，认知新型职业农民群体并认可培育过程是其参与培育的前置条件。只有了解新型职业农民与传统农民的差异，才能更好地定位自身的条件与行为，将自身的发展诉求与培育的关键过程相结合，在培育过程中实现既定目标。因此，培育对象了解新型职业农民的科学内涵，是其做出理性参与行为的重要基础。调查结果显示，在 1216 位被调查的培育对象中，688 人对新型职业农民的内涵非常了解，456 人对其内涵了解一些，共占全部调查总数的 94.7%，仅有5.3% 的培育对象对新型职业农民培育的内涵表示不了解，说明新型职业农民培育对象对未来从事职业的属性与特征具有较清醒的认识。

对于培育对象参与新型职业农民培育的主要目的，我们按照有序选择的方式进行了考察，对第一位选项赋值 3 分，第二位选项赋值 2 分，第三位选项赋值 1 分，按照赋值与相应选择频次的乘积进行加权，得到各类培育目的的分数排序情况（见图 3 - 4）。结果显示，增加收入、提高技能、获得补贴是培育对象参与培育的主要目的。其中，增加收入是指培育对象通过参与培育能够从农业生产经营中获得更大的现金收益，提高技能是指培育对象通过参与培育能够提高个体人力资本水平，获得补贴是指培育对象通过培育能够获得中央政府、地方政府以及在政府干预下的社会机构或产业组织所给予的直接补贴、价格补贴和实物补贴等。以上三个选项共占到 85.76% 的绝对比重，说明培育对象参与培育主要关注该过程可能带来的经济效益。同时，

"得到尊重"继经济性目的后排在第四位，说明在经济效益获得满足后，培育对象最为看重的是参加培育后能否打破身份限制，获得作为新型职业农民所带来的职业尊重和社会地位。

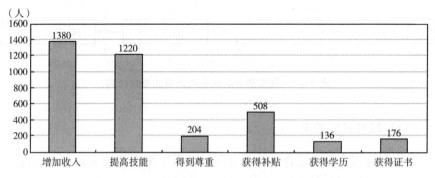

图 3 - 4　新型职业农民培育对象参与培育的目的

（二）教育培训需求

教育培训是新型职业农民培育的核心环节，也是新型职业农民培育对象获得职业化发展能力的关键环节。在教育培训中，培育对象的需求体现在方方面面。在被问及"参与新型职业农民培训时考虑的最主要因素"时，培育对象按关注程度由高到低排列依次选择：培训内容、培训收益、培训时间、培训形式、培训地点、培训费用、培训主体及其他（见图 3 - 5）。这一排序反映出培育对象参与教育培训的两个重要意愿特征：一是相比培训支出（培训费用），新型职业农民培育对象更看重培训内容与培训形式带来的培训收益是否符合预期；二是相比由谁来进行培训，培训时间与地点的安排更需满足培育对象的现实要求。

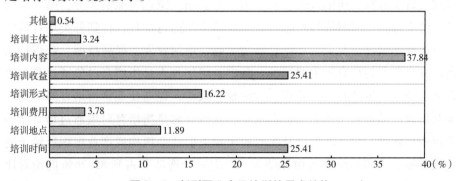

图 3 - 5　新型职业农民培训的需求结构

1. 培训内容

从定义来看，新型职业农民是兼具完备知识结构、先进发展理念、良好职业道德的现代农业从业者，综合素质高，技术能力强。以往无论是阳光工程①还是其他形式的农业技术培训，都是以专项技术或集合技术为主要培训内容的，目标在于推广生产技术，提升劳动力技能水平。新型职业农民与传统农民不同，职业化的属性决定了其经济行为主要表达于农业内部，而农业产业化带来的劳动分工特性又决定了其经济行为不只局限于生产领域。因此新型职业农民培育对象对培训内容的需求内容和层次相比之前的农民技术培训都有更高的要求。

理论上来看，新型职业农民的知识技能结构涉及文化素质的提高、思想观念的转变、农产品销售、市场开拓、品牌建设、土地规划与利用、农业项目的承担、农产品的储存与加工和农业服务等诸多方面，其需求相应包含基础文化教育、农业职业教育、发展理念教育与农业文化教育等内容。但从新型职业农民培训的供给现状来看，由于受到传统农业培训经验的影响，新型职业农民培训的重点仍为生产性的农业科技培训，仅有部分地区开设了有关经营的培训课程，少有涉及基础素质教育、理念与文化教育等内容。与此同时，由于培训对象层次不一，对知识技能的掌握能力存在差异，受限于培训教师单一的专业领域与授课方式，易造成培训内容实用性不强，培训供需结构失衡的情况出现。

实际来看，培育对象对新型职业农民培训内容的需求表现出一定的多样性，需求程度由高到低依次为农业实用专项技术（占比60.26%）、农产品市场信息（占比32.45%）、产业形势与政策（占比25.17%）、农业组织化经营（17.88%）、创业技能（11.26%）及其他（0.66%）（见图3-6）。这表明，现阶段制约新型职业农民核心发展能力的仍然是技术与管理模式的相对落后、市场信息的闭塞以及政策信息的不对称。因此，新型职业农民培训的内容体系中应强化相关内容的构成，满足培育对象的差异化需求，促使更多的有志人士积极参与到新型职业农民培育中。

---

① "阳光工程"于2003年启动，是一项农村劳动力转移前的职业技能培训，目的是提高农村劳动力素质和就业技能，促进农村劳动力向非农产业和城镇转移，实现稳定就业和增加农民收入。2012年起，"农村劳动力培训阳光工程"项目启动实施，主要以农业专项技术、农业职业技术与农业创业技术等为内容对农村劳动力展开培训。

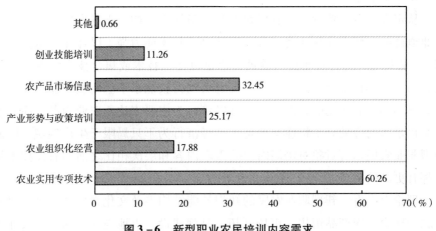

图 3-6　新型职业农民培训内容需求

　　此外，培育对象的受教育程度与培训内容的需求具有密切相关性。新型职业农民是具有一定文化素质基础的新型农民，培育对象的基本学历层次一般为初中。理论上讲，文化程度的高低与新型职业农民的产业化经营能力正相关，即在较低的文化素质层次上，培育对象的职业目标倾向于单项劳动能力的获得，而随着文化素质的提高，培育对象的知识体系会获得较大丰富，相比较低文化程度的培育对象会表现出更强的思想认识水平和更敏锐的市场观察能力，对提升综合性经营能力的需求较为旺盛。因此，随着受教育程度的提高，新型职业农民培育对象对于农业实用技术培训的需求会逐渐减弱，对农业经营、市场信息、形势政策、创业能力等经营类的培训内容需求程度会显著提升。

　　实际调查显示，文化程度为初中的新型职业农民培育对象对农业实用专项技术、农业组织化经营、产业形势与政策、农产品市场信息以及创业技能培训的需求比例分别为 58.71%、7.1%、13.55%、15.48%、5.16%，而文化程度为大专及以上的新型职业农民培育对象对以上五项培训内容的需求比例分别为 18.18%、36.36%、9.09%、27.27% 以及 9.09%，两者存在显著差异（见图 3-7）。可见，随着文化水平的提高，培育对象对培训内容的需求总体上呈现出从技术性内容向经营性内容的转变，同时也在经营性培训内容的结构上表现出由经营内在能力（经营能力与创业能力）到经营外在支持（信息与政策）的需求方向转变。

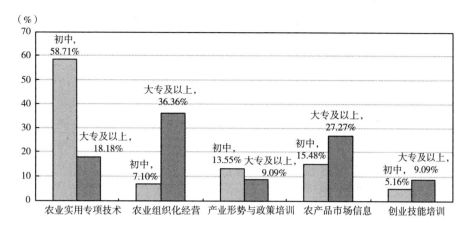

图3-7 不同受教育程度对新型职业农民培训内容需求的影响

2. 培训形式

新型职业农民的多类型决定了新型职业农民教育培训的形式与方法也应该是多样化的。《农业部办公厅关于新型职业农民培育试点工作的指导意见》中明确指出,要尊重农民意愿,顺应务农农民的学习规律,采取"就地就近"和"农学结合"等灵活的方式开展教育培训[52]。在实际的培训中,培训形式首先要密切结合成人培训的特点与规律,利用好信息化的教育培训手段,"因材施教",科学选用贴近农民、适应农民、方便农民的培训形式,最大限度地提升培育对象参与培训的热情。与此同时,还应结合农业生产周期性特征,结合新型职业农民在农业产业链条中的作用环节,"因地制宜",发挥"干中学"的职业培训优势,通过产业实践、基地实习等形式,在产业内、生产中、岗位上培训新型职业农民,增强培训效果。

培训方式的多样性理应丰富新型职业农民培训体系的内容。从实际需求来看,培育对象对不同培训方式选择有着不同的偏好(见表3-2)。在各项方式方法中,培育对象选择田间授课、本地培训班授课与参观学习的比例较高,分别为55.26%、41.53%与22.29%,且在双项选择培训方式的260人中,选择"本地培训班+田间授课"的占比56.92%,选择"田间授课+参观学习"的占比26.15%,说明培育对象接受群体学习的热情仍然高于个体学习,并对"以实践教学为主,理论实践相结合"的培训方式表现出较强的意愿诉求。

表 3 - 2   新型职业农民培训方式需求

培训方式	选择人次	所占比例（%）
一对一授课	143	11. 75
本地培训班	505	41. 53
田间授课	672	55. 26
观看录像	46	3. 78
网上或看书自学	8	0. 65
正规学校进修	114	9. 38
电视、广播、网络等媒体学习	41	3. 37
参观学习	271	22. 29
其他	80	6. 58

注：此项为多项选择问题，合计百分比大于100%。

3. 培训时间

现行的新型职业农民培训办法中，一般会对新型职业农民培育对象进行摸底建库，三年内对同一对象仅开展一次培训。因此，单次培训时间的设置显得尤为重要，设置原则要兼顾农业的生产特点与农民的学习特点。与传统的农业技术培训不同，为保障新型职业农民能够在提升素质的同时掌握技能，新型职业农民培训时间应相对较长，由此来保障培训的全面性与系统性。然而，单次培训时间过长会增加培育对象的误工成本，造成学习疲劳；单次培训时间过短则不利于培训内容的系统学习与掌握。因此在现行的新型职业农民培训时间安排上，生产经营型职业农民的培训时间一般不少于15天，专业技能与专业服务型职业农民的培训时间一般不少于7天。

就新型职业农民对单次培训时间的实际需求来看（见表 3 - 3），选择 8 ~ 15 天（占比44.36%）与 4 ~ 7 天（占比22.84%）的居多，其次分别为 16 ~ 30 天（占比14.9%）、2 ~ 3 天（占比13.9%），其他选项支持者均不足 2%。这说明，新型职业农民需求的单次培训的持续时间一般为一个月内，这基本与理论设计相吻合。而从培训频率来看，由于农业现代化加速了知识更新，培育对象对培训内容的需求亦随之产生递进。数据显示，在培育对象对培训频率的选择中，占比最高的是一年一次（占比38.08%），其次依次为一季一次（占比29.14%）、半年一次（占比21.52%）、一月一次（占比7.62%）及两年一次（占比3.64%）。可见，新型职业农民培训的时间频率需求与现实供给并不平衡，培育对象需要的培训频次更高。除以上两点之外，培育对象对培训时间也有特定需求。在此次被调查的培育对象中,选择在周末或工作之余和上夜校的被调查者分别占比48.34%和18.21%,体现了成人培训的偏好特征,即培训要结合生产工作实际,参训人需在工作闲暇时参与培训。同时,也有29.13%的被调查者选择全天上课,且选择这一选项的人中有86.44%选择了单次培训时长4~7天,说明在整体培训期较短时,培育对象也愿意接受连续的全日制学习。

表3-3　　　　　　　　　新型职业农民培训时间需求

需求项目	时间指标	选择人次(人)	所占比例(%)
培训时间	全天上课	351	29.13
	周末或工作之余	585	48.34
	晚上去夜校	218	18.21
	其他	62	5.96
单次培训持续时间	1天及以下	21	1.65
	2~3天	167	13.9
	4~7天	276	22.84
	8~15天	536	44.36
	16~30天	179	14.9
	31~60天	9	0.7
	61天以上	20	1.65
培训频率	一月一次	92	7.62
	一季一次	349	29.14
	半年一次	263	21.52
	一年一次	460	38.08
	两年一次	44	3.64
	三年一次	0	0
	其他	0	0

注:部分题目为多选题,合计百分比大于100%。

4. 培训地点

　　为了方便组织实施新型职业农民培训,各地方政府及相关部门一般采用集中培训的方法,将培育对象集中起来进行统一培训。由于培育对象一般是农民群体中的佼佼者,同一班次的区域覆盖面积较广,尤其是一些特色农产品产区,或是地理交通不便捷的地区,常会有多个乡镇或整个一个县区组织一个培训班的情况发生。因此，现阶段对新型职业农民的理论培训多是集中在县城或市区进行的。

　　而对培育对象的实际需求调查结果表明（见图3-8），选择本村为培训地点的培育对象占比35.76%，说明现阶段多数培育对象仍期望就近参与培训。一是因为可以实时照顾生产，避免产生过高的误工成本和交通成本；二是因为在当地培训可以使教师与培育对象的对接更方便，教师可直接在田间地头进行技术指导和服务，解决培育对象的实际生产问题，帮助其更快捷、更有效地学习新知识、应用新技能。同时，在被调查者中，对培训地点回答"无所谓"的占比27.15%。在这些人里，30~50岁的人占比73.94%，这些青壮年劳动力已具备一定的技术基础，且一般有过城镇就业经历，具有一定的发展眼光。这些人参与新型职业农民培训更多是为了提高自身的全面发展能力，促进个人人力资本与社会资本的积累，而不单单为了生产技术的学习。因此，这些培育对象对参与培训的预期收益考量优先于对远距离培训地点所带来的培训成本考量。综上所述，新型职业农民培训地点的选择可依据不同年龄层次、不同工作阅历、不同技术水平的培育对象进行差异化安排，以最大化地促使培育对象实现其需求目标。

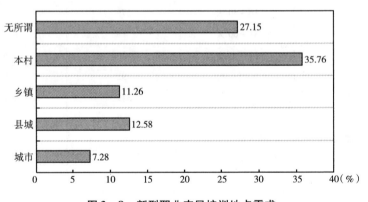

图3-8　新型职业农民培训地点需求

（三）发展保障需求

　　发展保障需求是指培育对象期望通过参加培育获得的除人力资本积累外的其他发展能力的需求，包括社会、政府给予的地位认可、扶持措施、政策倾向等。在该类问题的设计中，同样按照有序选择的方式，通过培育对象对政府指向性政策的偏好来判断其发展保障类需求的内容与结构。

　　我们同样对第一位选项赋值 3 分，第二位选项赋值 2 分，第三位选项赋值 1 分，按照赋值与相应选择频次的乘积进行加权，得到各项选择的分数排序情况（见图 3-9）。结果表明，各类资金补贴和项目优先占据第一、第二位，分别得 2529 分与 1263 分。而土地流转、社会保障、科技服务得分差距不大，分别得 927 分、914 分与 784 分，分列第三、第四、第五位。这说明，在培育对象群体中，多数人仍以获得直接经济收益为参与培育的动力，而涉及具体的政策时，获得项目支撑、扩大经营规模、提升产业科技附加等创业兴业支持是培育对象的主要需求。除此以外，培育对象也对自身的职业身份有了一定的认识，因此对社会保障也凸显出较强需求意愿。

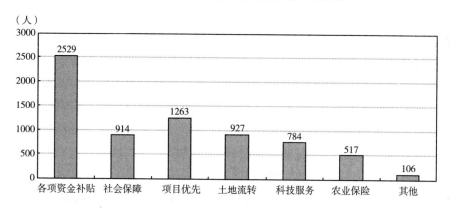

图 3-9　新型职业农民发展保障需求

　　不同培育对象的初始职业属性对新型职业农民的发展保障需求带来了一定的差异性影响（见表 3-4）。当散户农民、专业大户、农业企业经营管理人员、农业社会化服务人员回答"您最需要的政策支持"问题时，不同人员类别的首选项频次对比可以看出：各类资金补贴是各种职业状态下培育对象的首选政策支持；培育对象的产业化能力越强，对项目优先和土地流转等产业扶持政策的需求程度越高。因此，针对不同初始职业属性与产业化水平的培育对象，可以差别性给予相应的扶持政策。

表 3-4　　　不同职业属性对新型职业农民发展保障需求的影响　　　　　　　单位：人

职业属性	资金补贴	社会保障	项目优先	土地流转	科技服务	农业保险	其他	合计
散户农民	298	44	104	62	9	37	8	562
专业大户	307	15	43	34	24	22	0	445
农业企业经营管理人员	55	9	72	17	0	0	0	153

职业属性	资金补贴	社会保障	项目优先	土地流转	科技服务	农业保险	其他	合计
农业社会化服务人员	41	7	0	0	0	8	0	56
合计	701	75	219	113	33	67	8	1216

（四）二代子女培育需求

农二代是指在 20 世纪 80 年代后期出生的，在城市与农村之间实现自由转移的户籍农民[73]。该群体通过接受教育、进城务工等手段，逐步分化成城镇居民、农民工和普通务农者。无论最终的职业形态如何，在转型期的经济、社会、意识形态影响下，农二代理性的层次递进与扩张释放出了强大能量，造成了其对农村和城市、农民与非农民认识的根本性变革。相比其父辈，农二代对城市融入表现出较强的心理期望和精神追求。其父辈作为中国第一代实现城市务工转移的农村劳动力，则表现出极强的收入理性，只要能够挣到钱，对于从事何种职业与工作，条件艰苦与否并不十分在意。而农二代则相对表现出较强的闲暇追求，他们不再满足于单纯依靠增加收入来提升生活质量，而是为了享受生活而寻找新的机会。

截至调查日，由于新型职业农民培育工程启动不足 5 年，大多数培育对象依旧是长期活跃于农业生产一线的传统农民或已扎根农村多年的农业从业者。新型职业农民二代子女泛指这些培育对象的后代子女，是父辈将成为新型职业农民的后代群体。该群体特征一方面表现出与传统农二代相类似的行为逻辑，另一方面则表现出相比传统农二代更强的农业生产与农村文化传承能力，是未来新型职业农民培育的重要目标群体。

新型职业农民培育对象对二代子女的培养意愿作为职业化人群的代际选择问题，直接影响到未来"谁来种地"的方向。当调查培育对象对抚育子女的态度时，34.11% 的被调查者表示希望子女能够在未来选择一门工业技术，32.45% 的被调查者表示子女一定要设法上大学，仅有 6.62% 的被调查者表示希望子女能够从事现代农业生产（见图 3-10）。这说明，虽然培育对象已对新型职业农民的职业身份有了一定的认识，但由于当前的农业生产经营方式与非农产业的工作方式相比更为辛苦，农村生活条件与城市相比较为落后，加上父母对子女行为意愿的尊重程度逐步升高，新型职业农民群体中只有少数选择让子女"接班务农"，大多数人仍将享受高等教育和获得工业技能作为改善子女未来生活状况的主要投资方向。

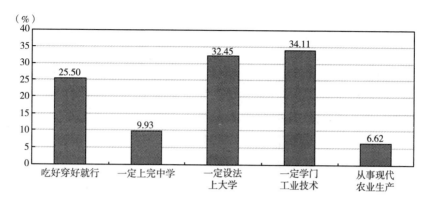

图 3 – 10　新型职业农民对子女差异化培养意愿

　　而对培育对象子女本人的调查结果同样显示出他们较强的离农意愿（见图 3 – 11）。在被问及"是否愿意从事农业生产"时，80.79% 的二代子女给出了否定答案。在进一步的调查中，了解到"认为农活太苦不愿干""不务农可以有更好的收入"以及"自己没有相应的农业生产技术"是影响其离农选择的重要因素，三项选择依次占比 43.05%、36.09% 和 29.14%。这说明，新型职业农民二代子女与普通农二代在务农意愿的弱化原因上存在一定的差异，他们并不完全因为城市与农村的经济势差而放弃农业，也不是为了摆脱农民身份而去享受城市文明，更多的仍是受到农业人才培养断档断层、劳动密集型生产方式等农业发展内在因素的制约。因此，对于新型职业农民二代子女群体的培育应弱化单项专业技术的传授，着重通过提升农业产业化经营水平，以增强生产经营能力与社会化服务能力为方向，促进新型职业农民二代子女在农业情怀、经营能力、服务意识等方面的培养。

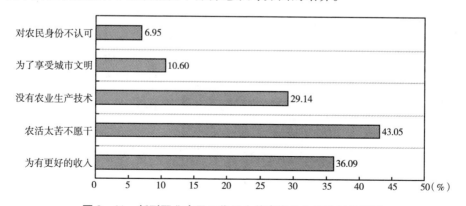

图 3 – 11　新型职业农民二代子女从事农业生产的制约因素

三、结论性评述

综上所述，培育对象参与新型职业农民培育的意愿需求呈现出收益性、便捷性、职业性和断代性的主要特征，体现了培育对象在参与培育行为上的收入理性与经济理性层次表达。具体分析如下所述。

收益性与便捷性特征体现了培育对象的收入理性。在参与新型职业农民培育时，培育对象对预期收益和参与成本会进行综合考量。其中，培育对象首要考察增加收入、提高技能、获得补贴等收入最大化条件是否能够获得满足，在教育培训活动中则重点考察培训收益和时间成本。从培育对象参与新型职业农民培育的目的也可以看出，提高收入和获取技术均体现出其参与培育的收益性动机，即同时获得直接收入和间接收入。前者包括受训补助、奖励奖金、产业补贴等，后者是指通过技术提高带来的自身人力资本的增加及对应工资率的理想预期。

职业化特征体现了培育对象在追求满足社会需要、尊重需要和自我实现需要基础上的经济理性。从这些需求来看，培育对象参与培育的动机一方面体现为产业发展需求——技术与管理类的培训内容、实践性的培训方式、农闲时的培训时间、产业项目政策的偏好等，另一方面体现为个人保障需求——科技服务和社会保险的需要等。从经济学角度来看，职业化与个人能力的乘积共同决定了农民的工作价值，工作价值决定了个人经济的效用水平。农民职业化是传统农民的终结和职业农民的生成，是农民由身份象征向职业标识的转化过程，直接决定了培育对象参与经济活动的效用水平，体现了培育对象参与新型职业农民培育的经济理性特征。

断代性特征体现出培育对象规避风险的经济理性偏好。数据显示，培育对象对二代子女参与培育以及二代子女自身对参与培育的现实意愿都不强烈，其根源出自二者对新型职业农民从业的认知和态度：培育对象更多考察农业与非农工作的差异性从业条件，二代子女则更多考察自身农业从业的职业化条件。综合来看，二者的行为意愿均表现为培育对象二代子女应在满足收入条件前提下追求闲暇，以此实现个人和家庭的效用追求。

第三节　培育对象的从业选择

职业是现代人谋生的主要手段，也是衡量个人社会地位的重要指标[74]。

近年来，随着市场经济的发展与城镇化进程的不断加速，农民的职业属性与身份属性相脱离，农村劳动力在工农产业部门的不同岗位间自由流动，产生了强大的经济增长效益，农民群体的职业分化程度也随之加剧。在当前四化同步发展的新常态下，农民的职业属性呈现出兼业化向职业化加速过渡的新特点。一方面，新型工业化与新型城镇化带来了劳动力的一次性定居转移，农业外部职业分化成效显著，部分农民的工资性收入水平大幅提升，在非农岗位上的从业稳定性逐步增强。另一方面，农业现代化促进了农业生产要素的集中、生产力水平的提升以及农业市场容量的扩大，使得农业内部产业分化程度加深，农业内部职业分化加剧，市场中出现了对素质和技能要求较高的职业化人才需求。

与此同时，随着农民个体差异性越来越大，高素质农民既可以选择自己负责农业生产经营的全部环节，也可选择在农业产业链条的某一节点上从事专业化生产或服务，再通过购买或联合其他专业生产者或服务者的劳动，完成在专业化分工基础上的横向或纵向合作，以此实现产业化。在这一过程中，以农业产前、产中、产后各领域、各环节岗位为职业的新型职业农民人群应运而生，并开始在产业化、现代化、社会化的农业活动中占据主体地位。更重要的是，随着农业内部职业分化的进一步加深，新型职业农民作为职业群体，必然伴随有不同的职业定位与选择，这种定位与选择决定了现代农业系统内的整体就业规模与结构，对农业就业的稳定性也将有着重要影响。

因此，研究新型职业农民的从业选择，对深入了解现代农业就业缺口是有必要的，是通过开展培育来调控农业岗位供需结构的重点环节。为明确培育对象在不同新型职业农民职业类型间的选择，笔者借助河北省农业厅2014年6月开展的新型职业农民培育对象摸底调查数据，重点对照不同职业类型来考察新型职业农民的特征，对其从业选择的基本情况与影响因素展开分析。

一、数据来源

河北省是农业大省，内环京津，外延渤海，全省农村劳动力3358.8万人，农业从业人员3055.9万人，农林牧渔业生产人员1389.3万人，农业内外部职业分化程度均较显著。为摸清河北省新型职业农民队伍的底数，河北省农业厅于2014年6月至2014年10月，通过各地区农业（农牧）局主导协调,针对河北省内各设区市、定州市、辛集市新型职业培育试点县的生产经营型、专业技能型、专业服务型培育对象,采取进园、到场、入户,现场登记填表等方式,调查其包括姓名、性别、年龄、文化程度、家庭人口、家庭劳动力、从事产业、从业年限等个人基本情况以及可能的从业类型选择。此项调查的特点是:各级政府参照满足新型职业农民特征的现代农业从业者标准,结合各新型职业农民培育试点县工作的开展情况,根据各地农业产业分布选择 3~4 个主导产业,对其中的 13 市 98 个项目县的全部新型职业农民培育对象,分类开展摸底问卷调查。调查共发放问卷 84220 份,回收问卷并统计新型职业农民培育对象 84220 人,问卷回收率为 100%。其中生产经营型 48230 人,专业技能型 11844 人,专业服务型 25348 人。结合探究影响新型职业农民从业选择微观因素的目的,综合考察问卷填写与地区统计失误造成的部分指标信息完整性不足,剔除了无效缺失值 4494 个,得到有效样本 79726 个,有效率 99.6%,具有较强的代表性和可信度。

二、不同职业类型的特征比较

依据国家标准,新型职业农民职业类型可划分为三类,即生产经营型、专业技能型和专业服务型职业农民。通过概念对比可以看出,三类职业在工作性质、入职门槛、基本投入、收入特点等方面具有明显区别(见表 3-5),具体分析如下。

表 3-5　　　　　　　　　不同新型职业农民的分类特征

职业类型特征		生产经营型	专业技能型	专业服务型
工作性质		经营者	产业工人	工商户或服务工人
入职门槛	生产资料积累	一定规模	无门槛	基本无门槛
	农业知识结构	远见、知识、技能等综合素质	相对单一	相对单一
基本投入	劳动力投入	多人	个人	个人或多人
	工作时间投入	不固定	相对固定	相对固定
收入特点	收入水平	相对较高	相对较低	相对较低
	收入回报期	一年期或以上	短期(日/月)结算	短期(项目)结算
	收入风险度量	相对较高	相对较低	相对较低

生产经营型职业农民一般是指参与农业生产经营全过程的经营能手,类

似于现代企业理论中的企业家或经理人概念，这类职业一般依托于新型农业经营主体，入职门槛较高，尤其体现为个人具备较大的产业经营规模和较强的个人综合素质。由于生产经营活动偏产业化，环节较多，链条较长，预期收入较高，但个人的收入周期与农业的生产周期一般相一致，因此，此类职业从业者需要自主承担较强的风险（包括自然风险、技术风险、市场风险、政策风险、收入风险等），且一般需要较多的劳动投入，花费较多的时间对人员、生产过程、产品销售等进行监管，工作强度较大。

专业技能型职业农民一般是指专业服务于产业化龙头企业或其他新型经营主体中的农业产业工人，类似于工业岗位工人的概念，这类职业一般仅对从业者自身具备的农业生产技术能力有要求，即经营主体代表通过雇用的形式买断专业技能型职业从业者的知识与技能。这类职业偏技术性，仅需要个人的劳动投入，工作时间相对固定，一般表现为农忙时期的打工制，或全年生产周期的工作日制，从业者收入一般以工资的方式获得，按照日结或月结进行计算。此类职业的工作环境相对固定，强度适中，收入风险相对较低。

专业服务型职业农民一般是指为农业生产链各环节主体提供服务的从业人员，性质类似于工商服务业。与专业技能型职业类似，专业服务型职业的从业门槛也不高，仅表现为对从业者服务能力的基本要求，工作内容也偏向于技术性。唯一不同的是，在实际的农业社会化服务中，一般是由服务团队（偶尔是个人）定向服务于一定区域内的农业生产经营主体，二者之间按照服务项目逐项结款，以此作为专业服务型职业农民的主要收入。此类职业的工作时间相对固定，收入风险也相对较低。

三、培育对象从业选择的基本情况

新型职业农民培育对象的从业选择是经济理性驱动下的行为决策，是依照市场经济原则实现的劳动力的自主配置，体现了现阶段农业生产一线的人力资源配置总量与结构。通过对河北省新型职业农民从业结构的分析，可以窥探我国新型职业农民从业选择的基本特点。统计结果显示，在全部的新型职业农民培育对象中，生产经营型、专业技能型、专业服务型三种职业的选择频数分别为48230人、11844人和25348人，分别占比56.46%、13.87%和29.67%（见图3-12）。

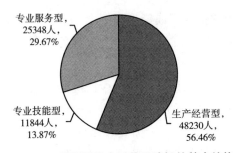

图 3 - 12　新型职业农民从业选择的基本结构

　　在各职业类型的培育对象组成上，生产经营型培育对象主要为种养大户和家庭农场主，说明市场遴选出的培育对象主要表现为以家庭经营主体为主的新型经营主体（种养大户或准家庭农场主）的个体形态（见图 3 - 13）。专业技能型培育对象占总人数比 13.87%，其中农业工人（季节性雇工）占比 51%，农业雇员（长期雇工）占比 30%，表明专业技能型人才仍主要在农忙时从事短期的生产活动。专业服务型培育对象中占比较高的是农机服务员（23.73%）、动物防疫员（21.04%）、农业信息员（17.73%）及农资经营服务人员（14.13%），说明现阶段农业发展对农机、兽医、经纪人及农资服务的需求较高，相对应的农业社会化服务市场也较为成熟。

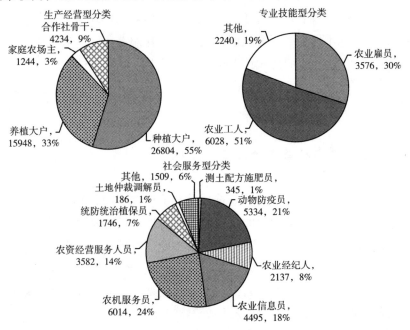

图 3 - 13　不同职业类型的培育对象人员构成

四、培育对象从业选择的影响因素分析

（一）理论框架与指标选取

依据美国职业管理学家艾德佳·沙因（Edgar H. Schein，1987）的职业锚理论，从业选择是个人根据自身禀赋、能力、动机、需要等条件而慢慢形成的与职业相关的自我概念的过程，该理论重在以个体角度探讨人们的职业倾向与职业行为[74]。换言之，从业选择是个人为实现自我价值、提高经济收入或改善社会地位，依据一定的社会分工状况、职业需求和自身条件、价值观念等，自由选择某一种社会方式来发展自己的个性活动。研究农民的从业选择问题，一般需要在区位选择、产业选择和岗位选择三个层面上进行分析。其中，区位选择一般指农民是在城镇还是农村就业，其引力来源于城市与农村的经济势差；产业选择主要指农民在农、工、商等产业间的职业流动，其引力来源于农业与非农产业的劳动生产率差；岗位选择是指在经营、管理、技术、服务等岗位间的选择行为，其引力来源于农民个体的人力资本存量差。

对新型职业农民培育对象而言，其从业选择虽表现为个人经济行为，是职业化的农业劳动者在不同职业间的定位与流动，但是，由于农业分工与工业分工不同，它是在长期的农民职业分化后才产生的。因此，在研究培育对象的就业选择时，隐含一个前提条件，即现实中已存在相对应的职业作为可供选择的对象。事实上，从业选择与职业分化相伴而生，互促互进，本质上是一个问题的两个层面。职业分化考查产业岗位的结构变迁，职业选择则考查农民自身的经济行为。农民的差异性人力资本和经济行为导致了新职业的萌生，而农民的就业行为也离不开特定的职业作为载体和依托。从职业岗位来看，农民的职业分化可划分为农业外部分化与农业内部分化，相对应地，农民的从业选择可分为非农就业、农业外部兼业和成为不同种类的新型职业农民。此外，新型职业农民也与传统农民不同，其本身的职业属性决定了其就业区域仅限定于农村，基本不存在区位选择的可能。由此可见，新型职业农民的从业选择以农民职业分化为基础，承启劳动力转移与专业化分工，遵循一定的行为逻辑（见图3-14）。依据前文中对新型职业农民的分类定义，为统一口径，我们将新型职业农民的职业选项设定为生产经营型职业农民、专业技能型职业农民以及专业服务型职业农民，培育对象的从业选择实质上就是在这三种类型的农业职业间的定位与流动。

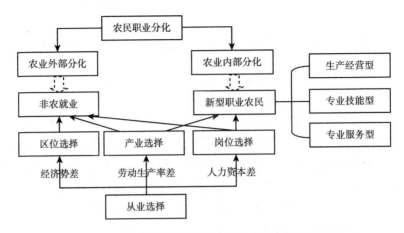

图 3 – 14　新型职业农民培育对象从业选择的理论框架

对传统农民而言，因个体之间并不存在显著差异，他们在劳动力市场中的流动性是相对一致的。这就意味着，传统农民的职业选择实际上是其冲破身份限制后在不同职业间的不定向转移，而这种职业转移，是人们在不同地区间、阶层间、社会间流动的表现。因此，相关学者多以非农就业在层次、收入、社会认同感等方面优于农业就业为前提，站位于劳动力的区域间转移，采用微观视角考察农村劳动力偏向于非农领域就业的成因。而新型职业农民的从业选择作为农民群体结构分化的特殊形式，与劳动力外部转移相类似，也会受到同类型的因素影响，遵循相一致的行为逻辑。以往有关农民从业选择的研究大多以农业外部职业分化为视阈，以区域间人口流动学说为基础，认为"推力—拉力"理论①下的人口迁移效应造成了农民的职业更替，因此农民就业更易受到区域间、产业间的经济势差、政策势差的影响。而通过前面的分析已知，新型职业农民的从业选择立足于农业与农村，基本剔除了农业与非农业在区域、政策、经济、社会、人文环境上的差异影响，体现为收入理性或经济理性条件下个人在禀赋优势与岗位利益和风险间的博弈。因此，研究影响新型职业农民从业选择的因素可重点选取微观视阈，分析个人、家庭、居住地条件等对新型职业农民从业选择的相关影响。依据前人的研究结果，可将各类微观因素选取如下。

---

① 推力是指促使移民离开原居住地的消极因素，拉力是指吸引怀着改善生活愿望的移民迁入新的居住地的积极因素。西方古典推拉理论认为，劳动力迁移是由迁入与迁出地的工资差别所引起的。现代推拉理论认为，迁移的推拉因素除了更高的收入以外，还有更好的职业、更好的生活条件、为自己与孩子获得更好的受教育的机会，以及更好的社会环境。

1. 个人因素

正如劳动经济学观点所示，劳动者就业状况首先取决于其自身的劳动能力。个体的人口特征与人力资本状况决定了农民获取并利用机会的能力，必然显著影响其从业选择。陈会英（1996）认为农民非农就业最终取决于农民的自身素质，一般农民自身素质越高，接受新技术、新技能和新管理方法的能力越强，农业外部就业能力就会越强，择业面就会越宽[75]。

（1）性别。性别对农民从业选择的影响主要体现于就业机会的获得和就业类型的差异。多数学者认为男性农民相对于女性农民更容易实现非农就业。长三角15村农户从业选择调查结果显示，男性在非农业就业能力上明显优于女性，就业时间也更长，平均每年高出女性33.25天（史清华，2007）[76]。此外，男、女性在非农就业的职业和工种选择上存在明显的不同，女性劳动力在分工结构中处于技术水平、劳动强度偏低的层次。

（2）年龄。年龄与农民的非农就业水平一般呈负相关关系，即年龄越大的农民越不会选择非农就业。这与中国长久以来落叶归根的文化传承不无关系，同时也说明年轻人更具对效用极值的追求，对城市生活更为向往，更容易受到"拉力—推力"作用的影响。牟少岩（2008）通过对青岛市部分农户的调查发现，16～60岁的农民群体会随着年龄的增加，逐渐降低参与非农产业部门就业的概率，且非农就业时间变短，收入下降[77]。

（3）教育层次。教育层次反映了农民的认知能力和技术水平，决定了农民可能的职业层次和收入状况。较高学历者一般具有较强的信息处理能力和辨别能力，能够承受较大的技术风险和市场风险。受教育程度越高，农民的从业选择范围越广，从事高级别（如技术、管理）岗位工作的机会越大。杨金凤（2005）通过对山西省农户的调查指出，受教育5年以下的农民多选择从事强体力、高风险的建筑行业，而随着受教育水平的提高，更多农村转移劳动力开始从事劳动强度更弱，服务性质更强的个体工商、科教文卫等工作[78]。

（4）工作经验。丰富的工作经验可以提高农民的就业收入，提升农民的从业积极性和稳定性，同时也是农民积累专用型人力资本的重要途径。张林秀（2000）指出，工作经验与农村劳动力非农就业正相关[79]。苏群（2004）则通过对江苏省12个城镇的走访调查发现，长期从事稳定职业的农民工会影响同乡或熟人从事相同职业，形成带动型区域效应[80]。

2. 家庭情况

以农户为核心单元的家庭联产承包责任制让家庭成为农民经济行为的最小

细胞，与其他经济单位一样，家庭作为效率生产单位，单个家庭成员的选择影响着整体的投入与产出，农民对不同岗位的选择关乎家庭业务范围的拓展和家庭总效用的提升。从这一点上看，农民的从业选择不仅是个体行为，更是整个家庭在所处的社会经济环境上做出的集体决策。家庭作为个体的后盾力量，其特征不仅决定了农民的就业条件和能力，而且决定了农民是否对从事某一职业具有足够的动机和意愿。研究表明，家庭人口的数量决定了家庭的负担程度，家庭人口数量越多，农民越倾向选择预期收入较高而经济风险较弱的职业。古德（Gould，1989）通过对美国威斯康星州 8 个农村的调查，以儿童出生率为主要指标得出抚育子女的数量与家庭非农就业程度呈负相关关系[81]。同时，由家庭负担产生的决策需同时考察家庭劳动力的现实状况。乔冬（2010）指出，伴随着家庭劳动力数量的增加，个人会选择更具风险性的职业[82]。这说明，家庭劳动力人数的增加分散了整体的收益风险，个体行为人在从业选择上会相对从容。

3. 居住地情况

由于地区发展不平衡，就业选择会表现出较大的区位性差别。赵志群（1995）指出，由于职业教育与就业机会的分布不同，居住地成为从业选择的重要影响因素[83]。霍夫曼（Huffman，1977）分析了地区经济条件对农户非农就业决策的影响，认为 GDP 水平影响了农民的非农就业水平[84]。李恒（2006）则指出，因为居住地经济发展水平的不平衡带来了工资水平的差异，从而影响了农民的职业流动与岗位选择[85]。

（二）数据、变量与模型选择

本书以新型职业农民培育对象，即可能成为新型职业农民并对相应职业进行了明确选择的现代农业从业人员群体为研究对象，考察微观影响因素与新型职业农民从业选择间的关系（见表 3 - 6），并选定从业类型为被解释变量，解释变量则分为三类：（1）自身因素，包括性别、年龄、文化程度、人员类别①及从业年限②；（2）家庭因素，依据新迁移理论，选取家庭人口、家庭劳动力③为指标；（3）居住地因素，本书重点考察从众效应与资源禀赋对

---

① 人员类别是指新型职业农民的来源群体，包括农民、返乡农民工、农村"两后生"、复转军人及其他人员。该指标反映新型职业农民的就业背景与人员渠道。

② 从业年限是指新型职业农民培育对象从事农事活动的时间。

③ 家庭人口不仅可说明家庭负担程度，而且可说明劳动力投入指标的量化。本书不单一使用家庭负担率（家庭人口与家庭劳动力的比值）考察家庭特征对新型职业农民的从业选择影响。

新型职业农民从业选择的影响，由于调查中区位指标缺失，特依照农林牧渔业生产总值选择所处地区①为该类指标代表。需要指出的是，由于样本较大，本书依据各类区间数据，将多连续型变量分为不同区间段，具体赋值情况如表 3 - 7 所示。

表 3 - 6　　　　　　　　　样本新型职业农民的基本情况

变量特征		样本人数（人）	比例（%）
从业类型	生产经营型	45799	57.4
	专业技能型	11242	14.1
	专业服务型	22685	28.5
所处地区	优等发展区域	23597	29.6
	中等发展区域	34363	43.1
	农业低等发展区域	21766	27.3
性别	女	10368	13.0
	男	69358	87.0
年龄	30 岁及以下	6318	7.9
	31 ~ 50 岁	56624	71.0
	51 岁及以上	16784	21.1
文化程度	小学及以下	355	0.4
	初中	56368	70.7
	高中或中专	20347	25.5
	大学及以上	2656	3.3
人员类别	农民	77279	96.9
	返乡农民工	365	0.5
	农村"两后生"	473	0.6
	复转军人	302	0.4
	其他	1307	1.6
有效样本		79726	100.0
无效缺失值		4494	—
样本总量		84220	—

---

① 按照《2014 年河北省经济统计年鉴》中农林牧渔业产业，将河北省 13 市划分为农业优等发展地区：唐山，石家庄，保定；农业中等发展地区：邯郸，沧州，邢台，张家口，衡水；农业低等发展地区：廊坊，承德，秦皇岛。该指标反映地区间农业引力程度及劳动力市场活跃程度。

表 3 – 7   变量定义

类别	一级分类	二级分类	变量定义	均值	标准差
因变量（y）	从业选择	从业类型（y）	生产经营型 = 1；专业技能型 = 2；专业服务型 = 3	1.72	0.88
自变量（x）	个体特征	性别（x_1）	男 = 1；女 = 0	0.87	0.34
		年龄（x_2）	30 岁及以下 = 1；31～50 岁 = 2；51 岁及以上 = 3	2.13	0.52
		文化程度（x_3）	小学及以下 = 1；初中 = 2；高中或中专 = 3；大学及以上 = 4	2.32	0.54
		人员类别（x_4）	其他 = 1；返乡农民工 = 2；农村"两后生" = 3；复转军人 = 4；农民 = 5	1.09	0.56
		从业年限（x_5）	实际观测值（年）	8.18	7.06
	家庭特征	家庭人口（x_6）	家庭实际人口（人）	4.11	1.15
		家庭劳动力（x_7）	家庭现有劳动力（人）	2.26	0.82
	居住地特征	所处地区（x_8）	农业优等发展地区 = 1；农业中等发展地区 = 2；农业低等发展地区 = 3	1.98	0.75

注：SPSS 20.0 能够自动完成虚拟变量的设置，因此分类变量未直接定义为虚拟变量。

由于被解释变量新型职业农民的从业选择为无序分类变量，与解释变量间存在非线性关系，因此选用 Logistic 回归模型进行相关性分析。Logistic 回归模型属于概率型非线性回归模型，是对定性变量的回归分析，是分析被解释变量为分类资料时最为常用的统计方法，对资料的正态性、方差齐性、自变量的类型等不做要求。根据被解释变量取值的不同，Logistic 回归模型可以分为二分类的 Logistic 回归模型（Binary Logistic）和多分类的 Logistic 回归模型（Multinomial Logistic）。前者被解释变量取值只有两个，即 1 和 0（虚拟变量），后者被解释变量可以有多个分类，即可取多项值，其取值可以是有序的（有序多分类 Logistic），也可以是无序的（无序多分类 Logistic）。换句话说，被解释变量水平数大于 2 时，不能简单地将其中两个水平单独拟合二分类的 logistic 回归，而应采用拟合因变量为多分类的 Logistic 回归模型进行分析。多分类 Logistic 不仅可以同时筛选分析所有影响因素，还能对各因素的影响程度进行一定的量化。在本项研究中，被解释变量为新型职业农民的三种从业类型，为无序分类变量，因此选取无序多分类 Logistic 回归模型进行计量实证。通过统计数据可以看出，生产经营型职业为较多人所选择，并且从理论上来讲，此分类为较偏好且较常见的从业选择类型，故选用生产经营型职业为参照水平，将其他两分类水平与其相比,建立 n=2 (n=因变量水平数 -1) 的广义 Logistic 模型。生产经营型职业、专业技能型职业、专业服务型职业分别取值 1, 2, 3, 相应的取值概率水平为 π_1, π_2, π_3, 并存在 $\pi_1 + \pi_2 + \pi_3 = 1$ 的等量关系。

$$\ln\left(\frac{\dfrac{\pi_2}{1-\pi_2}}{\dfrac{\pi_1}{1-\pi_2}}\right) = \text{logit}\left(\frac{\pi_2}{\pi_1}\right) = \alpha_1 + \beta_{11}\chi_1 + \cdots + \beta_{1n}\chi_n \qquad (3-1)$$

$$\ln\left(\frac{\dfrac{\pi_3}{1-\pi_3}}{\dfrac{\pi_1}{1-\pi_3}}\right) = \text{logit}\left(\frac{\pi_3}{\pi_1}\right) = \alpha_2 + \beta_{21}\chi_1 + \cdots + \beta_{2n}\chi_n \qquad (3-2)$$

(三) 模型估计结果与分析

本书运用统计分析软件 SPSS 20.0 软件运行模型,结果输出了截距模型和最终模型的拟合信息,$P < 0.001$,统计检验显著,表明回归系数中至少有一个显著不等为 0。模型输出的三个伪决定系数 Cox and Snell、Nagelkerke、McFadden 分别为 0.131、0.154、0.074,表明模型具有一定的解释能力,但解释能力有限,说明微观因素只是影响新型职业农民从业选择的部分因素。模型可以得到以下三类结论:(1) 对因变量整体而言,各自变量作用的显著性;(2) 相对于因变量设定的参照组,不同因变量之间,同一自变量及其哑变量对其作用的方向和大小;(3) 同一自变量的各哑变量,对于自变量的对照组,对不同因变量作用的差别。模型解释对因变量与因变量,自变量与自变量,因变量与自变量之间进行了立体关系说明。表 3-8 为模型中各自变量系数及其检验值影响职业农民从业选择的程度,具体分析如下。

表 3-8　　　　　　　　　多分类 Logistic 回归模型的参数估计

变量	专业技能型			专业服务型		
	B	Wald	Exp (B)	B	Wald	Exp (B)
性别	-1.454*	2844.075	0.234	-0.295*	120.645	0.744
年龄 =1	0.101*	5.058	1.106	0.224*	40.910	1.251
年龄 =2	-0.148*	28.357	0.862	-0.064*	9.091	0.938
年龄 =3	0[b]			0[b]		

续表

变量	专业技能型			专业服务型		
	B	Wald	Exp（B）	B	Wald	Exp（B）
文化程度＝1	1.706*	130.413	5.507	－0.819*	29.876	0.441
文化程度＝2	0.193*	5.911	1.213	－0.907*	415.292	0.404
文化程度＝3	0.250*	9.408	1.284	－0.450*	96.490	0.637
文化程度＝4	0[b]			0[b]		
人员类别＝1	0.962*	110.191	2.617	1.275*	343.332	3.578
人员类别＝2	0.163	1.226	1.177	－0.666*	22.680	0.514
人员类别＝3	－0.151	1.022	0.860	－0.130	1.457	0.878
人员类别＝4	－0.332	2.602	0.717	－0.163	1.414	0.850
人员类别＝5	0[b]			0[b]		
从业年限	－0.061*	1047.156	0.941	－0.052*	1405.507	0.949
家庭人口	－0.091*	62.495	0.913	－0.028*	10.566	0.972
家庭劳动力	0.016	0.97	1.016	－0.108*	75.789	0.898
所处区域＝1	－1.038*	1128.868	0.354	0.625*	739.042	1.868
所处区域＝2	－0.689*	770.756	0.502	0.113*	26.087	1.120
所处区域＝3	0[b]			0[b]		

注：a. 参考类别：生产经营型；

b. ＊表示变量在1%的水平上显著；

c. 性别（x_1）已建立虚拟变量，参照类为女性（$x_1 = 0$），因此运行模型时将其放入协变量。

模型以生产经营型职业作为参照类别，得出各影响因素对于生产经营型与专业技能型、生产经营型与专业服务型两对从业选择偏好的对比结果。当变量影响显著时，若估计系数为正，表达为自变量因素影响下的新型职业农民偏好选择非生产经营型职业；若估计系数为负，则表达为自变量因素影响下的新型职业农民偏好选择生产经营型职业。根据模型输出结果，将影响新型职业农民从业选择的各因素具体分析如表3-9所示。

表3-9　　　　　　微观因素对培育对象从业选择的差异化影响

微观因素	生产经营型	专业技能型	专业服务型
性别	男	女	女
年龄	中年	青年	青年
从业经验	从业时间长	从业时间短	从业时间短
家庭负担	大	小	小
所处地区	农业发展水平较高	农业发展落后	农业发展水平较高

1. 不显著指标

人员类别对从业选择的影响整体不显著。人员类别的不显著影响体现在以下两点。一方面，人员类别对从业选择的影响整体不显著，这可能是由于在河北省的农业劳动力市场上，职业类型尚未得到明确划分，三类职业的从业门槛都不高，无论新型职业农民原来从事何种职业，均可任意选择农业职业或岗位。另一方面，就单个类型来看，返乡农民工比农民更倾向于选择生产经营型，这可能与返乡农民工的群体偏好有关。与其说返乡农民工是在比较新型职业农民的三类职业，不如说其是以务工为目的进行选择，生产经营型职业的资源投入与预期收入较高，返乡农民工具备一定的财富积累与务农经验，因此对生产经营型职业表现出较强偏好。

家庭劳动力对从业选择的影响不显著。相关研究表明，劳动力越少，家庭收入风险越高，单个行为人的选择行为越谨慎。而模型结果显示，家庭劳动力人数与新型职业农民的从业选择关联程度较小，这可能是由于新型职业农民在选择职业时综合考虑了收入水平、投入产出比、收入回报期等多指标，无论选择三类职业中的哪种，只要收入风险维持在可控水平，家庭劳动力人数均不会对职业选择产生明显影响。

2. 性别特征

在控制其他变量的情况下，与选择生产经营型职业相比，男性相较于女性，选择专业技能型职业和专业服务型职业的优势比均有下降，分别为原来的 23.4% 和 74.4%。这表明，性别对于新型职业农民从业选择有显著影响，男性更愿意选择生产经营型职业。职业分工的传统与特征决定了男、女性在从业选择时的不同的特长与倾向。生产经营型职业要求农业产业具备一定的规模，持续工作时间长、强度大，且相比其他两类职业对劳动者的综合素质要求也更高，收入水平与社会地位也具有相对优势，因此男性对这类职业具有明显偏好。

3. 年龄特征

以 51 岁以上职业农民为参照基准，30 岁以下的新型职业农民更倾向于选择专业技能或专业服务型职业，优势比分别较生产经营型职业增加了 10.6% 和 25.1%。而 31～50 岁的新型职业农民在三种从业选择中更偏好生产经营型职业。该结果显示，各年龄阶段职业农民对于生产经营型职业的偏好度从强到弱依次为中年人（31～50 岁）、老年人（51 岁以上）、青年人（31 岁以下）。这是由于中年人通过多年的生产实践，相比于青年人具备较高的技能水平和较好的产业基础，相比于老年人则具备更好的身体素质、远见意识、现代经营管理理念等适应生产经营型职业的条件。青年人由于从业时间短，尚处于通过学习技能或接触实践等来提高农业从业能力的阶段，因此更倾向于选择专业技能型和专业服务型等便于入门的"蓝领"职业。

4. 文化程度

当文化程度单独作用于因变量时，文化程度低于大学的新型职业农民更愿意选择专业技能型而非生产经营型。而当新型职业农民在生产经营型职业与专业服务型职业间选择时，结果则显示为文化程度低于大学的新型职业农民更倾向选择生产经营型职业。综上可见，在低于大学学历的新型职业农民队伍中，从业选择意愿可排序为专业技能型、生产经营型、专业服务型。学历代表了新型职业农民的知识结构层次与综合素质能力。对照职业特征可以看出，学历越高应越倾向选择生产经营型职业，而模型输出结果与假设的结果存在差异。这可能是由于就样本而言，大学及以上学历层次对照的人群多为青年人，这些人在从业选择时更多受到从业规模小、从业经验少等门槛限制，从而在生产经营型与专业服务型职业中偏向于选择后者。

5. 从业年限

模型结果显示，从业时长每增加一年，选择专业技能型职业相比于选择生产经营型职业的优势比便下降0.059%，而选择专业服务型职业相比于选择生产经营型职业的优势比下降了0.051%。可见，从业年限越长的新型职业农民越愿意选择生产经营型职业。从业年限越长，表示新型职业农民从事农业活动的生产资料积累越完备、知识越全面、经验越丰富，因此该类人群更倾向选择全面性、长链条的生产经营型职业，而非农业生产中的某个专门岗位。

6. 家庭人口

家庭人口每增加一人，选择专业技能型的优势比下降8.7%，选择专业服务型的优势比下降2.8%。可以看出，家庭人口较多的新型职业农民同样更偏好于生产经营型职业。一方面，家庭人口越多，家庭负担越重，单个行为人越倾向选择收入水平较高的职业；另一方面，生产经营型职业农民多为家庭农场主、合作社领办人等组织的经营者，对生产经营中的劳动力投入数量要求较高，而家庭人口决定了以家庭为生产单位的整体发展能力，因此家庭人口较多的新型职业农民更倾向选择生产经营型职业。

7. 所处区域特征

相对于专业技能型职业而言，在农业发展越好的地区新型职业农民越倾向选择生产经营型职业。而相对于生产经营型职业，在农业发展越好的地区新型职业农民越倾向选择专业服务型职业。简言之，在农业经济发展水平较高的地区，新型职业农民更倾向选择专业服务型与生产经营型职业。原因在于在农业发展水平较高的地区，农业现代化、产业化水平较高，农业社会化服务市场容量大，新型经营主体发展势头强，因此从事专业服务型与生产经营型职业更具优势。

本章小结

　　培育对象是新型职业农民培育中最重要的主体行为人，其行为原则、行为意愿与行为结果是决定培育供给结构，提升培育整体效率的风向标。

　　首先，本章通过构建农民理性的层次分析框架，对不同阶段的农民理性特征进行了分析归纳，明确了新型职业农民在经济活动中遵循的行为准则，得出培育对象是追求收入最大化（收入理性）或效用最大化（经济理性）的理性经济人，在实际的社会经济活动中，会依据对经济收入、社会地位、未来发展的不同目标选择相适应的经济行为。

　　其次，通过调查数据分析，对培育对象参与培育的行为意愿与动机进行了探讨，得出获得经济收入与社会尊重是其参与培育的主要目标，收益性与便捷性是其参与教育培训的根本需要，获得创业兴业能力是其保障性追求，促进非农转移是其培养子女的意愿方向等结论，同时得出其参与培育的主要行为动机是获得区别于一般技术化的职业化发展能力，而现阶段的培育环境仍缺乏相应引力等基本判断。

　　最后，通过对新型职业农民从业选择的分析，确定了现阶段培育对象的意愿从业结构，分析出不同个体特征、家庭特征与居住地特征下的培育对象会选择不同的新型职业农民类型，为提出新型职业农民培育路径，优化新型职业农民培育策略奠定了基础。

第四章　新型职业农民培育中的企业行为分析

党的十八届三中全会提出，要"处理好政府和市场的关系，使市场在资源配置中起决定性作用"[102]。要想利用好各类培育条件，合理配置好培育资源，就需要发挥市场力量来优化培育的供给结构，最终满足培育对象对实现产业化发展的客观需求。企业作为市场化主体的代表，关注其参与培育的行为驱动机理与选择，是增加培育资源总量，提高培育整体效率的重要途径。因此，本章以典型案例为支撑，从企业与农民的关系演变入手，分析企业在新型职业农民培育中的行为方式与特征，结合企业的逐利本性，明确企业参与新型职业农民培育的行为逻辑，并通过分析利益机制中的主体关系，明确新型职业农民培育中的企业行为路径与作用。

第一节　企业参与新型职业农民培育的典型案例

一、资料来源与案例提取

自 2012 年开展试点工作以来，新型职业农民培育经历了由试点到示范，由区域试行到全面实施的发展过程，并取得了显著成效。为充分挖掘各地培育新型职业农民的典型经验和有效做法，提炼具有代表性的培育模式向全国推广，农业农村部科教司于 2014 年 11 月 21 日发布《关于报送新型职业农民培育典型模式材料的通知》①，要求各省、自治区、直辖市及有关单列市农业厅（局）科教处，黑龙江农垦总局科技局参照《新型职业农民培育模式撰写说明》总结报送新型职业农民培育模式，以便总结培育经验，促进地区交

---

① 农科（教育）函［2014］第 240 号。

流，更快更好地复制成功模式，全面推进新型职业农民培育的高效运行。截至 2014 年 12 月 5 日，共计 23 个省市报送新型职业农民培育模式 64 个，地区分布如表 4 - 1 所示。

表 4 - 1　　　　　　　　　　典型模式申报地区与数量

地区	申报个数	地区	申报个数
湖北	5	安徽	3
河南	5	贵州	3
湖南	5	北京	2
陕西	5	青海	2
山东	4	四川	2
河北	4	上海	1
江苏	4	甘肃	1
江西	4	辽宁	1
辽宁	1	天津	1
吉林	3	浙江	1
黑龙江	3	重庆	1
山西	3	合计	64

资料来源：2014 年农业部新型职业农民培育典型模式材料报送情况汇总。

模式上报后，经全国新型职业农民培育专家咨询组成员对各模式进行打分评价，最终评定出以产教融合、政府主导模式、政策推动、创业兴业推动、农民学院实践、校地联动、农业职业经理人带动、青年农场主培育、政企联动、田间学校实践十大模式下的 14 个典型案例（见表 4 - 2）。

表 4 - 2　　　　　　　　　　十大典型模式基本信息

模式类型	案例名称	模式概述
产教融合 校社（企、村、园）联动新型职业农民培育模式	陕西省安康市实践案例	以产业发展为主导，在政府政策引导、农业部门指导下，培训机构以农民合作社、农业企业、产业村、农业园区等为载体，深度融合，分工合作，共同培育
	河北省平泉市实践案例	
政府主导 分类分层 新型职业农民培育模式	福建省龙岩市实践案例	由政府牵头统筹新型职业农民培育工作，根据新型职业农民培育对象的文化层次和培育需求，按照三类职业类型，组织教育培训机构开展从短期培训到中职、高职教育的多层次培育
	山西省晋中市榆次区实践案例	

模式类型	案例名称	模式概述
政策推动"两新"融合新型职业农民培育模式	安徽省南陵县实践案例	以主导产业种养大户、家庭农场主、农民合作社领办人和社会化服务体系专业技术人员等新型农业经营主体核心人员为重点培育对象,将新型职业农民培育与新型农业经营主体培育有机结合
创业兴业推动型新型职业农民培育模式	湖北省武汉市东西湖区实践案例	以提升农民学院创业兴业能力为主线,采取集中培训、考察实习和创业设计等方式,使学员具备综合创业能力和素质,帮助其有效利用资源创业兴业
	山东省实践案例	
农民学院"七位一体"新型职业农民培育模式	浙江省湖州市实践案例	地方政府以整合区域优势教育资源为基础,以新型职业农民培育工程为抓手,以人的全面发展为目标,创办农民学院,建立项目管理、项目运作、师资组建、教育培训、认定管理、政策扶持、教育评价"七位一体"的培育模式
校地联动 教产衔接新型职业农民培育模式	江苏省太仓市实践案例	农业职业院校与地方政府联合办学,围绕地方农业发展需要,从主导产业专业村中选取培育对象,或选取自愿从事农业的优秀初高中毕业生,采取政校合作、定向招生、定制课程、定岗培养的方式,开展农业中高职教育
	河南省夏邑县实践案例	
农业职业经理人带动型新型职业农民培育模式	四川省崇州市实践案例	由政府整合各相关业务部门,联合土地股份合作社、农业服务超市等市场化主体,搭建农业职业经理人教育培训、认定管理、团队建设、政策扶持的平台,实现农业职业经理人带动新型职业农民共同发展
青年农场主培育模式	安徽省荃银高科实践案例	农业院校与龙头企业紧密结合,以励志从事农业创业的在校学生、农村青年、返乡农民工等为培育对象,由校企共同制定培养目标与方案,培育创新性青年农场主
政企联动新型职业农民培育模式	湖南省隆平高科实践案例	以市场为导向,以政策为保障,以农民增收、农业增效为目标,以示范基地、示范大户为标杆,以推广科学方法、定位适销产品、学习成功典型、跟踪解决问题为手段,政企联动推进新型职业农民培育
农民田间学校新型职业农民培育模式	北京市实践案例	在政府引导下,以农民为中心,以需求为导向,以实践为手段,实现产学研、农科教、政联企多部门资源整合,创建市县乡村高效互动的参与式农民培训模式

　　为了深入了解模式内涵及主要做法、突出成效及经验启示，笔者专门组建调研组，赴陕西安康、河北平泉、山西晋中榆次区、安徽南陵、湖北武汉东西湖区、浙江湖州、四川崇州、湖南隆平高科、北京市进行了走访调研。总的来看，各类培育模式都体现了政府的主导力量与推动作用，呈现出良好的发展局面。但相对来看，产教融合、创业兴业、农业经理人带动、政企联动等形式相比政府、政策、学校等公益性主体为主导的模式而言，更突出培育的市场化运作，节约了培育的公共成本，具有一定的研究意义与推广价值。

　　在新型职业农民培育系统中引入市场力量，主要用于解决新型职业农民培育中政府失灵所带来的高成本问题。在现行的新型职业农民培育体系中，政府及代表其利益的教育行政机构（如农业广播电视学校等）一直是主战地和核心供给主体。然而，调研发现，在推进新型职业农民培育的过程中，由于"自上而下"的决策机制僵化，各级政府与相关部门的培育目标出现了偏差，有些地区难以准确识别新型职业农民自身发展中的多样化需求，在供给侧产生资源浪费和无效供给等不经济问题。尤其是现阶段，无论是从地域上还是从群体对象上，新型职业农民培育工程已基本实现全覆盖，培育对象对学习特定生产技术和提高市场经营能力表现出了强烈意愿。相适应地，培育的供给目标应逐渐由均等化向效率化转变，政府单方的培育资源无力保障培育的层次性供给，迫切要求通过对培育的供给侧改革，强化市场主体对新型职业农民培育的参与度，以此提高培育资源的整合能力和利用效率，改进新型职业农民培育带来的社会总福利水平。

　　理论上看，可以参照成本—收益的经济学模型明确企业参与新型职业农民培育的作用和意义。如图 4 - 1 所示，OC_1 为培育新型职业农民的单位成本，OQ_1 为政府提供培育服务的供给量，OC_2 为个人参与培育需要自付的单位成本（包括机会成本以及部分自费成本），C_2C_1 为社会培育的边际成本，D_s、D_p 分别表示社会整体和培育对象对培育的需求曲线。由于对社会整体而言，新型职业农民培育是具有正外部性的产品，而对培育对象而言，其参与培育的个人投资能力较差，因此社会整体需求的弹性小于培育对象需求的弹性，D_s 相对 D_p 较为平缓。由此可见，在短期均衡下，社会的培育需求量是 OQ_3，而政府提供的培育供给量是 OQ_1，此时培育对象参与培育的成本小于或等于矩形 OQ_1AC_2 的面积。如果企业参与培育，企业带来的培育供给量为 Q_1Q_c，假设企业不收取更多的费用，那么培育对象参与培育的成本小于或等于矩形 OQ_cNC_1，社会福利增加额为梯形 MNPQ 的面积。由此可见，企业参与新型职业农民培育具有经济效率，有利于社会总福利水平的提高。

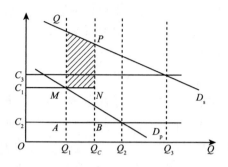

图 4 - 1   企业参与带来的培育效率提升

注：线性曲线仅表示成本与培育供给量的方向关系。

为了进一步了解企业参与新型职业农民培育的行为路径，在市场化培育模式的各个案例中，结合平原、山区、盆地等不同的区位地理条件，粮食、畜牧、农业服务等不同产业，产业化龙头集团、农民合作社、农业服务组织等不同企业类型，生产经营型、专业技能型等不同培育对象类型特征的代表性，提取出了由安康阳晨集团、崇州土地股份合作社及隆平高科等企业主体参与的——阳晨模式、崇州模式与隆平高科模式作为典型案例（见表 4 - 3），重点分析企业在新型职业农民培育中的行为方式、行为特征和行为逻辑。

表 4 - 3 案例特征说明

特 征	阳晨模式	崇州模式	隆平高科模式
地理区位	山区	盆地/平原	平原
产业类型	养殖	粮食	社会化服务
企业类型	产业化龙头	农民合作社	农业服务公司
培育对象类型	生产经营型/专业技术型	生产经营型	生产经营型

二、新型职业农民培育的阳晨模式

生猪产业是陕西省安康市富民强市的传统优势产业，覆盖面广，效益增速快，规模扩张潜力大。阳晨集团作为国家级扶贫龙头企业、省市农业产业化龙头企业，为解决养猪户自打天下、联结松散、利益机制不当等问题，在安康市政府的协调和支持下，本着互惠互利的原则，以"公司＋基地＋农户"的模式组建了"阳晨生猪产业联盟（合作社）"，并在联盟发展中发现经营管理水平和养殖技术的提档升级核心在于人才的培养与输出。于是，按照新型职业农民"在企业中培育、产业中成长、服务体系中成熟"的思路，由汉滨区农广校与阳晨牧业公司共同构建"市场主导，政府扶持，一主多元"的新型职业农民培育阳晨模式，开展生猪产业生产经营型（联盟企业主）、专业技术型（技术骨干与产业工人）新型职业农民的培育，如图4-2所示。

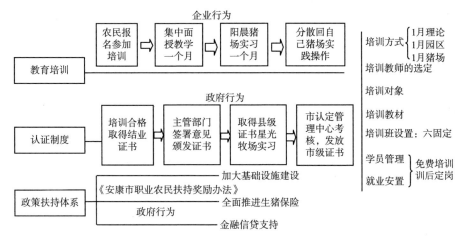

图4-2 阳晨新型职业农民培育体系

（一）阳晨培育新型职业农民的主要措施

1. 利益联盟与人才培养并行

经过多年发展，阳晨集团已发展成为拥有阳晨牧业、阳晨生物饲料、秦阳晨原种猪、润物新能源和阳晨现代农业科技等10家全资公司，2家控股公司，4家直属养殖基地的全链条集团公司。为实现市场扩张与集团化发展，阳晨集团对全市生猪养殖市场进行了全面调研，以市场为导向，以企业为主体，在企业经营的基础上，配套社会化服务。利用龙头企业（阳晨集团）种猪、饲料、技术、融资、人才、信息、物流、营销渠道等优势，以合作联盟的形式，将广大规模养殖户联合起来，调动社会人力、财力和物力，组建了以种猪繁育—饲料供应—生猪保健—出栏贮运—分割销售—生态循环闭合链条为核心，计划年出栏200万头的生猪产业联盟。产业联盟实行生产管理、财务管理、技术标准、物资供应、产品销售"五统一"，共同提高各养殖单位抵御技术风险和市场风险的能力，促进生猪养殖的产业化、规模化、现代化发展[87]。

2. 制订"1＋2＋N"培育方案

"1"是指培育对象到学校集中进行 1 个月的专业技术理论培训；"2"是指理论培训合格后进入养殖基地进行为期 2 个月的实习实训；"N"是指在集中培训结束后，阳晨集团继续给予全年不间断的后续培训 N 次（N 由新型职业农民的技术需求决定），同时由培训教师和产业专家与学员结对对接，进行一年 N 次（N≥3）的跟踪指导，以此来解决新型职业农民在实践中遇到的技术或经营难题。

"1＋2＋N"实现了理论与实践的结合，一个月的集中培训中，既在教室集中讲授养殖理论，又在模拟中心传授实践技术，既请教师讲授专业知识与技术，又请多年从事生猪养殖的学员交流经验；2 个月的生产实训作为教育培训的重点环节，以学员全面熟悉万头规模养猪生产过程的基本知识、熟练掌握各生产环节技术、具备扎实的操作技能为目标，以阳晨牧业公司猪场为实习基地，安排学员入场进行养殖全过程的实践实习。

3. 校企合作培训

汉滨区农广校作为政府利益的代表，与阳晨牧业公司整合资源，分工协作，共同推进生猪产业新型职业农民的培育。在教育培训中，汉滨区农广校负责全面组织与协调，主导培训工作的组织筹备与具体实施，主抓学员建档、认定考核等，另参与制定培训大纲，配发学习资料，对阳晨牧业的师资团队进行教学培训并颁发聘书等工作。阳晨牧业公司作为培训实施主体，一是严把培训对象的推荐与遴选：公司专设网站进行培训班宣传，学员可自愿报名，也可从公司骨干、产业联盟企业、养猪大户中选择、动员人员参与培训。二是精选组建教师团队：公司特设技术委员会，对每一位报名上课的教师进行试讲考核和综合评定，根据成绩决定是否聘任，并由农广校与阳晨牧业公司合发聘书，聘请为阳晨职业农民（养猪）培训教师①。三是完善培训条件建设：公司专设综合性培训大楼，建设有多媒体培训教室、模拟实训教室（内设各类猪舍实物）、宿舍、食堂等公共设施，确定专人负责，保障学员 3 个月间学习和生活的便利，做好学员在培训期间学习、实训、食宿、安全等方面的服务和管理工作。四是严把考试考核关：阳晨牧业分段实施学员培训的考核工作，在 1 个月的理论培训结束后，要对学员进行考试，考试合格后，方

---

① 阳晨集团现聘的 8 名理论教师全部具有大学本科以上学历，并有最少 10 年以上的生产一线实践经验，其中有高级技术职称的 6 人，博士研究生导师 1 人，硕士研究生导师 1 人，国家突出贡献专家 2 人。集团同时聘请 10 位实习指导教师专门负责 2 个月实习期的技术指导。

可进入 2 个月的实习培训阶段，在实习期结束后，结合生产环节，由实训考官组织采精输精、接产、保育等实操技术考核，考核合格后方可获得培训合格证书，以作为申请新型职业农民资格认定的主要依据。

4. 强化认定扶持

培育对象在参加阳晨集团的培训后，需参与理论知识与实践技术双项目的考试考核，并由汉滨区农广校对考核合格的新型职业农民发放合格证书或培训结业证书。之后从所有成绩合格的学员中，选取符合安康市新型职业农民认定条件的培训对象，经本人书面申请，由汉滨区职业农民培育领导小组办公室及相关机构组织考核审定，取得汉滨区职业农民资格证书。取得资格证书的新型职业农民，可在"星光牧场"进行为期一周的继续培训，经汉滨区统一理论考试，报安康市职业农民培育领导小组办公室审核通过后，颁发安康市职业农民资格证书。由安康市政府按照《安康市职业农民扶持奖励办法》，从项目、资金、技术、土地审批、资金援助等方面对取得证书的新型职业农民给予扶持。扶持内容主要包括生产经营型职业农民可优先享受市、区财政扶持，优先安排生猪产业项目，优先申报生猪标准化示范场创建，优先享受科技服务，优先认定农业产业化龙头企业，并采取政府承担 80%，新型职业农民承担 20% 的分担方式缴纳生猪保险，保额为每头猪 1000 元。同时新型职业农民可在农业生产、经营承包、示范推广项目等方面优先获得扶持，且可在办厂贷款方面享受 20 万元的优惠利率资金，并可随时在阳晨集团进行重复学习。

（二）阳晨培育新型职业农民的主要成效

第一，解决了就业难题，实现了新型经营主体与新型职业农民的有效对接。一方面，生猪产业的现代化发展需要职业化农民。生猪产业作为技术性产业，招收员工注重文化水平、培育员工注重职业技能、使用员工注重职业素养是其重要的用人标准。另一方面，通过生猪产业联盟的扩张，也创造了更多的经营、技术型岗位，增强了青年人做农业的可能性，提高了农民就近从事生产的就业能力、创业能力和辐射带动能力。截至 2015 年底，经阳晨培训的学员有 20% 回乡创业，20% 受聘为阳晨集团内部员工，60% 为产业联盟企业服务，新增就业岗位超 5200 人[1]。

---

[1] 数据来源于安康阳晨职业技术培训学校（安康市阳晨生猪职业农民培育基地）。

第二，明确了培育对象，提升了产业联盟的发展水平。一方面，阳晨集团对加盟的经营业主和技术带头人进行培育，使之成长为新型职业农民，提高了其经营管理与专业技能水平，提升了产业联盟的人才层次。另一方面，随着新型职业农民群体涌入劳动力市场，大量有才干、有干劲儿的人才受雇于新型经营主体，满足了农业经营主体的发展需求，提升了产业联盟的扩张能力和发展水平。从数据来看，2011 年阳晨产业联盟规模仅有 6 户，2012 年开展第一期新型职业农民培育，年底联盟户增长至 40 户，2015 年底增长至 109 户①。

第三，增强了带动作用，推进了产业提档升级。阳晨集团重点遴选并组织安康市年出栏育肥猪 3000 头以上的规模化养猪场业主或技术场长作为新型职业农民培育对象，以先进的管理方法与新式的生产技术为主要内容，针对性开展教育培训，并帮助其服务于规模化经营主体，将养殖新技术和新方法二次培训教授给产业工人，全面提升生猪产业人才的素质层次与技能水平。

（三）阳晨培育新型职业农民的经验与启示

第一，多主体参与是重点。阳晨模式作为政企结合较为有效的新型职业农民培育模式，实现效率培育的原动力来自多方主体的功能耦合。该模式融合了政府公益性服务、企业盈利性行为以及农民组织化需求，在政府的主导推动下，企业自主参与新型职业农民培育，为产业开发人力资源与合作伙伴奠定了方法基础。

第二，产业内培育是核心。新型职业农民的产生、成长和发展都与产业密切相关。在产业内开展培育，是适应新型职业农民发展需求，将其培养成为懂技术、会管理、善经营的现代农业经营主体的关键途径。阳晨模式中，企业按照生猪产业的生产周期，长时间、分时段、不间断围绕产业开展阶段化、系统化的新型职业农民培育。各经营主体在利益共享的驱动下，联结合作，共同推进了新型职业农民与新型农业经营主体的融合发展。

三、新型职业农民培育的崇州模式

崇州市是四川省成都市下设的县级市，距成都市区仅 44 千米。作为我国农业大县和粮食主产区，随着城镇化的快速发展，崇州现代农业发展障碍日

---

① 资料来源于阳晨生猪产业联盟内部资料。

益严峻。2012 年数据显示，崇州市共有农村劳动力 36.95 万人，其中外出劳动力高达 73.4%，农业就业"边缘化"形势日益紧迫，"谁来种田""种怎样的田""怎样种田"等问题层出不穷[88]。由于崇州"地碎、人少、钱散、缺服务"，"企业 + 农户"的合作方式因无法形成有效的利益联结，常会出现企业失约、农民失利、厂房闲置、土地撂荒的情况。经过多角度尝试，崇州总结出经验：农业产业组织的创新并不是解决问题的关键，农业发展要实现现代化，核心在于现代化农业人才——新型职业农民的培育[89]（见图 4 - 3）。因此，为了保证农村耕地有人种，农民利益不受损，从 2010 年起，崇州以土地股份合作社为载体，探索出了"农业职业经理人 + 新型职业农民"双培训机制（见图 4 - 4），经过多年实践，逐步构建起以政府为主导，以农业职业经理人与专业技能型职业农民双向培育为目标，以土地股份合作社为主体，以社会化服务公司为支撑的多方参与的新型职业农民培育模式。

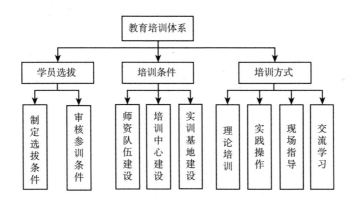

图 4 - 3　崇州新型职业农民教育培训体系

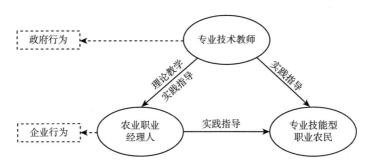

图 4 - 4　崇州模式中的"双培训"体系

（一）崇州培育新型职业农民的主要措施

1. 完善教育培训体系

一是优化对象遴选机制。崇州市以农业职业经理人为主要培育目标，重点选择有从事农业生产意愿、有相应科学文化素质、熟悉农业生产经营管理的务农青年、返乡农民工、种田能手、农机能手、村组干部和大学生村官等遵纪守法、热爱农业、身体健康、年龄在55周岁以下的对象群体开展系统培育。二是多方面完善培训条件。在硬件设施方面，除了配备现代化多媒体教室，认定实训基地，还成立了农业职业经理人培训管理中心，重点负责开展培育对象的组织动员、教育培训、合格申报、职业经理人资格认定管理等工作。软件设施方面，一方面组建了由30名"专家学者＋农机推广员"组成的教师团队，团队人员包括来自四川农业大学、四川省农业科学院、成都市农林科学院的专家学者以及来自县、乡、村三级的农业技术推广人员[90]；另一方面采取优先推荐、公开竞聘等方式，从土地股份合作社中遴选职业素质高、生产经验丰富、管理能力强的农业职业经理人组成职业农民培训教师团队（负责专业技能型职业农民的教育培训）。同时制定教研制度，根据崇州农业生产实际编印培训教材，制订教师教学能力提升计划，每年组织培训教师开展知识更新及能力提升培训，不断提高培训教师自身水平，确保培训效果。三是创新教育培训方式，主要体现在"双培训"模式的创新。培训中心主要针对农业职业经理人开展职业素质、经营管理、专业技术等方面的理论知识培训，实训基地主要针对农业职业经理人和职业农民开展水稻育秧、机插秧操作、耕作机械操作等实操技能的培训。农业职业经理人再依托土地股份合作社，对合作社骨干进行关键生产技术的面对面指导、手把手示范，内容上通过理论知识与操作技能相结合，方式上通过课堂教学与现场实践相结合，师资上通过农业专家与农业职业经理人相结合，使教育培训与农时季节、生产环节、关键技术紧密联系，让合作社的技术骨干在"干中学、学中干"[91]，最终成长为专业技能型职业农民。

2. 规范认定管理制度

一是崇州市专门建立了农业职业经理人评价委员会，委员会成员由"农业共营制"办公室、农业发展局、人力资源与社会保障局、财政局、科技局有关专家组成。委员会依据《农业职业经理人评价管理办法》对职业经理人分级管理并给予相应政策扶持[92]。二是组织专家评价委员会，建立专家评审库，负责组织一年一次的农业职业经理人证书等级评定工作。三是对农业职业经理人建档立卡。对获得证书的职业农民进行实名登记，建立个人档案，动态更新并公开信息。同时严格设立退出机制和奖励机制，每两年由崇州市评价委员会和成都市评价委员会分别对农业职业经理人的职业素养、经营规模、工作业绩和个人诚信等进行考核，对符合相关条件的，相应维持、提升或降低等级，对已不符合条件的则取消资格，予以退出[93]。四是以基层农业综合服务站为依托，建立农业职业经理人管理服务站，就近为农业职业经理提供业务咨询、政策宣传、报名申报、资格初审等服务，收集、发布农业职业经理竞聘等信息。

3. 搭建市场化创业发展平台

一是发展土地股份合作社、家庭农场、种养大户等适度规模经营主体，为农业职业经理人提供就业平台，以此吸引更多有就业、创业意愿的务农青壮年、返乡农民工等人员参加新型职业农民培育[94]。二是分乡镇或区域组建农业职业经理人之家（新型职业农民协会），采用现场示范、观摩交流、专题研讨等方式，促进农业职业经理人相互交流学习，不断提升生产经营管理水平。三是按照新型经营主体的需求，对具有农业职业经理人证书的新型职业农民，采取优先推荐、公开竞聘的形式，鼓励引导其自主择业，实现新型经营主体与农业职业经理人之间的双向选择，促进人力资源的优化配置，打造总量充足、机构合理、能力突出的"农业职业经理人＋职业农民"队伍。

4. 转变政府职能

崇州市政府在新型职业农民培育中重点突出了服务性。对新型职业农民来说，政府制定培育规范与流程，指导培训与跟踪，强化认定与管理，建设师资队伍与教育培训基地，构建电信、网络等农信平台，开展实时技术服务，同时整合省、市各级扶持政策，从产业发展、科技创新、社会保障、创业兴业、金融支持等方面，为农业职业经理人"量身定做"扶持政策，保障新型职业农民培育的稳定性。对土地股份合作社来说，政府引导合作社参与新型职业农民培育，将职业经理人的数量与层次作为土地股份合作社的评级条件，依托土地股份合作社培养农业职业经理人、科技示范户和职业农民。对社会化服务公司来说，政府通过农技推广站与农业服务超市实现联合办公，对服务超市的物资与服务进行质检与监督，构建"专家＋服务站＋合作社"的技术推广与服务模式，将政府的公益性行为与企业（服务超市）的逐利性行为相结合，共同创建指向于新型职业农民的"政府引导、整合资源、市场运作、一站服务"的社会化服务体系，如图4-5所示。

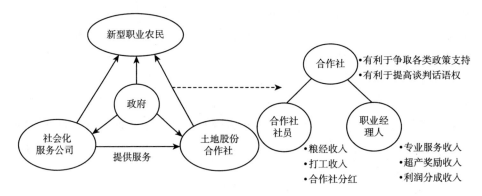

图4-5　崇州模式中的参与主体关系

(二) 崇州培育新型职业农民的主要成效

第一，培育了新型职业农民。一方面，农民个体融入了农业产业化经营体系。通过农业生产链条的延伸，在种植—销售—加工全产业链上培养了一批专业化的新型职业农民，同时促进了区域农业信息共享以及金融业、物流业的快速发展。另一方面，"双培训"模式增强了培训的针对性和实效性，有效提高了新型职业农民培育的"数量"和"质量"，推动了农民的就近就业与职业化发展，同时实现了新型职业农民素质和收入的"双提升"。

第二，解决了"谁来种地"。崇州市以农村产权制度改革成果为外力驱动，以农民自身利益需求为内力源泉，以发展适度规模经营、实行企业化管理为目标，聘请生产经营型职业农民作为职业经理人，对土地股份合作社的生产经营进行全面管理，有效解决了"谁来种地"问题[95]。截至2016年底，崇州市已培养新型职业农民6413人，其中，农业职业经理人1588人，受聘于各新型经营主体的有823人；崇州市共组建361个土地股份合作社，已实现100%职业经理人上岗，基本实现了适度规模经营[96]。

第三，解答了"怎样种地"。完善的培育体系不仅为新型职业农民队伍建设提供了保障，而且为农业科技创新提供了渠道，为农业科技成果的推广和应用创造了便利，解决了农业科技服务"最后一公里"的问题。在粮食种植面积不变的基础上，农业职业经理人科学种田实现了粮食产量和质量的"双提高"，农业生产与农民收入的"双增加"。在粮食产量方面，2014年由职业经理人管理的土地水稻平均亩产571千克，比散户农民经营管理的土地水稻平均亩产高 52 千克[97]；在农业增收方面，2014 年崇州市土地股份合作社平均每亩比散户经营增收 10%～20%，合作社收入减去法定公积金和职业经理人工资后，合作社成员平均每亩收入增加超 100 元[98]；在农民收入方面，农业产业化经营推动了农村剩余劳动力转移，2014 年共新增转移劳动力 20%，同时有 20% 左右的农民由短期务工转为长期务工，农民的工资性收入持续增加，工资性收入平均每户增长 6000 元[99]。

（三）崇州培育新型职业农民的经验与启示

第一，规模化经营是基础。培育新型职业农民，不仅仅是在形式上对其进行培养和认定，更重要的是要为新型职业农民提供稳定的、可持续的就业发展平台，让他们长期、稳定地在农业的生产经营中实现自我，发展自我。对于兼业农民而言，其主要收入来源于务工的工资性收入，土地只是他们在失去城市劳动机会时的最后保障，因此兼业农民更多地把土地当作心理慰藉或抗风险的保障品。但对于新型职业农民来说，他们主要从事农业生产，收入也主要来源于农业经营，如果经营收入低于投入成本或是利润微薄，必然造成农业劳动力的转移流失。因此，积极促进农村土地流转，发展土地股份合作社等多种形式的适度规模经营，通过政策鼓励、扶持与引导，为新型职业农民提供良好的就业创业平台，是促进新型职业农民培育的关键所在。

第二，市场化行为是保障。一方面，土地等要素的集中、企业化的经营使得农业的产业化水平飞速提升，企业不仅可以通过高组织效率增强员工的专业化水平和企业的竞争能力，而且可以利用其经营主体地位，在自筹资金的基础上大力争取政府资金扶持、银行低息贷款等做好资本储备，满足其扩大经营规模的基本需要。另一方面，政府也可以依靠多主体协作，实现公益性服务的市场化运作，强化以农业服务超市等市场化主体为纽带和依托的社会化服务，为农业产前、产中、产后各个环节提供必要的生产资料和劳务服务，让新型职业农民"术业有专攻"，专注于生产经营，为其产业的增效提供持续性保障。

四、新型职业农民培育的隆平高科模式

隆平高科集团是由湖南省农业科学院、湖南杂交水稻研究中心、袁隆平院士等发起设立，以科研单位为依托的农业高科技股份有限公司，是中国一

家高科技综合农业龙头上市公司,具有一定的培育资源,具备一定的培育能力[100]。隆平高科在政府引导下,自主承接新型职业农民培育任务,建立起市场化、规模化、高品质、可持续的新型职业农民培育体系,初步探索了以"政府主导,企业承办,基地示范,平台延伸"为核心的市场化培育模式[101](见图4-6)。该模式中各主体行为表现为:农业农村部科教司主导统筹,联动湖南省农委和龙头企业,成立湖南省隆平高科新型职业农民培育试点工作领导小组,市、区县农业、科技、财政等有关部门联合推动,加强监督指导;隆平高科负责结合重点产业,安排具有理论和实践经验,精通农事,熟悉农民的师资团队,严格挑选培育基地,统一标牌展示,全面优化教学资源,满足农民就近学习的需求,同时鼓励和支持各级涉农企业、农业专业协会、种养殖规模场、农村专业生产大户、科技示范户等组织共同参与培育,全面做好新型职业农民的组织、授课、跟踪和再反馈工作。

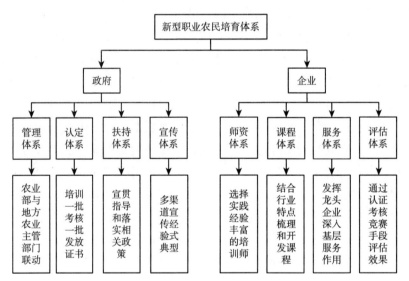

图4-6　隆平高科新型职业农民培育体系

(一) 隆平高科培育新型职业农民的主要措施

1. 市场牵引

以隆平高科为主体,以市场需求为导向,通过政府协助,在具备产业特色的地区,遴选并组织培育对象(一般为种植大户),通过开展问卷调查,召开农民座谈会,充分做好其需求调研,汇编调查报告,同步解决学员学什么、怎么学、企业如何对接、政府如何协调等问题，以此为依据设计培训方案，选择培训内容和方式方法。同时，隆平高科邀请区域经销商、成功大户、家庭农场主、合作社理事长、权威机构研究人员参与研讨，针对学员在生产经营中遇到的关键问题，指导并帮助其找到实现持续盈利的解决方案；积极策划蔬菜、粮油产供销对接会，按市场需求调整种植品种、规模和周期，提高产品经济附加，避免盲目种植和同质竞争；引导农户养成研读政策抓住机遇的前瞻观念，凡事研究策划精益求精的创新观念，反思自身在发展方向、产品定位、技术定位、人才定位、管理定位、品牌定位、市场定位等核心竞争力上的现实差距，更好地改进生产，改善经营。

2. 企业聚教

由隆平高科牵头，吸纳产业链条上的优势关联企业、社会机构、有识之士共同参与培育新型职业农民，整合隆平系统、科研院校和其他品牌农业企业的专家和资源，互补优势组建师资团队，集思广益搭建培育平台，更好地满足各类生产经营型职业农民在不同层次、方向、内容上的需求。

3. 方式创新

一是每次培训活动都采取参与式、互动式的培训方法，每班次都组织学员进行互动交流，请农民自己上台，分享种植经验和学习体会，整理小窍门、土办法，并带领学员到优秀农场进行观摩学习；二是将全国先进家庭农场的经验做法汇编成光盘资料发送给学员，使其从成功案例中找到标杆，模仿学习，不断进步；三是聘请农技人员对学员进行跟踪服务，同时邀请懂经营、善管理的成功农场主担任顾问，全方位、多角度地解决学员生产经营中的现实问题。通过这些方式方法，实现学员互助学习、带动进步，开拓农民的发展思路，最终实现个人的长足发展和产业的提档升级。

4. 基地示范

首先，在开展培育的 10 个县中，每个县挑选 3 ~ 5 家发展思路清晰、目标明确、模式良好、管理完善的家庭农场或合作社来作为学员的观摩和学习基地。其次，按不同产业、不同品种挑选 5 ~ 10 个产业带头人，与学员建立结对联系，双方交流切磋，相互提高。最后，大力开展隆平高科优势品种栽培示范，由企业牵头，带领学员赴隆平高科关山基地、韶山基地、隆回基地、益阳基地、浏阳基地等示范基地进行考察学习。

5. 平台延伸

为了有效促进新型职业农民培育的实施，隆平高科牵头创建了公益性农业服务平台——"湘农云"湖南省新型职业农民服务平台①，建设有七大功能模块。一是培育新闻：发布湖南省新型职业农民培育工程实施的一手信息。二是供求信息：分区域发布产品供求信息，促进涉农企业和农民之间对接合作，扩大农产品销售市场，帮助农户把握商机，促进企业和农民互惠共赢。三是农资销售：展示销售具有性价比的农资产品，帮助农户以优惠价格买到放心产品。四是实用技术：上传湖南省新型职业农民授课课件，同时提供其他实用技术资料下载和专家互动答疑。五是展会信息：宣传和推广湖南省农业特色展会，免费发布展会信息等。六是扶持政策：发布最新最全的国家、省、市、县四级扶持政策，打通农民的政策信息渠道。七是示范基地：展示湖南省新型职业农民合作示范基地特色及技术服务水平，做好新型职业农民培育的引导宣传。

6. 政府帮扶

政府作为新型职业农民培育的主导方，承担培育工程顶层设计、制订培育计划方案、选定产业优势区域、组织遴选培育对象、认定管理职业农民、制定出台扶持政策、给予后续跟踪服务等任务，协助企业做好方向性指导和公益性服务，政府与企业各司所职，各尽其能，共同推进新型职业农民培育的持续开展。

（二）隆平高科培育新型职业农民的主要成效

第一，促进了农民成长。隆平高科在新型职业农民培育中以"观念创新、经营创新、管理创新、科技创新、服务创新"为目标，以"研究策划、重视效益、总结提高"为方法，充分调动学员的创新意识和主角意识，激发农民思维的创新和创业热情，帮助其养成举一反三的学习习惯，提高农民的综合素质。

第二，实现了企业与农民双赢。生产经营型职业农民通过学习企业管理模式，借鉴成功经验，掌握了经营管理的新思路和新方法。企业既有效宣传了文化，推广了产品，又通过发挥其专家和规模优势，整合了培育资源，与职业农民间建立起紧密的合作关系，这种关系的长期性，确保了培育效果，支撑了农业的产业化发展。

第三，探索了有别于机构培训的新思路、新做法。政企共建拉近了企业

---

① 网址：www. wcqx168. com。现正逐步更新为"湘农云"平台。

与公共部门、受训农民之间的距离，深化了学员对农业产业化的认识水平，促进了成功农业生产经营模式的推广，满足了学员的自我提高需要和产业发展需求。

第四，推动了新型经营主体建设。隆平高科不仅将农业发展趋势和国家扶持政策、家庭农场与合作社模式等材料进行了总结编制，发放给学员学习参考，而且组织学员到优秀的现代农场进行观摩，激发了学员的创业热情，推动了适度规模经营的实现。目前，湖南已有许多种植大户意愿转型为家庭农场，并积极思考联合成立合作组织，共同开拓市场，实现产业化经营，合力抗击风险。

（三）隆平高科培育新型职业农民的经验与启示

第一，实力企业参与是关键。企业具有一线专家和市场资源优势，更适应农民对产业化发展的客观需要，实力企业的参与有利于通过开放性平台的搭建和广泛的宣传引导，吸纳农业生产、加工、销售全产业链条上的优势关联企业、社会机构、政府部门共同参与到新型职业农民培育中，组建联合体，承接培育供给。

第二，培育方法创新是手段。在新型职业农民培育中，要做到观念引导为先，示范与服务并重，通过对示范性农户的开发与培养，增强其发展能力与带动效果，一方面增强企业的社会信任度，另一方面带动更多的农民参与到新型职业农民培育中。

第三，企业的公益性服务是补充。企业通过资源开发，合作搭建公益性农业服务平台，全面服务于农业产业链各环节，解决新型职业农民就业、创业、兴业的关键问题，帮助其成长和发展。

第二节　企业行为方式

企业作为参与新型职业农民培育的经济主体之一，其相关行为呈现出一定的综合性，主要表现为教育培训行为、就业保障行为与发展扶持行为的集合。其中，企业的前期投资行为表现为企业的教育培训行为，即为企业积累大量的人力资本；企业的组织行为与分配行为则多体现在就业保障与发展扶持行为中，即为企业扩张组织边界、协调利益关系、提高竞争水平。

一、企业的教育培训行为

教育培训是增加人力资本的重要方式，为了提高劳动力产出水平，企业会通过自发组织或校企合作（联合农广校、各产业技术中心或高等职业院校）等方式，通过入职培训、在岗培训、进修深造等形式对员工进行不同层次不同阶段的教育培训，以提高新型职业农民的人力资本水平，改进单位劳动力的生产效率，节约企业投资成本，增加产出效能，提高收益水平。

在传统的企业管理中，企业可利用的人力资源和客户资源都是有限的。企业参与新型职业农民培育时，教育培训就成为一项重要的行为决策，将企业与新型职业农民关联起来。无论企业与新型职业农民间建立何种联系，都要将二者放在统一的系统中，共同追求系统产出的最大化。在知识经济发展形势下，"知识集成"型产品放大了企业的利益增长空间，为了充分供给该产品，拥有一定的人力资本，能够匹配现代生产技术与企业专项要求的劳动力资源逐渐受到企业的重视。

通过各典型模式中企业教育培训行为的比较可知，企业与政府在新型职业农民培育中的不同角色分工决定了企业在教育培训中的不同行为表现。总的来看，企业的教育培训行为主要体现在组建师资队伍，设计培训内容，提供实训基地，进行跟踪指导等环节。对比来看，对于基础产业，企业的教育培训行为表现相对较弱，仅为政府的基础培训做补充；而对于技术型产业而言，企业的教育培训行为则相对自主，政府会作为协调主体，为新型职业农民的教育培训提供组织服务（见表4-4）。

表4-4　　　　　　　　　　企业的教育培训行为比较

特征比较	阳晨模式	崇州模式	隆平高科模式
行为主体	企业	企业+政府	企业+政府
产业层次	技术型产业	基础产业	基础产业
培训内容	系统养殖技术	合作社管理+种植技术	经营管理+种植技术
培训形式	1月理论+2月实践	120课时理论+实践	15天理论+实践
师资队伍	企业组建	政府组建	企业组建
实训基地	企业	政府	企业
跟踪指导	企业	企业+政府	企业

二、企业的就业保障行为

就业情况是反映经济运行的重要指标，提高农业就业率与就业人员的层次水平，也是培育新型职业农民的目标之一。企业不仅是物质资源的结合体，更是人力资源的结合体。相比政府行为，企业在新型职业农民的就业方面发挥着更为明显的直接作用，主要体现在引导新型职业农民就业和稳定新型职业农民就业两个方面。

从引导就业的角度来看，企业作为生产经营性组织，本质上是职业与岗位的载体，是新型职业农民择业就业的土壤，是新型职业农民就业创业的主体孵化器。因此，企业在培育中的一个重要作用即是通过员工雇用、岗位设定等方式解决新型职业农民的就业问题。如前文提到的阳晨集团通过培育将新型职业农民雇用为企业内部的产业工人，崇州的土地股份合作社通过培育将新型职业农民雇用为农业职业经理人，以此同步提高员工的职业化水平与企业的技术化水平。

从稳定就业的角度来看，企业由人组成，由人运营，为人存在，只有保障了人的适用性和稳定性，企业的发展才能拥有动力源泉。由于企业的教育培训赋予了新型职业农民较强的专用性技能，使得企业提供的工作岗位与新型职业农民的能力层次相适应，实现企业高效用人与新型职业农民职业化发展的双向融合。同时，企业会持续注重新型职业农民的就业保障，通过工资激励、社会保障等方式稳定新型职业农民的长期就业，消除由人力资源流动给企业带来的利益损失。在此方面，针对不同的职业岗位，企业的激励办法也呈现出一定的差异性。如对于产业工人，阳晨集团使用定岗工资制予以劳动报酬支付，而对于职业经理人，崇州的土地股份合作社则重点采用分红模式，激励经理人提高经营效率，最终提升合作社的整体盈利水平（见表4－5）。

表4－5　　　　　　　　　　企业的就业保障行为比较

特征比较	阳晨模式	崇州模式
行为主体	企业	企业
就业渠道	产业工人	职业经理人
激励办法	工资	工资＋分红

三、企业的发展扶持行为

广义来看，无论新型职业农民处于何种形态，属于哪种类型，都会通过与企业产生关联形成利益关联体，因此，新型职业农民的个人能力关乎企业的实际利益。培育作为一项投资活动，企业最为关注回报水平。作为企业的雇员或职业经理人，新型职业农民的发展能力提升会增进单位劳动力的生产水平，增强企业的生产经营能力，提高企业的产出效益。而作为企业的客户与合作伙伴，新型职业农民发展能力的提升会增加其所在经营主体或服务主体的社会资本存量，促进企业规模边界的扩张，实现利益集团的规模收益。

综上来看，企业在新型职业农民培育中将会尽可能地发挥作用，并会通过在岗培训、科技服务、信息传递以及市场协作等手段强化对新型职业农民的发展扶持。对于雇员或职业经理人，企业主要通过跟踪性的技术指导和后续服务提升新型职业农民的劳动技能，而对于企业的客户或合作伙伴，企业则重点通过统一的产前物资供应、技术集合应用、市场信息传递以及后续跟踪服务来降低新型职业农民在生产经营中的技术风险和市场风险，提高其自身的产业发展能力（见表4-6）。

表4-6 企业的发展扶持行为比较

特征	阳晨模式		崇州模式	隆平高科模式
行为主体	龙头企业		土地股份合作社	农业服务公司
主体关系	雇员	合作伙伴	职业经理人	客户
扶持方向	提高技能水平	降低成本＋规避风险（生产风险＋市场风险）	提高经营水平	提高生产水平＋规避风险
扶持内容	跟踪指导	"六统一" ＋跟踪指导	跟踪指导	统一采购＋统一技术＋跟踪指导

第三节 企业行为动机

一、增强利益相关关系

随着市场经济的蓬勃发展，农业部门性质由自然经济特性逐步转变为市场经济特性，"小而全"的传统农业逐步被现代化、专业化、商品化的经营方式和发展模式所取代。近20年来，我国农业经营体系得到了创新性的迅猛发展，农业企业与农民的关系擦出了多样火花，且多年来常体现于农业企业与农户的关系中。在农业经营形式的演化与发展中，逐步产生出"公司＋农户"、农户组建农民专业合作社等新的生产关系，推进了我国农业产业化的快速发展（见表4－7）。这些生产关系的产生多是通过合同或协议，以双方认可的方式，在明确各方主体权利、义务的条件下将农业生产经营的专业化分工，或产供销统一起来，按照"利益共享、风险共担"的原则，打通产业链构建起的契约型组织关系，突出表现出以下的制度特征。

表4－7　　　　　　　　不同农业企业与农户间的关系比较

主体关系	产业化龙头企业与农户	合作社与农户
联结目标	专业化分工	组织化生产
产权关系	完全明晰	相对明晰
目标函数	不一致	相对一致
契约风险	高	—
博弈地位	悬殊	—

第一，纵向一体化。无论是合同契约还是合作经营，企业与普通农户的关系多表现为纵向一体化的组织过程，基本实现了企业与农户在生产上的利益联结。对于农业企业而言，与农户的缔约目标不单是要降低购买商品或劳务的成本，同时也是要规避原料的采购风险。企业通过与农户缔约，将其变为基本的生产单元，以此实现纵向一体化。对于合作社的社员来说，组建合作社可以实现组织化经营，增强组织的经营效率和议价能力，表面上是横向一体化的过程；但从合作社组织本体与农户的关系来看，合作社内部的科层管理结构替代了产品或劳务的市场交易过程，因而也属于纵向一体化的组织形式。

第二，产权明晰。无论是何种关系形式，企业与农户之间均保持着相对的独立性。对农业企业而言，他们与农户是通过合同来维持合作关系的，两者间的交易是农产品或劳务的远期交易，企业通过订单合同来实现产品或服务的交割。农户虽然与企业建立了较为密切的合作联系，成为企业的生产单元，但其在土地、资本、劳动力等生产资源的所有和使用上仍保有独立产权，企业不能对其予以控制或干涉。而对合作组织而言，因为在参与合作经营中农户拥有明确的股本份额,并依照规定的协议方案获得分红,各级主体之间的产权关系也相对明晰,而合作社本体作为一级法人,各成员只能以股东的身份对其目标达成进行干预,不直接行使产权。

第三,不完全契约。不完全契约关系主要体现于以产业化龙头企业为带动的"公司 + 农户"关系中。由于龙头企业与农户之间的合作多是依托短期契约完成,不但年限较短,合同中的价格、数量、要求等内容也需要频繁进行调整,增加了企业与农户间合作的协调成本与实施成本。同时,由于企业与农户之间的信息不对称,对未来收益的不确定性以及短期条约带来的较低违约成本,直接增加了双方的违约风险。此外,企业也很难通过契约来监督农户的行为,难以避免农户的"搭便车"。因此,为实现既定目标,企业要么需要付出高昂的监督成本,要么则可能损失自身的合同收益。

第四,博弈地位悬殊。对于企业与农户而言,虽然主体地位相对独立,但实力上存在较大悬殊,企业占据资金、资源和信息等优势,在利益分配关系中占据主导地位。因此,农户在市场关系中常因无法把握市场变化,或被强制要求投入专用型资产而削弱自身的议价能力,使得农户对企业的依附程度较高,导致其在风险控制与利益分配中容易损失主动权。

综上所述,无论是何种形式的企业,在与传统农民的关系中,虽已基本实现了利益绑定,但主体间仍是相互独立的个体关系。农业是自然再生产与社会再生产的统一,生产经营过程可控性较差,加剧了涉农契约的不确定性和风险,企业与农民为了各自的利益实现,多会产生重复博弈,而因两者博弈地位的不平等,最终很难实现效率均衡。

新型职业农民与传统农户的社会、经济形态均有不同,其与企业间的关系也呈现出新的特征。总的来说,新型职业农民表现为现代农业发展的微观个体形态,分为生产经营型、专业技能型和专业服务型三类,对象基数大,流动性强,可更新,可持续,具有专用型人力资本的属性。企业表现为现代农业发展的中观组织形态,效率高,抗风险能力与稳定性强,具有产业组织的属性。无论是新型职业农民还是企业,一方面均区别于传统农户的短期行为,将农业生产经营作为终身目标和事业,以农业为主要收入来源,且都具有认定或注册的性质;另一方面均区别于分散性的传统生产经营,是以现代化、规模化、专业化、市场化的农业生产经营为导向的新主体。

本质上来看,新型职业农民与企业的关系表现为劳动力与组织的关系,只是新型职业农民的概念与组织内的人力资源相比内涵更为广泛,群体代表也更呈现多样化（见图4-7）。但无论新型职业农民表现为何种形态，其与企业之间不再是完全独立的个体关系。通过阳晨、崇州与隆平高科三个新型职业农民培育的典型案例可以看出，企业以促进双方的共同发展为准则，对新型职业农民培育的参与行为表现在培养人才和应用人才两个层面。其中，阳晨集团培育的是受雇于集团内部的准产业工人或产业联盟的合作伙伴，崇州培育的是服务于土地股份合作社的职业经理人或产业工人，隆平高科培育的是企业的服务客户。可见，企业在新型职业农民培育的过程中占有举足轻重的地位，新型职业农民与企业形成了高度的内部统一。

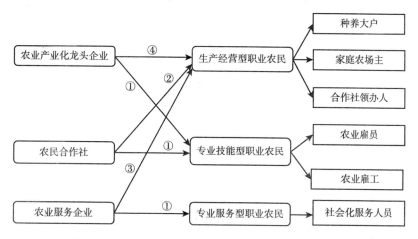

图4-7 不同农业企业与新型职业农民间的关系比较

注：关系①为普通产业工人雇员型关系，新型职业农民的实质是农业企业的生产力要素；

关系②为职业经理人雇员型关系，新型职业农民的实质是农业企业的企业家才能；

关系③为客户型关系，新型职业农民是农业企业的服务对象；

关系④为合作伙伴型关系，新型职业农民是农业企业的联盟对象或合作伙伴。

企业作为一种经济组织形式，其本身是利益关系的载体，是众多利益相关者发生复杂利益关联的组织综合体。随着知识经济的快速发展，现代企业日益注重利用其与利益相关者间的合作关系为自身创造价值[103]。所谓利益相关者，是指对企业进行专用性投资，并承担其风险的个体和群体。其行为活动与企业的目标实现相互影响，其成本与利益的获得与企业行为有着极强的关联性。在利益相关者对企业的专用性投资中，可以是物质资本投资，也可以是人力资本投资，利益相关者与企业联系的紧密程度取决于其投资品专用性的大小[104]。通过表4-8可以看出，新型职业农民无论是作为劳动力要素、企业家才能、合作伙伴还是客户群，都属于企业的利益相关者范畴。两者的关联主要体现出以下要点：一是新型职业农民与企业间的利益权利平等；二是新型职业农民对企业进行了专用性投资；三是新型职业农民承担了一定的企业经营风险；四是新型职业农民与企业的经济活动有直接或间接的关联。以利益相关者理论为指导认识和研究新型职业农民培育的相关问题，不仅是对农业企业利益研究的内在要求，也是对新型职业农民这一新群体发展研究的必然选择。

表4-8　　　　　　　　　企业利益相关者的对比关系说明

特征	阳晨模式		崇州模式	隆平高科模式
经营组织形态	产业化龙头企业		土地股份合作社	农业服务企业
职业农民形态	企业雇员	产业联盟户	种植大户	农业职业经理人
新型职业农民类型	专业技能型	生产经营型	生产经营型	生产经营型
与企业的关系	员工	合作伙伴	职业经理人	客户
投资方式	人力资本	人力和物质资本	人力资本	物质资本
专用性程度	高	低	较低	一般
退出风险	高	低	较低	一般
政府角色	指导、认定、扶持	指导、认定、扶持	培养、认定、扶持	指导、认定、扶持

二、追求利益最大化

企业利益是指以实现企业宗旨为目的的所有相关当事人的利益集合，是一种集体利益的体现[105]。新古典企业理论将企业的经济活动与企业的经济行为相统一，运用供需均衡来分析企业经济活动中的相关现象，奠定了"实现利益最大化"的企业行为准则基础，为研究企业行为的基本逻辑明确了假设条件与结果指向。企业作为新型职业农民培育的直接供给主体，其行为表现得较为具体化、系统化和长期化，机制设计、目标定位和绩效核算等决策均会以市场为导向，以获取最大化利益为原则。在企业培育新型职业农民的过程中，企业会自发地将其作为一项投资性经济活动，并对其进行风险评估，计算投资的可能性。若培育收益大于培育成本，企业会继续培育的相关投入；若培育收益小于培育成本，则将面临企业终止培育或退出培育系统的可能。

企业参与培育新型职业农民需要在三个环节上付出成本，即教育培训环节、人力资源配置与管理环节以及扶持发展环节，相对应的成本费用有教育培训中需要投入的资金、设备、人员、技术，新型职业农民上岗后的人力资源监管成本，发展并服务客户的相关维护费用以及合作费用等。而从根本来讲，企业参与培育获得的收益只有一项——人的资源。人的资源是一个集合概念，它包括企业本身的人力资源、客户资源和合作伙伴资源等。也就是说，企业最终获得的是依托于人才的创新能力、企业家才能、技术创造、技术服务、市场增量以及规模效益等。此外，由于企业是一个组织概念，代表一个较大的利益集团，一端负责企业内部微观主体（股东、经理人、雇员等）利益最大化，另一端协调社会问题中的"政府失灵"①。其独特的社会属性决定了其在经济活动中肩负有经济发展、文化传播、社会和谐等方面的责任和义务，因此培育新型职业农民实质上也是企业参与的一项涉及公共利益的投资活动，企业的利益总和（或者说是由培育带来的直接利益形式）由直接经济利益和企业资本增量组成，并逐步呈现出多元化特点，最终形成以直接经济利益为核心，人力资本、技术资本、社会资本为支撑的利益集合。由此，企业追求利益最大化的表现为：

（一）追求直接经济利益

经济利益又称物质利益，表现为经济行为带来的收益或好处，是人们进行经济行为决策的核心动因，是生产关系或经济关系形成并发挥作用的根本动力。企业的直接经济利益是指企业通过特定的活动所获得的效用增加值或利润增加额，直接表现为经济收入或利润。直接经济利益是企业利益的核心，是企业在市场经济中生存的基础，体现了企业的根本属性与经济原则。与之相比，其他的利益组成都是围绕直接经济利益的实现而存在的。因此，企业的利益最大化常被狭隘地理解为直接经济利益的最大化。在实际的经济活动中，企业获得直接经济利益的主要渠道是通过优化生产要素组合和配置方式，以较少的投入获得较大的产出，在为社会提供产品或服务的同时赚取利润[106]。

理论上来讲，新型职业农民培育中企业的直接经济利益一般为培育收入减去培育成本及相关风险费用的差额，表现为会计利润。其中，企业培育新型职业农民的直接收入分为政府购买培育服务的业务收入以及新型职业农

---

①　政府失灵是指政府对经济、社会生活进行干预的过程中，由于政府行为自身的局限性和其他客观因素的制约而产生缺陷，进而无法使社会资源配置效率达到最佳的情况。

参与培育项目自缴费用所构成的收入；培育成本为开展教育培训时投入的人、财、物，以及新型职业农民定岗后的人力资源管理成本和合作成本；培育的风险费用主要包括维护相关人事关系或人际关系的费用支出，人力资本专用性带来的风险费用支出以及农业生产自身的风险费用支出等。

（二）获得群体人力资本

随着知识经济的到来，知识成为一种新的经济要素内生于各类经济组织与经济形态中。新经济增长理论认为，知识能够提高投资效益，知识积累是经济增长的首要源泉[107]。人才是知识的载体，技术进步和知识积累需要投射到人力资本上才能发挥作用，特殊的、专业化的、表现为劳动者技能的人力资本才是企业发展的必备资源和关键要素。人力资本是资本的特殊形态，是为了转移和增加价值而投入商品生产的劳动能力，是具有经济价值的知识、技能和体力（健康状况）等质量因素之和。人力资本与其他资本一样，同样具有投资性、逐利性、价值性、有限性和增值性等特征。与其他资本形式相比，作为"活资本"的人力资本更具创新性和创造性，更能体现资源配置、战略调整等能动性的市场应变能力。因此，人力资本对企业的利润增长具有较高的贡献率，可以看作企业利益的重要组成。

美国著名女经济学家彭罗斯（Penrose E. T.）于 1959 年出版《企业增长理论》一书，指出企业是人力资本和人际关系的集合[108]。从不同的产权主体来看，企业中的人力资本可分为个体人力资本和群体人力资本两类。其中，个体人力资本的属性决定了群体人力资本的特征。一方面，根据凝结于每个人内在的知识结构、经验积累和技能特征的差异程度，个体人力资本又可分为同质性人力资本和异质性人力资本，群体人力资本可被认为是一个组织内具有不同知识和能力的异质性人力资本的集合[109]。另一方面，由于人力资本本身具有专业性及合作性的双重特征，不同个体人力资本在组织中存在着替代、互补、互换等关系，群体人力资本总量也会随之呈现出不同结果。由此可见，群体人力资本并非简单的个体人力资本的加总，个体人力资本的配置和管理影响了群体人力资本的总量与结构。企业人力资本作为群体人力资本的一种表现形式，员工的人力资本不完全构成企业的人力资本，还要视其对企业生产经营的专用性程度、匹配程度、配置效率以及管理效能来裁定。如果个体人力资本与企业要求专业不对口、岗位不匹配、使用不高效，就会损失人力资本的价值增量，造成人力资源的配置浪费[110]。因此，企业越发重视对专用性人力资本的投资与积累，并逐步关注其在企业发展与扩张中的作用。对企业而言，培育新型职业农民不仅是培育具有一定人力资本的个体现代农业从业者，更是通过定向投资和标准化设计来增加企业专用性人力资本总量的过程。

（三）获得技术资本

技术是指制造某种产品、应用某种工艺、提供某种产品或服务的系统知识，本质是解决问题的知识、方法和技巧的总和。企业是专业化分工的产物，知识的分化和积累会形成每个企业独特的技术构成。当企业内各成员的知识、技能形成难以分割、有机结合的共同体时，企业才真正具有独立的生命。这隐藏了一个基本前提，即企业的技术资本是已转化为企业总资本的技术形式。也就是说，只有技术已存在或可进入企业，形成企业独特的优势，才可称作企业的技术资本。技术资本以企业生产方法的先进程度和雇员雇工的技术水平为载体，以知识产权和专利技术为表达形式，构成了企业的核心竞争力。在专业化生产中，技术资本与企业经济利益的关系相比于其他资本形式更为紧密，投资回报周期也更短，因此，企业对技术资本的追求表现得更为迫切。企业可以通过技术资本的总量调节或结构调整改变其在市场上的经营成果和竞争地位，进而影响产业链上下游各主体的经济行为。企业培育新型职业农民，本质上是对劳动者的培养与创造，直接资本增加额体现在人力资本存量上。在企业培育新型职业农民的相关活动中，追求技术资本需关注其与劳动者人力资本的内在关联。众所周知，劳动者是最积极、最活跃、最具创造性的能动性要素，各要素间的配置效率需要视劳动者的能力和作用来决定。因此，劳动者及蕴含其中的人力资本实质上是技术资本的载体，企业追求技术资本收益，很大程度上是要以人力资本为基础的，获得人力资本也因此成为获得技术资本的关键所在。

（四）获得社会资本

企业的社会资本是一种无法脱离社会关系网络的异质性资源，社会环境决定了企业的社会资本存量。从外在社会环境中获取的社会资本，在一定程度上可以降低企业经营风险，对现代企业的生死存亡和发展形势有一定的决定性作用。广义来看，企业的社会资本是指企业从社会活动中获得的诸如声誉、企业形象、品牌价值以及利益相关者关系等资源[110]。如此看来，社会资本包罗万象，涉及各类关系，相比物质资本和人力资本来说更加难以测度，并不能直接通过经济数量进行表达。然而，由于社会资本表现出关系特性，在社会性的生产关系或经济活动中，社会资本相比其他类型的资本形式更容易对企业产生影响。伴随每一种经济行为，企业都会与社会各方建立起互动或沟通的相互关系，形成独特的企业形象和声誉。如果企业的信誉程度高，社会形象好就更容易博得人们的信任，获得资源支持或觅得合作伙伴，也就更容易提高其在经济社会交往中的被认可程度，降低协商与谈判成本，最终取得更好的经济效益。新型职业农民培育作为准公共产品，企业的参与对社会造成了正外部影响，在增加社会人力资本存量的同时，提升了企业的形象价值，获得了知名度和良好声誉，使其更易获得政府、其他企业以及公众的认可，获取相应的社会关系资源，最终增加企业的社会资本总量。

第四节　企业行为路径——构建利益联结机制

企业参与新型职业农民培育，原动力是通过与新型职业农民产生稳定的关联关系来提高自身的收益水平，是逐利行为的表现。因此，构建利益机制是企业有效参与培育的重点，也是促进培育对象自主参与培育的关键所在。所谓利益机制，一般指企业及其相关者在利益方面相互联系、影响、依存、作用的调节功能或制约关系，包括企业自身的利益、利益相关者的利益以及双方的利益耦合关系[111]。由此可见，企业的经济行为决策通常不是企业关系中某一单独成员利益需要的产物，而是企业与各相关者利益诉求的合力结果。这种合力最终构成了企业与其利益相关者的利益联结机制，并在企业经济行为决策中发挥着引导作用[112]。

古典经济学理论明示，要素都具有生产性能，生产者剩余来源于土地、劳动力、资本等要素的配比投入及相互替代。在农业中，因生产行为具有自然生产与经济生产的双重性质，劳动力的技术替代率水平明显高于土地与资本，农业企业逐渐将人的投资置于要素投资的重中之重，以增进劳动力要素的单位配置效率。而在以往传统的利益机制中，农民与企业虽共享了利益的分配权，但两者主体对立，双方的利益关系存在大量重复博弈，基本没有帕累托改进的可能。也就是说，增加一方的收益必然要损害另一方的收益才能实现新的均衡。因此，在以往针对农业产业化、组织化的研究成果中，多将协调整体利益、局部利益以及个人利益间的关系作为研究重点，来探究利益实现要求的私益性和利益实现途径的社会性之间的矛盾关系。

然而，从"关系主义"企业观来看，企业盈利的秘诀在于通过一个或多个关系，增强与多角色利益相关者的内在关联，以实现企业对知识、劳动、资本等要素的"雇佣"（内生联结），并将其转化为关系系统中每一个利益相关者的价值实现，让参与者都能从中获益，以此来增强关系的协调性和稳定性。新型职业农民与企业间的利益关系就是这样的联结关系，内在机制体现为将新型职业农民内生于农业企业利益系统的过程（见图4-8），基本可划分为委托代理型利益机制、合作型利益机制和客户型利益机制三种类型（见表4-9）。

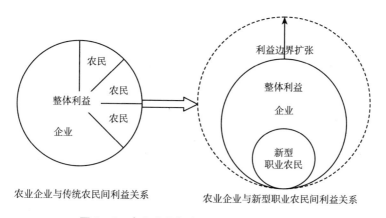

图4-8　农业企业与农民利益关系转化示意

表4-9　　　　　　　　农业企业与新型职业农民利益机制分类

机制类型	委托代理型利益机制		合作型利益机制	客户型利益机制
典型模式	崇州模式	阳晨模式	阳晨模式	隆平高科模式
新型职业农民属性	农业职业经理人	产业工人	种养大户等	公司客户
企业利益核心	提升经营水平	减少交易费用	规模效益	提高收入
新型职业农民利益核心	自身发展	稳定就业	降低风险	增加技能

三种利益机制间存在着一定的区别与联系。企业与新型职业农民的利益关系形态主要取决于其关系形成的组织形态。企业培育哪一类型的新型职业农民则取决于企业的产业化程度、发展阶段及新型职业农民能够发挥作用的产业链环节（见图4-9）。在广义的农业企业中，产业化龙头企业与股份合

作社等新型农业经营主体在其发展的初期会重点培育生产经营型和专业技能型职业农民，并应用其作为企业的人力资源，降低等量人力资本的投资成本，获得直接经济利益及各类资本收益，增强企业运行的内部效率。随着生产经营规模的扩大，这些经营主体会将重点转向全面培育生产经营型职业农民，并扶持其实现产业化发展，最终通过主体间合作实现集团式、联盟式的一体化发展，获得规模收益和外部经济。对农业服务公司性质的企业而言，因其业务范围一般集中在农业产业链的前、后环节，其培育对象则多为具有一定经营能力（包括生产能力、经营规模和从业年限等）的生产经营型职业农民，并通过产品、服务的配套与其形成稳定的客户关系，保障企业的持续盈利。

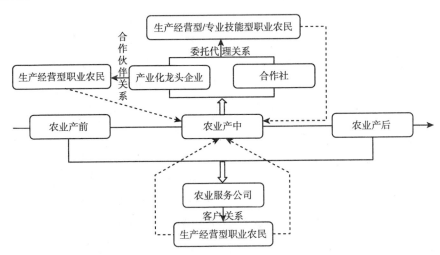

图 4 - 9　不同企业形态在各产业环节培育新型职业农民的关系指向

一、委托代理型利益机制

委托代理型利益机制是指农业企业根据明示或隐含的契约，指定并雇用新型职业农民为其服务，同时授予其一定的决策权力，并根据新型职业农民提供的劳动数量和质量对其支付相应报酬的利益关系。其中，农业企业是授权者，为委托人；新型职业农民是被授权者，为代理人。委托代理关系本质上是一种雇用性的契约关系[113]，是新型职业农民作为企业内部员工与农业企业产生的关系，包括雇用生产经营型职业农民为职业经理人（崇州模式的农业职业经理人培育）或雇用专业技能型职业农民为产业工人（阳晨模式中的职工培育、崇州模式中农业职业经理人对职业农民的培育等）两种形式。

委托代理关系的缔结是由企业内部逐渐细化的专业化分工所催生的。亚当·斯密曾在其著名的"斯密猜想"中解释过农业劳动分工的局限性，认为受协调成本等内生因素的影响，农业不能采用完全的分工制度[114]。然而，随着农产品市场容量的扩大，农业产业链条不断延伸，生产、经营、服务等产业环节逐渐细化，农业生产要素市场也随之被开发并得到规范。农业分工和农民分化程度的加大，成为农业产业化与现代化的必然结果。就算单从农业生产关系来看，生产经营的方式方法、手段技术等也逐步向现代化、社会化方向转变。农业企业在解决"小生产"与"大市场"间矛盾的同时，也使得企业内部的分工分业逐步深化，岗位要求与相关职责逐步明晰，由此生成了不同的职业定位与岗位需求，大大提升了农业劳动的专业化程度，进而增加了整个农业劳动力市场的需求总量。

新型职业农民本身是专业化、职业化的农业劳动力资源，具有一定的人力资本存量。对农业企业而言，与新型职业农民缔结委托代理关系，一方面可以依靠新型职业农民来改善经营管理知识和产业技术，提高企业生产经营效率，提升产出水平，增加农业企业的直接经济收益；另一方面可以实现由横向一体化到纵向一体化的转变，通过节约劳动要素投入来减少相关交易成本。对新型职业农民而言，与农业企业缔结委托代理关系，一来保障了其职业的稳定性，实现了职业能力与职业岗位的匹配对接；二来享受到了"单打独斗"或短期雇工无法获得的社会福利保障；三来降低了就业、兴业的物质资源储备要求，获得了劳动力单一要素的经济投资回报。也就是说，在委托代理关系中，新型职业农民在组织农业生产经营活动时不必单方投入资本、土地等要素，而是由企业与新型职业农民分别投入自身具有比较优势的要素和资源，最终实现产业组织内资源整合与要素配置的优化。

新型职业农民作为劳动力，在开放的要素市场上，企业能够通过购买的方式获得并从中获益，为什么还要通过自主培育来构建委托代理关系呢？制度经济学对此给出了解答。制度经济学认为，任何一种制度变迁都是由其内含的经济利益改进所引发的。对于企业而言，产品的生产成本会与新型职业农民的雇用数量呈负相关关系，即较多地雇用新型职业农民，会提高企业的专业化程度，增强资本、土地等要素的技术替代，提升劳动生产率，最终降低农产品的生产成本。相对应地，从劳动力市场上形成的雇用关系本质上是对劳动力使用权的交易，增加新型职业农民的直接雇用会产生相对高昂的交易成本，企业的总成本会随雇员数量的增加而增加（见图 4 – 10）。

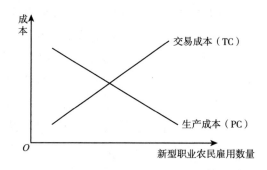

图 4 – 10　新型职业农民带来的企业成本变化关系

注：线性曲线仅表示成本与新型职业农民雇用数量间的变动方向关系。

因此，我们可以通过成本—收益分析，对比企业和新型职业农民市场缔约和培育缔约两种形式的优劣，以此来解答企业参与新型职业农民培育是否可以提升总福利水平的问题。假设委托人（企业）与代理人（农业劳动力）存在三类不同性质的制度安排。第一类是普通农业劳动力的市场交易，对应普通农民工资率水平 ω_0；第二类是新型职业农民的市场交易，企业和新型职业农民所承担的交易成本分别为 C_{tm} 和 C_t，新型职业农民的市场工资率为 ω_m，劳动增长率为 ω_t；第三类是企业自主培育新型职业农民，企业对单个代理人进行单次培育的成本（仅包括人、财、物的投入成本）为 C_{mc}，新型职业农民在培育期内所花费的时间、精力、金钱等折合成本 C_1，接受培育所造成的机会成本（如外出就业等）为 C_2，企业和新型职业农民所承担的交易成本分别为 C'_{tm} 和 C'_t，培育后新型职业农民的工资率水平为 ω_k，新型职业农民的企业人力资本专用性所带来的劳动增长率为 ω'_t。假设无论制度安排如何，劳动的生产时间（即员工的企业服务时间）均为 n。设新型职业农民通过市场受雇于企业的净收益为 M_p，企业净收益为 M_f；新型职业农民通过培育受雇于企业的净收益为 M'_p，企业净收益为 M'_f。结合相应假设可以得出：

$$M_p = (\omega_m - \omega_0) \cdot n - C_t;$$

$$M'_p = (\omega_k - \omega_0) \cdot n - (C_1 + C_2 + C'_t);$$

$$M_f = [\omega_t - (\omega_m - \omega_0)] \cdot n - C_{tm};$$

$$M'_f = [\omega'_t - (\omega_k - \omega_0)] \cdot n - (C_{mc} + C'_{tm}).$$

由以上条件可以看出，委托人与代理人是否会自主参加培育，要视 M_p 与 M_p' 以及 M_f 与 M_f' 的关系来决定。培育新型职业农民可以看作改变以新型职业农民为劳动要素的市场性质的过程。由于新型职业农民作为一种相对稀缺的要素资源，外部市场容量较小，要素流动成本较高，且信息存在不对称，为不完全竞争市场。企业的自发培育促进企业与劳动力之间产生联系，在培育打造的内部市场中，新型职业农民的要素特质基本无差异，买卖双方信息相对对称，不完全竞争的要素市场转变为完全竞争，同时消除了劳动力买卖的契约风险，不再存在显著的交易成本。因此：$C_{tm}' = C_t' = 0$。而新型职业农民作为准公共产品，大多会有政府购买服务、税收减免、增加补贴等方式促进企业和新型职业农民参与培育，为二者减轻支出负担，于是有：$C_{mc} \approx 0$，$C_l \approx 0$。

企业是由人所拥有的知识和能力组成的集合体。相比普通农业劳动力，新型职业农民所带来的最直接利益首先是企业人力资本总额的增加。人力资本理论认为，人才知识技术层次与组织产出明显正相关，因此投资人力资本所带来的效益增值与增速远高于物质资本投资[115]。微观经济学理论揭示，人力资本投资会带动人力资本存量增长，而人力资本作为投资要素可在企业生产中通过改变配置比例实现生产要素间的相互替代，相应改变企业的技术函数，使具有能动作用的人力资本在总产量增长中起到扩张和牵引作用，降低生产成本，提高产出规模[116]。因此，ω_t 与 ω_t' 均大于 0。

进一步来看，企业培育新型职业农民是投资行为的体现。投资主体是农业企业；投资客体是以新型职业农民为载体，以员工能力和素质为表现的知识与技能；投资动机是预期经济收益，反映在企业提高生产效率、带动企业及员工共同获益等方面[117]。依据人力资本获益主体的不同，人力资本又分为通用性人力资本和专用性人力资本两类。其中，企业培育新型职业农民主要是为了获得专用性的人力资本。专用性人力资本是指依附于新型职业农民的具有企业专用性的知识和技能，即该知识或技能仅作为特定企业的资本构成，一旦脱离企业，资本回报能力将会大大降低或完全丧失。一般情况下，人力资本的专用性越强，在市场上的流动性越差，对其投资的风险性也就越大。在这种情况下，企业为了增加产出，会以不低于市场工资率的水平雇用新型职业农民，而新型职业农民为避免承担再择业成本，获得尽可能多的风险报酬，通常会努力提高劳动效率，在维持企业经营的持续性，保持企业竞争优势的同时，增加自身的劳动产出[118]。因此，有 $\omega_k \geqslant \omega_m$，$\omega_t' > \omega_t$。综上所述，可得 $M'_f > M_f$，企业会倾向于自主培育新型职业农民并构建委托代理关系，以实现企业利益的最大化。

而对新型职业农民而言，因其相对于普通农业劳动力更具职业特性，市场交易成本 C_t 较高，主要体现为择业的信息成本和更换职业的转移成本。除了受雇于农业企业外，新型职业农民只能服务于较小规模的经营主体或自主创业，收入风险将会随之增加。因此，市场交易成本 C_t 会大于新型职业农民参与培育的机会成本 C_2。如此一来，影响新型职业农民是参与企业培育还是自主择业的关键就在于培育后的新型职业农民工资水平 ω_k 与市场工资率 ω_m 的差值。通过前面的分析已知 $\omega_k \geq \omega_m$，于是可得 $M'_p > M_p$，那么新型职业农民也会自主参与企业培育。

综上所述，企业与新型职业农民通过培育来缔结委托代理关系，利益获得可分别体现为：农业企业在获得更多的专用性人力资本，提升企业整体生产水平的同时，节约更多的生产成本和交易成本，最终获得更高的经济收益。新型职业农民则节约了自主择业的交易成本，实现了与农业企业的纵向联合，提升了工资与收入水平，获得了更好的社会保障、更多的社会认可以及更高的社会地位，增强了就业的稳定性（见图4–11）。

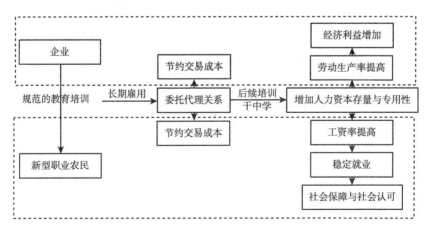

图4–11　农业企业培育新型职业农民的委托代理型利益机制形成

二、合作型利益机制

合作型利益机制是指企业通过合作、联盟、集团化等形式，与以新型职业农民为核心的农业经营主体实现一体化协同，结成资源整合、优势互补、相互协作的关联总和。前文提到，为了节约交易成本，获得更大的关联收益，企业一般将与新型职业农民相联系的交易活动内化于企业，以企业内部的权威机制替代外部的市场机制。但随着企业规模边界的扩张，委托代理关系逐渐增多并日趋复杂化，企业的组织成本和管理费用（包括组织管理人员的报酬支出、组织管理运行成本、管理效率损失等）会随之增加，监管难度变大（见图4-12），最终导致企业的内部规模不经济。为了节约成本，打破规模瓶颈，企业会暂停扩张自身规模，转而寻求与新型农业经营主体的横向联合发展，通过联盟合作、产供销合作等形式实现共赢，以此获得外部经济效应，共享规模报酬。

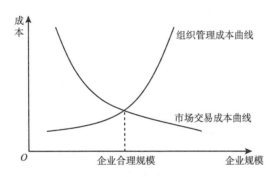

图4-12　企业规模带来的企业成本变化关系

注：线性曲线仅表示成本与新型职业农民雇佣数量间的变动方向关系。

合作型利益机制的形成受到资本因素与合作因素的共同作用，是农业产业链延伸的结果。企业一般通过形成合作组织（如产业联盟等），在流通、加工、科技、信息等环节以定向服务或自主服务的方式实现产业化经营。在这一过程中，企业通过培育与新型职业农民缔结合作关系，主要是为了实现生产技术和经营模式的统一，促进紧密型横向一体化联合，并为统一财务管理、统一生产管理、统一技术标准、统一物资供应、统一产品销售等合作打下基础。

通过合作生成的新组织形式，是介于企业和市场之间的一种资源配置手段[110]。合作是否成功由以下四个条件反映：合作关系的和谐程度、合作主体实现合作目标的程度、合作主体通过联合提升竞争地位的程度以及合作主体从合作组织中获取关键信息和技术的程度。

通过前文的分析可知：首先，对龙头企业而言，将新型职业农民培养成自己的合作者，在一定程度上降低了企业成本，实现了规模经济。企业与新型职业农民组建合作联盟，不仅可以节约企业与合作者在生产资料、技术信息、产品服务等方面产生的交易成本，而且可以通过各自的专业化分工避免企业内部组织费用过高的问题。其次，企业通过与新型职业农民组成产业联盟等合作组织，可以促进优势发展，规避投资风险。在实际的生产经营活动中，当企业扩张到一定边界，为了规避专业化生产的规模限制和投资风险，会采取多元化经营的手段（如阳晨的集团式发展）。然而，企业很难做到事事专攻，面面俱到，因此需要通过整合产业链各环节资源，发挥各相关主体的核心竞争力，提升合作组织的全面发展水平。通过新型职业农民培育，可以实现企业与新型职业农民在发展理念、发展基础、发展模式、信息获得等方面的统一性，通过联合采购、联合销售、联合开发和联合投资等手段促进合作，以此整合各方比较优势资源，优势互补，风险共担，共同解决共性问题，壮大产业集群，实现标准化生产和集约化经营，共同做好产品升级和市场优化。最后，企业通过与新型职业农民合作，在实现外部经济的同时打造了大企业形象，推广了品牌，传播了声誉，为企业积累了优质的社会资本。

企业参与新型职业农民培育还有一个显著优点，就是可以通过合作的方式降低农业生产经营中的技术风险和市场风险水平。首先，企业培育新型职业农民的核心手段是通过长时间、系统性的知识与技术灌输增强新型职业农民的创业兴业能力，重点多集中于提升技能培训和技术跟踪服务水平，以此使新型职业农民能够不间断地获得技术资本，增强其应对农业技术风险的能力。其次，通过实现物资供应、产品销售等行为的统一，有效避免了由市场供求导致的农业投入品和产出品价格波动的影响，规避了农产品供求失衡的市场风险，促进了新型职业农民的收入稳定。同时，新型职业农民参与企业培育，实现了专用性资本的配置和应用，可以通过低于市场价格的成本获得优质的、有保障的农业投入品（包括要素、技术、信息等），提高了新型职业农民的净收入水平。再次，新型职业农民与企业合作，可通过紧密关系获得资金保障。对新型职业农民而言，创业兴业的瓶颈是资金缺乏导致的投资不足，与企业实现联盟合作，更利于通过抵押、反担保等方式申请获得企业的信誉担保，获得较强的贷款能力，并通过合作组织各产业环节上的融资支持，形成全产业链的贷款模式，盘活流动资金，解决新型职业农民发展产业的资金难题（见图4-13）。

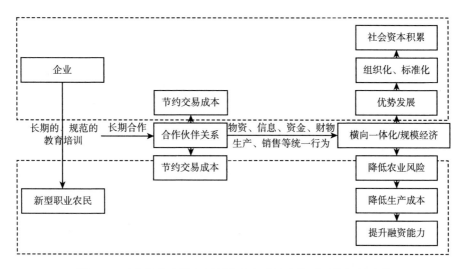

图 4 - 13　农业企业培育新型职业农民的合作型利益机制形成

需要指出的是，企业与新型职业农民缔结合作关系，与传统的"企业 + 农户"关系有着本质上的不同。首先，合作主体的地位不同。企业与新型职业农民的合作不同于与农户合作的产业分工关系，而是法人主体间的合作。新型职业农民经营产业的经济性质、规模大小、谈判能力与农户存在本质不同：农户是小农经济，不完参与市场，在合作利益共享中处于被动地位；新型职业农民参与产业化经营，是新型经营主体的代表，具有法人的性质和地位，博弈地位较农户有较大提高。其次，生产经营的组织化程度不同，重点表现在监管能力的差异上。在"公司 + 农户"的合作模式中，企业与农户实现的是产业链上的纵向联合，由公司进行组织，农户进行包干生产，二者仅在产品或要素交易的环节产生联合，企业难以实现对农户生产行为的监督管理；在企业与新型职业农民的合作关系中，整个合作组织产前、产中、产后的投入和产出由企业牵头，双方共同参与、共同负责，通过统一投入、统一服务、统一模式、统一标准等形式强化联系，更便于企业对合作方的全程监管。最后，产品标准化程度不同。"企业 + 农户"无论是通过订单合作还是生产合作，农户的利益都仅受产成品的价格影响，很难保障生产过程的标准化；而在企业与新型职业农民的合作中，企业通过培训与技术跟踪，让新型职业农民在生产中具备与企业相一致的理念与技能，在经营中运用无差别的模式与方法，合作全程投入统一的生产原料、生产规范、生产技术和管理手段，基本保障了产品的标准化。

三、客户型利益机制

客户型利益机制是指农业企业将新型职业农民作为客户群体，在产品和服务的购买活动中通过效用置换所产生的相互关联。在这一类型的关系中，农业企业大多是为现代农业提供良种、农资、农技、培训、信息、流通、休闲、保险等服务的农业服务企业，其客户群体实际上是各类以新型职业农民为核心的农业经营主体，包括种养大户、家庭农场、农民合作社以及农业产业化企业等。

对企业而言，与新型职业农民缔结客户型关系，动机一般是对经济利益和社会资本的直接追求。其中，客户关系对企业产生的经济利益贡献，首先表现为客户群体规模的扩大与结构的优化。企业通过定向培育对新型职业农民进行先进生产技术和管理模式的培训与推广，增强了以新型职业农民为核心的新型经营主体的发展水平，提高了企业潜在客户的规模与层次。其次，客户关系带来的经济利益也体现为营销方式与渠道改变带来的利益增量。在以往的业务工作中，企业需要将大量的销售人员分散到各市场区域进行产品推销（如种子、农资、信息等），不管通过什么样的销售渠道，当面对多个分散的农户，要想完成一次合作，需要经过多次谈判，承担高昂的交易成本，同时也会因信息不对称造成"逆向选择"① 的发生，致使企业难以找到消费水平高、合作质量好的客户源，造成客户质量参差不齐，影响企业的经营收益。企业培育新型职业农民，增强了其对企业的依存程度，在技术培训和后续跟踪中配套推广产品（或服务），引导了新型职业农民的消费方向，同时也将营销模式从寻找客户转变为培育客户，降低了市场开发成本。再次，以客户培训作为客户增值服务的必要手段，有利于降低客户维护费用，稳定优质客户资源。最后，通过培育缔结客户型关系增加了企业的社会资本总量。企业参与新型职业农民培育，是对政府公益性服务的支持与配合，是政府、企业、新型职业农民

---

① 所谓"逆向选择"（adverse selection），指的是某一市场上劣质品排斥优质品的现象，其实质是一种市场失败或市场无效。逆向选择理论认为，劣质品之所以能在要素市场上"取代"优质品，存在三个条件：一是企业不知道劳动要素的真实质量；二是劣质劳动的投资成本低于优质劳动，具有相对价格优势；三是劣质劳动可以"伪装"成优质劳动，且伪装后的总成本不会高于企业所给出的平均价格。事实上，企业在开发客户的过程中，很容易因信息不畅或开发成本过于高昂而无法遴选出优质客户并与其缔结客户关系。

三方合作以优化培育体系，增加社会总福利的有效手段。企业对准公共产品的供给为其创造了良好的社会声誉，不仅有利于获得政府对其发展的各项关注与支持，而且有利于通过培育对象的口碑推荐获得更广泛的市场影响力，促进品牌效益的增长。

对新型职业农民而言，通过培育与企业建立紧密的客户型关系，首先有利于提高其自身的专项技能水平。企业因其服务特性，会参与农业生产经营的全过程，并对其产品（或服务）进行全程跟踪。为了更好地服务客户，相比政府、院校等教育培训机构，企业对新型职业农民的知识、技术需求更为了解和重视，在进行生产经营知识与技能的培训时，针对性与跟踪能力较强，反馈较为迅速，新型职业农民的专项技能水平由此获得显著提升，并在企业的帮扶下持续规避技术风险，实现科学生产与经营。其次，新型职业农民参与培育有利于特殊产品（或服务）的市场交易，节约交易成本。培育是组织与组织、组织与个体之间关系的内化过程，通过培育建立客户型关系可以促使新型职业农民免于承担供应商、服务商的寻找成本。同时，农业生产的自然属性必然造成新型职业农民经营需求的差异。通过参与培育，新型职业农民较容易与企业紧密联结，实现个性化、定制化产品（或服务）的供需对接。最后，组建客户型关系直接降低了新型职业农民的生产成本。相比市场交易，长期的合作更易节约成本，企业为了维护客户，会对产品（或服务）价格进行让利，新型职业农民可以通过低于市场交易价格的成本获得同质的产品（或服务），直接降低了生产经营投入，提升了净收益水平（见图4-14）。

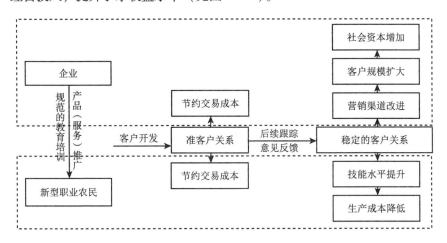

图4-14　农业企业培育新型职业农民的客户型利益机制形成

第五节　基本评价

一、企业行为的优势作用

我国正处于传统农业向现代农业转型跨越的新阶段，农产品的生产计划与定价销售开始由行政化向市场化方向转变。与之相适应的，"三农"领域中的各项工作也开始偏向于尊重市场准则。总的来说，相比单纯的公益性培育供给，企业参与新型职业农民培育的核心作用是以利益联结的方式增强新型职业农民参与现代农业生产经营的主体性、参与性与稳定性，因此这一形式体现出一定的优越性与必要性。甚至可以说，只有通过企业行为，让新型职业农民内生于市场，作用于市场，得利于市场，实现经济主体的利益诉求和预期目标，才能真正解答"谁来种地""怎样种地"的深刻问题，协调促进农业产业化、农民职业化和农村繁荣化。

（一）优化培育效果

新型职业农民培育是一项新的战略工程。由于推进时间短，宣传不充分等原因，企业获得的信息不够全面，加上制度约束性提出了对培育主体、培育基地的公益性要求，从全国范围来看，市场化主体参与新型职业农民培育的案例尚不多见。目前构建的培育系统中，多数仍是依照由政府直接进行培育的总体设计，由公益性培训机构具体实施。然而，自上而下的决策机制易造成部分地区无法准确遴选培育对象，更不用说给予适应需求的服务与支持，于是造成了培育资源投入回报低效，验收评价无法实现预期，农民未获得最大化收益的种种问题。

通过对企业行为的理论分析与实践总结可以得出结论：市场化培育的方式有益于促进培育的协调性、系统性和可持续性。通过对阳晨、崇州、隆平高科模式中的利益机制分析可以看出，企业为获得利益，在新型职业农民培育中更易做到三个精准：一是对象精准，即企业培育的对象都是有望成为企业利益相关者的农业产业化人才，他们共同组建了稳定的职业化农业人才队伍；二是内容精准，利益相关促进了利益集团成员的目标均衡，形成了一致性的能力培养方向，并且通过紧密型的联合使企业更易接收到培育中相关问题的反馈，改进后续跟踪和再反馈；三是扶持精准，企业对新型职业农民的后续扶持（包括技术扶持、信息扶持、交易扶持等）关乎二者的统一利益，企业在对市场和政策信息的收集与使用上占据优势，能够为新型职业农民搭建信息桥梁，在把握新型职业农民需求的基础上，明确后续扶持的精准指向。由此，最终实现了企业与新型职业农民的融合培育和融合发展，打造了生产经营组织与个体劳动者间"利益共有、积累共享、风险共担"的一体化格局，促进了新型职业农民培育的高效率、高收益和高回报式发展。

（二）整合企业资源

企业资源是指企业在向社会提供产品或服务的过程中所拥有、控制或利用的，能够帮助企业实现经营目标的各种生产要素的集合[119]。具体来说，企业资源由企业所拥有的土地、资本、设备、厂房等有形资源，信息、文化、品牌、管理水平等无形资源，以及体力、智力等人力资源组成。相较其他经济主体，企业对资源表现出更强的依赖性。事实上，资源本身并不会产生价值，比资源更重要的是企业利用和整合资源的能力。资源整合是优化企业资源配置的前提和核心，路径是通过资源的"互补—融通—契合"来实现企业长远利益的战略决策[120]。近年来，随着农业市场的发展与变化，为了实现企业与其他主体的资源共享，降低资源使用中的损耗，企业必须进行资源总量调整和结构优化。企业培育新型职业农民是整合资源的措施之一，其效益首先体现为组织资源与个体资源的整合。在企业发展中，人才是最为重要的资源。企业培育新型职业农民，是统一双方思想，协调组织行动，保障人力资源相对稳定的可靠方式，是人才发展内在需求与企业发展战略需要相结合的合理路径。其次，企业通过培育新型职业农民实现的资源整合效益也体现为不同经营主体间的资源共享。企业具备雄厚的资本、信息和渠道，新型职业农民则具较强的生产能动性和经营灵活性，二者的资源储备各具比较优势，共享资源可以有效改善资源的利用水平。因此，企业培育新型职业农民，是实现资源整合、优势互补，达成高效能、低成本投资目标的重要措施。

（三）促进就业创业

为了更好地促进农业的产业化、现代化发展，新型职业农民培育逐步成为重要的农业人才战略。然而，结合新型职业农民培育对象的需求层次可以看出，提高农业从业人员的知识技术水平和现代化程度并不是培育新型职业农民的根本目标，更重要的是要实现新型职业农民与市场的对接，在农业产业内实现人才的稳定就业、创业以及新型农业经营主体的壮大，最终打造现代农业发展的核心原动力。从新型职业农民培育的概念和机制来看，企业的参与是增加培育力量的关键，农业企业不仅是培育的主体，也是培育的重要载体，是新型职业农民与产业对接、与市场对接的重要渠道。首先，依托企业可以形成多主体参与的农业产业链条，增加新型职业农民在农业就业、创业的机会。其次，企业运用参与式、学徒式、见习式等方法进行教育培训，提高了新型职业农民的生产经营能力，使新型职业农民的知识技能结构更加适应企业需要与市场需求。再次，企业对新型职业农民予以跟踪扶持，能够为新型职业农民指引创业兴业的方向，协助其解决产业发展中所需的土地、资金等要素使用问题，分散其在生产经营中的技术风险和市场风险，增强新型职业农民的自主发展能力。最后，企业培育新型职业农民，能够通过缔结各种利益关系来提高新型职业农民的信息获取能力和应用水平，稳固其主体地位，增强其从事现代农业的自主性和稳定性。

（四）凸显示范作用

企业培育新型职业农民是行之有效的培育形式。从企业的行为方式和行为逻辑来看，其示范作用主要体现为企业通过融合"利己"与"利他"行为所带来的经营效率改进，以及培育出的新型职业农民对其他培育对象或兼业农民的带动效应。首先，企业以逐利为目标培育新型职业农民，本质上是通过入职培训或在职培训进行人力资本投资的过程。由于劳动力资源的流动性和人力资本投资的外部性，企业与其他农业经营主体、委托人与代理人之间的利得常存在博弈。尽管如此，企业参与新型职业农民培育，由人力、社会、技术等资本增加值与人力资本专用性带来的巨大利好，使得企业的投资回报获得较快增长，市场竞争能力获得较大增强，产业经济效益获得较强增进，带动了产业内其他企业的参与与合作，为新型职业农民培育注入了更充沛的市场力量。其次，由于新型职业农民是职业化务农群体的先进代表，对企业而言，培育新型职业农民是树立标杆和培养带头人的过程。通过新型职业农民参与市场的榜样力量和带动作用，能够向新型职业农民培育对象或兼业农民发出信号，使其向培育体系靠拢，促进企业更大规模或是更高水平的人力资源开发和客户群体培育。

（五）增强农业引力

当前形势下，青壮年农业劳动力外流，农村老龄化、妇女化等问题的核心在于农业缺乏实际的吸引力，这其中涉及农活劳苦、农业产出不稳定、务农收入低下、农村难以享受现代文明等系列问题。通过前文对农民理性层次的分析，至少需要满足农民社交的需要，才能促使务农劳动力达到职业化的水平。换句话说，只有同时满足农民的生理需要、安全需要与社交需要，才能建立起一支相对稳定的新型职业农民队伍。企业培育新型职业农民是将新型职业农民内生于利益集团的过程。企业通过与新型职业农民缔结相适应的利益关系，突出了新型职业农民的职业属性，让务农真正成为一种职业。同时，企业的参与打造了稳定的经济社会利益分配格局，新型职业农民作为有组织的劳动者，享受到了必要的社会保障、精神文明与社会尊重，获得了职业发展能力，进而稳定了新型职业农民的收入水平，实现了农民增收与农业增效的互促共进，打造了良好的农业从业氛围，缩小了城乡就业的水平差距，为吸引更多青年人回乡务农提供了可能。

二、企业行为的局限性

现阶段，与其他行为主体相比，企业培育新型职业农民虽具备了独特的优越性，但仍存在一定的理论不足与发展障碍，具体体现在市场缺陷[①]下的结构性供给失衡和市场失灵[②]下的供给内容单一两方面。

亚当·斯密在《国富论》中指出，有序的市场行为并非来源于人们的美德。经济主体在利己的追求下，通过"看不见的手"的引导，共同促进了社会利益的改进。企业作为市场化行为主体，参与新型职业农民培育也并非为了供给公益性服务，而是为了追求最大化的实际利益。新型职业农民培育作为一项系统的投资行为，不同阶段与不同层次的培育供给显现出不同的外部性。由于在常规的教育培训方式和基础的教育培训内容层面上，供给外部性与劳动力流动性呈正相关，多数企业会担心培育收益的外溢，在短期发展目

标建设上并不愿意为具有较高流动性的职业农民买单。理论分析可见，企业参与新型职业农民培育仍存在一定的边界，即企业仅会针对具有较强专用性的资本进行投资，对于具有较强外部性的通用性资本，市场失灵现象将会频现。我国新型职业农民培育的现实情况也印证了这一结论，即大多数农业企业普遍缺乏参与新型职业农民培育的意愿和热情，产业化培育资源存量不够，造成了全国范围内市场化培育能力的不足。因此，为了提高企业对新型职业农民培育的参与程度，一方面要优化各经济主体的培育供给结构，做到有效供给与有效需求的协调对接，另一方面也要通过政府的相关策略与有效手段，激发企业的参与热情与培育活力。

同时，企业培育新型职业农民还有一个关键的前提假设，即企业能够通过培育增加实际收益。由于新型职业农民培育是一项针对现代农业劳动力的投资活动，目的在于提高新型职业农民的全面发展能力。因此，培育应至少包括两个层面的内容：一是增加职业化农业劳动力的人力资本；二是服务扶持其成长为适应现代农业发展要求的新型农业经营主体。这两方面也从培育对象的现实需求中得到了具体体现。从第一个层面来看，企业参与很好地解决了培育对象对于专业知识与产业技术的高层次需求，对于能与企业形成利益相关者联系的，企业可自发进行培育，对于不能与企业形成利益相关者联系的，可通过政企合作的方式，由政府予以投资支持，购买企业的培育资源。从第二个层面来看，企业仅会在产生利益联结后对新型职业农民给予诸如融资、技术、市场等方面的支持，对于未产生关联的新型职业农民群体，企业不会自发进行扶持。

本章小结

市场是新型职业农民培育中的活力因素，也是新型职业农民培育的目标指向。发挥新型职业农民培育中的市场力量，是盘活资源、增强效力、实现对接的有效途径。本章首先通过案例解析，明确了企业在新型职业农民培育中的行为方式表现为教育培训、就业保障和发展扶持行为，进而基于利益相关者理论，参照不同新型职业农民培育模式，结合不同类型的新型职业农民与企业的分类关系，得出新型职业农民无论是作为劳动力要素、企业家才能、合作伙伴还是客户群体，都属于农业企业的利益相关者的基本结论。其次，企业作为新型职业农民培育的市场主体代表，在培育中可有效获取直接经济利益、人力资本、技术资本和社会资本等，符合企业的逐利目标。再次，本章还分析了企业与新型职业农民组建委托代理型、合作型及客户型利益机制的条件和路径，明确了企业培育行为的不同表达。最后，结合以上分析结果，对企业参与新型职业农民培育的优势作用与局限不足进行了探讨，得出企业参与新型职业农民培育仍具有结构性边界的结论，即企业是否参与培育，如何参与培育等问题还要结合具体的培育对象特征、产业发展水平和主客体双方的具体参与目标来决定。

第五章 新型职业农民培育中的
政府行为分析

新型职业农民培育作为一项准公共产品，代表公共利益的政府自然成为主要的供给主体和受益主体。在以往的研究中，多数学者把培育当作教育的同义概念，将政府看作实际开展培育的唯一主体。事实上，新型职业农民作为区别于一般农业劳动力的职业化人群，对其进行培育是对其全面发展能力的长期性、系统性投资。本章通过分析政府的主要职能，重点研究政府参与新型职业农民培育的行为特征，为制定政府在培育中的规范性行为准则提供参考。

第一节 政府的行为逻辑

一、政府行为的一般内涵

政府行为是指政府协调和处理社会系统中的各种关系以使社会朝着既定目标发展所表现出来的一切行动。政府行为的基本内容和主要方式由政府职能决定。制度经济学认为，政府应当担任三种角色："守夜人"——抵御外来侵略，打击犯罪，保障安全；"慈善家"——为社会提供困难救济和福利保障；"经济警察"——征税、预算、维护市场秩序，促进社会进步等。因此，广义的政府行为包括政治行为、军事行为、经济和社会管理行为等。从经济发展的狭义范畴来看，政府作为宏观经济主体，在经济活动中的行为目标表现为追求最大化的社会公共利益，行为方式体现为通过系列手段对经济活动予以投资、监管与调控。

二、政府行为的必要性

作为准公共产品的主要供给者，政府主导新型职业农民培育是应对"市场失灵"的必然选择，主要可以从培育的系统性与正外部性两方面得出相关结论。

（一）新型职业农民培育的系统性

新型职业农民培育是集人力资本提升与主体发展扶持的综合性、长久性的投资工程，其内涵决定了培育本身具有较强的系统复杂性和实践多样性。分层次来看，整个培育过程从微观到宏观依次有要素层、运行层和环境层支撑，是由资金、时间、劳动力、知识与技术等培育要素，教育培训、认定管理与政策扶持等培育环节以及社会舆论与全员参与等培育条件相互联系、相互协作、相互制约而形成的庞大培育体系，这使得新型职业农民培育成为具有一定复杂性、层次性、周期性和开放性的资源配置与协调系统（见图5-1）。

图5-1　新型职业农民培育系统框架

在该系统中，资源配置主体发挥着培育主体的作用，其协调关系直接影响系统的稳定性与有效性。其中，企业代表私益性的培育供给主体，政府代表公益性的培育供给主体，二者共同作用于新型职业农民培育中的各类要素配置与环节实施，针对不同类型培育对象所应用的培育资源、培育内容和培育手段等适用不同的目标、路径和方法。各主体行为决定了系统的构成与运作机理，系统构成的合理性和有序性决定了系统运行的优劣状态。在系统中，任一主体或要素出现问题，都会导致要素间配置失当，致使培育系统条件恶化，最终影响系统功能的实现。在当前的新型职业农民培育实践中，多数供给主体为实现短期收益最大化，仍将技术培训作为培育的唯一手段，缺乏对培育目标、培育内容、培育方法的统一规划，致使培育资源浪费，培育效果不明显。因此，在相对复杂的培育系统中，需要政府作为权力方设定一定的制度、法律、政策等，对各主体行为进行激励或约束，以保障培育系统的顺畅和高效运行。

（二）新型职业农民培育的正外部性

所谓正外部性，是指经济主体的相关活动使其他经济主体获得了额外的收益，而受益者无须付出相关的成本或代价。简单来说，正外部性是指经济主体行为能够为他人带来好处。通过新型职业农民培育的内涵和性质可以看出，其在本质上是对新型职业农民全面发展能力的投资行为，包括人力资本投资、技术资本投资和社会资本投资等。新型职业农民培育的准公共产品性质决定了其公益性特征，即培育事业不仅要为作为个体的新型职业农民培育对象服务，还要为整个社会公共事业服务，不仅对相关的经济目标建设服务，还要为非经济目标服务。根据成本收益理论，正外部性产品的私人收益与社会收益存在差额，该差额就是产品供给的外部收益（见图5-2）。该溢出水平会增强农业的引力水平，培肥新型职业农民的就业、兴业、创业土壤，对新型职业农民培育的开展产生促进性作用[121]。

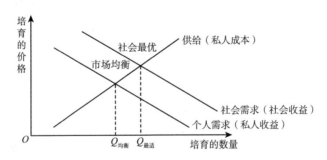

图5-2　新型职业农民培育的正外部性

具体来看，新型职业农民培育的正外部性体现在知识效应和非知识效应两个层面。在知识效应层面，新型职业农民不仅可以通过系统培育学到必备的知识和技能，增加自身的人力资本存量，而且可以增加对工作机会的适应能力和在工作中发挥专业才能的可能性，提高企业和社会的劳动生产率，增加经济收益。在非知识效应层面，新型职业农民在接受培育后，不仅能够改进其思想意识，提高其价值判断能力，增强其对农业生产经营和经济社会发展的责任感，而且由于获得了职业化的发展机会，新型职业农民的社会地位得到了提高，城乡职业体系通道的通畅提高了社会整体福利水平。无论在哪个层面，正外部溢出都需对非公共供给方提供收益补偿。在新型职业农民培育中，政府一方面要将其作为公共事业直接参与供给，另一方面也要为其他经济主体参与培育而产生的社会收益外溢买单。因此，新型职业农民培育的正外部性决定了政府参与的必要性，即政府需要通过直接供给和间接调控，保障新型职业农民培育的有效供给，提高培育资源配置的总体效率。

三、政府的职能划分

政府的职能决定了政府行为的基本内容和表达方式，明确政府在新型职业农民培育中的职能划分，是分析新型职业农民培育中政府行为特征，明确培育中政府地位与角色的先决条件。新型职业农民培育作为一项经济活动，政府应履行对其进行全局性规划、投资、管理等职能。

规划职能主要体现在政府对经济活动的统筹、计划与安排。新型职业农民培育中的政府规划职能是指政府对新型职业农民培育的战略思路、基本目标、主要措施等进行规划设计，并出台相应指导性意见、文件与政策的功能。农业是我国的基础产业，新型职业农民是发展现代农业的人才依靠，培育又是一项复杂的战略工程，无论从哪个角度来看，政府都应是新型职业培育的第一"责任人"。各级政府需要在新型职业农民培育中保持主导地位，明确培育的总体目标、方向和各主体间的利益协调。因此，政府首先要做好培育的规划设计，奠定培育的规范基础。

投资职能是指政府为促进经济活动中各主体的协调发展，实现一定的社会经济发展目标，利用财政支出对特定事务或活动进行购买或投入的功能。政府投资职能的实现需要依靠政策工具对经济活动进行微观介入和宏观调控。新型职业农民培育是准公共产品，既具有消费的普遍性，又具有一定程度的竞争性与排他性，需要具有权威性和强制力的政府行为来保障培育供给总量的适应和结构的平衡。一方面，政府作为公共利益的代表，能够在培育总量（主要是教育培训上）供给不足时，通过宏观调控，整合培育资源，弥补投资缺口；另一方面，政府具有相对强大的经济能力，具备一定的投资条件，能够在培育结构（主要是发展扶持上）失衡时，通过微观介入，直接进行培育投资。由此可见，政府主导新型职业农民培育能够针对性地解决培育的市场缺陷与市场失灵问题，提高这一活动的整体效率。

管理职能体现在政府依照相关准则，在经济活动中对各主体、各环节的规范性和有效性作出统一的组织与控制。新型职业农民培育中政府的管理职能主要体现在政府作为权力部门，对相关事务的事权与财权提出明确要求，对各级政府、部门、主体实行确权赋能，协调管理手段，完善管理层级，强化对相关主体、人群、行为的门槛设定，从管理服务、管理要求、管理限制上增强新型职业农民培育的制度性与规范性。在实际的培育工作中，政府重点对培育的投入与产出进行监督与管理，其内容体现在以下两个方面：一是对新型职业农民培育主体进行管理，即在多元主体参与的培育体系中突出政府的协调与管理职能，确保培育主体的良性竞争和功能互补；二是对参与培育的新型职业农民队伍进行管理，以资格认定与动态管理为手段，强化新型职业农民队伍的稳定、持续打造。

综上所述，在新型职业农民培育中，政府的规划职能可通过系统的规划设计行为得到体现，投资职能可通过教育培训和政策扶持行为得到体现，管理职能可通过认定管理行为得到体现。由于教育培训、认定管理和政策扶持有一定的时间逻辑顺序，即对于培育对象来说，一个完整的培育周期应当包括教育培训、认定管理、政策扶持三个环节，且一般遵循先培训、后认定、再扶持的路径实施。因此，在分析新型职业农民培育中的政府行为时，依次分析政府的规划设计、教育培训、认定管理与政策扶持等行为。

第二节　政府的规划设计

新型职业农民是农民职业化的阶段性产物，是农民素质和职业能力协同提升的结果。新型职业农民培育作为适应现代农业发展的新制度形态，阶段性具有诱致性变迁和强制性变迁的双重特征[①]。一方面，新型职业农民培育是现代农业发展和劳动力市场开放条件下市场主体的自然选择；另一方面，

---

① 诱致性变迁是指由个人或一群人在相应获利机会时自发倡导、组织和实行的制度变迁形式。强制性变迁则是指由政府在预期收益高于预期成本时强制推行的制度变迁形式。

新型职业农民培育是"谁来种地"所引发的粮食安全、四化同步、劳动力就业等战略问题背景下政府工作的迫切需要。为了加速农民职业化进程，减少制度变迁中的摩擦成本和交易成本，政府需要运用更具行政力与强制力的手段，逐步针对农民的职业化提出一系列的规范性要求，为新型职业农民培育制度的形成提供政策依据和工作保障。

一、中央政府文件与政策

中央政府文件与相关政策决定了全国新型职业农民培育的战略目标。进入 21 世纪以来，历年的中央一号文件充分聚焦"三农"，并将农民的素质提升与技术进步作为"三农"工作的重点，体现了国家对农民作为"三农"事业建设主体的高度重视（见表 5 - 1）。从时期发展特征来看，2004 年，中央立足于促进农民增收，依照提高农民就业能力、增强产业竞争力的总体要求，提出以需求为导向，调动社会各方面力量参与农民职业技术培训，增强农民的转移能力与就业能力。2005 年，中央立足于提高农业综合生产能力，提出加强农业科技创新能力建设与农业技术推广体系改革，提高农业科技的生成与转化水平，优化农业科技的推广结构。2006 年，中央立足于推进社会主义新农村建设，结合城乡劳动力市场建设，以培养新型农民为抓手提高农民整体素质，以新型农民科技培训为途径提高农民生产技能，大规模开展农村劳动力技能培训。2007 年，中央立足于加速现代农业主体建设，加大"阳光工程"实施力度，在促进劳动力转移的基础上，扩大新型农民科技培训工程规模，努力将农户培养成有较强市场意识、较高职业技能、一定管理能力的现代农业从业者。2008 年，中央立足于促进农村发展与农业增效，提出实施农村实用人才培训工程，以培训种养能手、科技带头人、专业合作社领办人、科技带头人等群体为抓手，着力提高农民的科技素质与创业能力。2009 年，中央立足于促进农村发展，提出加快发展农村中等职业教育，对中等职业学校涉农专业学生实施免费教育。2010 年，中央立足于统筹城乡发展，提出继续推进农村中等职业教育免费进程，逐步实施农村新成长劳动力免费劳动预备制培训。2012 年，中央着力于提高农业生产力，明确了新型职业农民的官方定义，提出了大力培育新型职业农民的要求，以培养农村生产经营型人才为重点，免费对农村"两后生"提供农业技术培训。2013 年，中央立足于改进农业生产关系，提出构建新型农业经营体系，进一步强调加大农业职业教育和职业培训的工作力度。2014 年，中央立足于推进农业现代化，制定推行科技特派员制度，提高农业科技创新水平，并要求发挥高校在农业科研和农技推广中的作用。2015 年，中央立足于深化农业改革，提出以未继续升学的初中、高中毕业生为重点，推进中等职业教育和职业技能培训全覆盖，积极发展农业职业教育，大力培养新型职业农民。2016 年，中央立足于落实发展新理念，提出将职业农民培育纳入国家教育培训发展规划，办好农业职业教育，开展新型农业经营主体带头人培育行动，加快培育新型职业农民。2017 年，中央立足于推进农业供给侧改革，提出整合各渠道培训资金资源开展新型职业农民培育，建立政府主导、部门协作、统筹安排、产业带动的培训机制。2018 年，中央立足于实施乡村振兴战略，提出全面建立职业农民制度，完善配套政策体系，并支持农民专业合作社、专业技术协会、龙头企业等主体承担培训。2019 年，中央立足于全面推进乡村振兴，制定了坚持农业农村优先发展的总方针，提出通过实施新型职业农民培育工程，大力发展面向乡村需求的职业教育。

表 5－1　　　　　　2004～2019 年中央一号文件中有关新型职业
农民培育的政策说明

年份	文件名称	政策出发点	政策说明
2004	《关于促进农民增加收入若干政策的意见》	促进农民增收	强化农业技术推广
2005	《关于进一步加强农村工作提高农业综合生产能力若干政策的意见》	提高农业综合生产能力	提高农民整体素质
2006	《关于推进社会主义新农村建设的若干意见》	推进社会主义新农村建设	提高农民务农技能
2007	《关于积极发展现代农业扎实推进社会主义新农村建设的若干意见》	加速现代农业主体建设	扩大农民科技培训规模
2008	《关于切实加强农业基础设施进一步促进农业发展农民增收的若干意见》	促进农业发展与农业增收	提高农民素质与创业能力
2009	《关于促进农业稳定发展农民持续增收的若干意见》	促进农业稳定与农村发展	中职涉农专业免费教育
2010	《关于加大统筹城乡发展力度进一步夯实农业农村发展基础的若干意见》	统筹城乡发展	实施农村新成长劳动力免费劳动预备制培训
2012	《关于加快推进农业科技创新持续增强农产品供给保障能力的若干意见》	加快农业科技创新	大力培育新型职业农民

年份	文件名称	政策出发点	政策说明
2013	《关于加快发展现代农业进一步增强农村发展活力的若干意见》	创新农业经营体制机制	加强农业职业教育和职业培训
2014	《关于全面深化农村改革加快推进农业现代化的若干意见》	推进现代农业发展	增强农业科技创新水平
2015	《关于加大改革创新力度加快农业现代化建设的若干意见》	深化农业改革	大力培养新型职业农民
2016	《关于落实发展新理念加快农业现代化实现全面小康目标的若干意见》	落实创新、协调、绿色、开放、共享的发展新理念	加快培育新型职业农民
2017	《关于深入推进农业供给侧结构性改革加快培育农业农村发展新动能的若干意见》	深入推进农业供给侧结构性改革	创建新型职业农民培育机制
2018	《关于实施乡村振兴战略的意见》	实施乡村振兴	建立职业农民制度
2019	《关于坚持农业农村优先发展做好"三农"工作的若干意见》	全面推进乡村振兴	实施乡村人才战略

资料来源：根据 2004～2019 年中央一号文件整理所得。

二、地方政府法规与政策

地方政府法规与政策反映了各级政府对新型职业农民培育的重视程度，决定了区域性开展新型职业农民的重点方向与实施力度。随着经济社会发展对农民素质要求的不断提高，各地方政府结合当地实际，将农民教育培训放在了较高的认识层次予以支持，其中，立法作为最具约束力和实行力的规范与保障形式，得到了部分省市的高度重视，天津、甘肃两省市相继出台了地方性法规条例，为构建农民教育培训长效机制，确保农民教育培训质量与成效奠定了法律基础（见表 5-2）。2010 年 5 月，天津市第十五届人民代表大会常务委员会表决通过了《天津市农民教育培训条例》，对农民教育培训的内涵定义、发展规划、培训对象、经费来源、组织管理、主体责任等做出了详细规定，标志着我国农民教育培训步入了法制化发展轨道。2011 年 6 月，甘肃省出台并施行《甘肃省农民教育培训条例》，明确了农民教育培训执法主体、申请享受政府补助资金的农民教育培训机构条件、农民教育培训方法等，是一部保障广大农民接受教育培训的权利，推动农民教育培训工作持续、健康、全面发展的地方性法规。

表 5 - 2   地方政府有关新型职业农民培育的立法措施

年份	法规名称	内容说明
2010	《天津市农民教育培训条例》	明确培训对象、经费来源、组织管理以及主体责任等
2011	《甘肃省农民教育培训条例》	明确执法主体、教育培训主体以及教育培训方式方法等

资料来源：天津政府网 http：//www.tj.gov.cn，中国甘肃网 http：//gansu.gscn.com.cn。

除相关立法外，在全面推进新型职业农民培育工程的过程中，陕西、山西、安徽、湖南、江苏、四川、河南、重庆等省市相继以政府名义出台了《加快新型职业农民培育指导意见》《新型职业农民培育规划纲要》等指导性文件（见表 5 - 3），增强了地方政府培育新型职业农民的规范性与协调性。总的来看，文件要求各省下辖市县区按照"科教兴农、人才强农、新型职业农民固农"的战略要求，深入实施新型职业农民培育工程，系统规划各省的培育目标，同时就加快建立教育培训、认定管理、政策扶持"三位一体"，生产经营型、专业技能型、社会服务型"三类协同"的新型职业农民培育体系提出了计划与安排，为着力培养有文化、懂技术、会经营的新型职业农民队伍，推进务农人才现代化提供了强有力的支撑。各政府文件中，重点对教育培训中有关对象遴选、体系构建、内容优化、形式创新等内容，认定管理中有关对象与条件、内容与程序、动态管理实施等内容，以及政策扶持中有关现有政策倾斜与新政策制定等内容作出了指导性建议。

表 5 - 3   地方政府有关新型职业农民培育的政策措施

年份	文件名称	核心内容
2013	陕西省人民政府办公厅转发省农业厅关于加快新型职业农民培育工作意见的通知	到 2017 年，全省培育新型职业农民 10 万人；到 2020 年，全省新型职业农民达到 20 万人； 加强职业教育培训，抓好技术指导服务，大力培养农业后继者，建立健全培训体系，加强资格认定管理，出台优惠政策，加大投入力度； 2014 年选择新型农业经营主体发展较快、基础条件较好的市、县进行整市整县推进试点，2015 年在总结试点经验的基础上在全省全面开展
2014	湖南省人民政府办公厅关于加快新型职业农民培育的意见	2017 年全省培育新型职业农民 10 万人，2020 年全省新型职业农民达到 30 万人； 认真遴选培育对象，精心组织培训内容，重点突出职业培养，积极开展帮扶指导，切实加强认定管理，构建培训长效机制

年份	文件名称	核心内容
2014	中共云南省委办公厅云南省人民政府办公厅关于印发云南省加快培育新型职业农民培育的实施意见的通知	到 2020 年全省培训新型职业农民 30 万人； 健全培训制度，开展认定管理，完善扶持政策
2014	安徽省人民政府办公厅关于加快推进新型职业农民培育工作的意见	到 2020 年全省培育新型职业农民 20 万人； 加大教育培训力度，建立认定管理制度，强化扶持政策，落实保障措施
2014	山西省人民政府办公厅关于印发山西省新型职业农民培育工作方案的通知	从 2014 年起，在继续实施百万农民素质提升工程的基础上，组织开展新型职业农民培育工作； 到 2020 年，培训新型职业农民 70 万人，并逐步认定一批新型职业农民； 省市县三级推进，分级管理、分层负责； 培训与重点工程衔接，增强培训考核管理，省财政配套资金，资格认定与政策挂钩
2015	山西省人民政府办公厅关于印发山西省新型职业农民培育规划纲要（2015 – 2020 年）的通知	从 2015 年起，每年组织培训 10 万新型职业农民，到 2020 年，培训新型职业农民 60 万人； 提升农民科学文化综合素质，提高农民教育培训条件和能力建设，形成教育培训体系，完善政策扶持体系
2015	江苏省人民政府办公厅关于加快培育新型职业农民的意见	从 2015 年起，全面扩大试点，到 2020 年全省新型职业农民培育程度达到 50%； 提出总体要求，构建教育培训制度，强化规范管理，落实扶持政策
2015	四川省人民政府办公厅关于加快新型职业农民培育工作的意见	2015 ~ 2020 年，累计培育新型职业农民 30 万人，其中生产经营型 18 万人、专业技能型 6 万人、专业服务型 6 万人； 建立健全培训制度，加强有序规范管理，构建扶持政策体系
2016	河南省人民政府办公厅关于加快推进新型职业农民培育工作的意见	每年培育新型职业农民 20 万人，到 2020 年全省新型职业农民队伍达到 100 万人以上； 明确了各项任务的牵头单位和责任单位，探索开展新型职业农民土地经营权和住房财产权抵押贷款试点
2019	重庆市人民政府办公厅关于加快培育新型职业农民的意见	到 2020 年，全市新型职业农民达到 20 万人，到 2022 年，全市新型职业农民达到 25 万人； 形成新型职业农民培育制度体系

资料来源：各省政府门户网站。

三、农业农村部规范性文件与政策

农业农村部作为制定全国农业科研、教育、技术推广的发展规划和有关政策，实施科教兴农战略，指导农业教育和农业职业技能开发工作的政府职能部门，依照我国农业农村发展战略和中长期发展规划，分阶段出台了各类规范性文件，用以规范指导新型职业农民培育的全面开展（见表5-4）。

表5-4　　　　农业农村部有关新型职业农民培育的规范性文件

年份	文件名称	核心内容
2012	《全国农民教育培训"十二五"发展规划》	整合各类教育培训资源，多层次、多角度开展农民教育培训，培养扎根农村就业创业的职业农民
2012	《新型职业农民培育试点工作方案》	明确总体思路、原则措施、试点任务、试点规模、试点条件、时间进度、各级政府部门政策导向
2013	《关于新型职业农民培育试点工作的指导意见》	构建一套制度体系，培育一批新型职业农民，建立一套信息管理系统。明确了教育培训中的内容、方法、师资等，认定管理中的主体、条件、程序等，扶持政策的方向与措施等
2013	《关于加强农业广播电视学校建设加快构建新型职业农民教育培训体系的意见》	明确了新型职业农民教育培训的多元办学方向，奠定了农广校在新型职业农民培育中的主渠道作用
2014	《关于做好2014年农民培训工作的通知》	明确资金来源与用途，完善培育制度，开展培育示范，促进培训向培育转型
2015	《关于做好2015年新型职业农民培育工作的通知》	财政专项资金支持，开展工程示范，各省、市、县以编制发展规划、出台指导文件、完善制度建设，创新机制模式为重点工作方向
2015	《关于统筹开展新型职业农民和农村实用人才认定工作的通知》	结合试点经验，以生产经营型职业农民为重点，推进新型职业农民的资格认定
2016	《关于做好2016年新型职业农民培育工作的通知》	突出生产经营型职业农民，以教育培训为重点环节，分产业、分层次定向培育新型职业农民
2017	《关于扎实做好2017年农业农村经济工作的意见》	加快建立新型农业经营主体培育政策体系，深入开展新型农业经营主体、新型职业农民和农村实用人才带头人培训
2018	《关于做好2018年新型职业农民培育工作的通知》	聚焦乡村振兴人才需求，通过就地培养、吸引提升等方式，分层分类培育新型职业农民

资料来源：农业农村部门户网站，http://www.moa.gov.cn/。

2012 年 1 月，农业部印发《全国农民教育培训"十二五"发展规划》，提出综合适应现代农业发展要求与农民发展科技需求，以提高农民对现代科学技术的学习、转化、应用与发展能力为重点，整合各类教育培训资源，通过各大工程引导，多层次、多角度、多渠道地开展农民教育培训，以培养造就适应现代农业发展要求、参与农村社会事务管理、扎根农村就业创业的职业农民和农村实用人才队伍为抓手，为发展现代农业和促进新农村建设提供可靠的人才保障。

2012 年 8 月，农业部印发《新型职业农民培育试点工作方案》，在全国开展新型职业农民培育试点工作。该方案对中央与地方的政策导向与工作任务做出了明确规定，对新型职业农民培育试点的目标意义、总体思路、原则措施、试点任务、试点规模和条件、时间和进度以及试点要求等方面做出了说明，要求进一步配套相关政策，保障试点工作的顺利进行。中央政策来看：首先要通过土地流转、生产补贴、保险金融等方面的政策倾斜，提高新型职业农民的自我发展能力；其次要通过教育资源整合，大力开展农民职业培训，将阳光培训的基金与资源重点用于开展新型职业农民培训，开展从种到收、从生产决策到产品营销的全过程培训，突出新型职业农民务农技能的全面提升。地方要求来看：方案要求各地方政府加大对新型职业农民的政策扶持力度，支持土地流转、农业补贴、产业化项目建设等向新型职业农民倾斜，有条件的地方可为新型职业农民争取必要的社保权益，突破其身份局限，解决其职业转型的后顾之忧。

2013 年 6 月，农业部办公厅印发《关于新型职业农民培育试点工作的指导意见》，指明了试点工作的方向与要求。《意见》指出，要深刻认识培育新型职业农民的时代紧迫性与发展重要性，将培育新型职业农民放在"三农"事业的突出位置予以落实：职业农民培育工作是农业生产力发展的客观要求，与完善农业生产关系，转变农业生产方式密切相关，对农民淡出身份属性，加快职业化进程，促进农业现代化发展有着重要的基础性作用。首先，各试点单位要构建一套制度体系，培育一批新型职业农民，建立一套信息管理系统；其次，要积极探索构建新型职业农民教育培训体系，包括确定培育对象，丰富培训内容与方法，加强课程体系与师资队伍建设，创新方式方法，落实保障措施等；再次，要依照政府主导、农民自愿、动态管理的原则，结合地方实际制定新型职业农民认定管理办法，明确认定主体、认定条件、认定程序、承办机构、责任义务等，建立系统的、动态的新型职业农民管理机制；

最后，要制定落实新型职业农民扶持政策，多方建设包含基础设施、金融信贷、农业补贴、农业保险和社会保障等内容在内的政策体系，并通过与教育工程的联系与配套，落实各项教育政策与新型职业农民培育工作的衔接，优化职业农民培育的扶持政策环境。

2013 年 7 月，农业部科教司出台《农业部关于加强农业广播电视学校建设加快构建新型职业农民教育培训体系的意见》，明确了农广校作为公益性农民教育培训专门机构，在我国农民教育培训和农村实用人才培养中发挥的主渠道地位。《意见》评价了培育新型职业农民对农业长期发展的战略性作用；在加强主体建设，稳定办学特色，构建多元体系，建立协作机制等工作基础上，提出了构建以农广校为依托的新型职业农民教育培训体系要求；在强化职责任务，办学队伍建设，教学设施条件等要求下，明确了以教育培训服务能力为核心的各级农广校建设原则；通过各部门组织协同，集各方力量落实经费保障，并通过政府宣传和社会舆论营造良好发展氛围，形成支持农广校主阵地建设的长效机制。

2014 年 8 月，农业部、财政部联合印发《关于做好 2014 年农民培训工作的通知》，要求坚持立足产业、政府主导、多方参与、注重实效的原则，以服务现代农业发展、服务新型农业经营主体发育、服务重大工程项目需要为导向，重点做好培育制度建设、培育示范开展、培训体系完善等工作，坚持在目标上由办班向育人转变，在方法上由培训向培育转变，大力培育新型职业农民。

2015 年 3 月，农业部印发《关于做好 2015 年新型职业农民培育工作的通知》，通知中明确了新型职业农民培育的专项经费来源，即中央财政安排农民培训补助资金，专项用于培育新型职业农民，同时较大范围地扩张了新型职业农民培育工程的示范规模，从全国 300 个试点县扩大到全国 4 个整省推进、21 个整市推进和 487 个国家级示范县，指示各示范省、市、县的重点任务是在研究编制规划、出台指导文件的同时，开展教育培训和认定管理，制定和落实扶持政策，创新机制模式，健全制度体系。

2015 年 6 月，农业部印发《关于统筹开展新型职业农民和农村实用人才认定工作的通知》，要求结合过去的试点经验，以政府主导、农民自愿、因地制宜为原则，以生产经营型职业农民为重点，加快制定认定办法，明确认定标准，规范认定程序，做好证书发放，统筹推进新型职业农民与农村实用人才的认定工作。

2016 年 5 月，农业部印发《关于做好 2016 年新型职业农民培育工作的通知》，提出以打造新型农业经营主体为目标，以需求为导向，创新管理机制，培育新型职业农民，要求省级农业行政主管部门负责青年农场主的培养，县市级负责新型职业农民的培养，并鼓励采取政府购买服务的形式，引导市场主体参与培育。

2017 年 3 月，农业部印发《关于扎实做好 2017 年农业农村经济工作的意见》，指出要依托现代青年农场主计划，壮大新型职业农民队伍，并加快建立健全新型职业农民扶持制度，引导相关政策向符合条件的新型职业农民倾斜，保障农民就地就近就业和返乡创新创业。

2018 年 6 月，农业农村部印发《关于做好 2018 年新型职业农民培育工作的通知》，要聚焦乡村振兴人才需求，由中央财政继续支持开展新型职业农民培育工作，切实提高新型职业农民培育的针对性、规范性和有效性，并依托新型职业农民培育工程重点实施新型农业经营主体带头人轮训、现代青年农场主（农业职业经理人）培养、农村实用人才带头人培训和农业产业精准扶贫培训四个计划，做好队伍管理与延伸服务。

四、基本评价

虽然企业在提升新型职业农民的产业化发展能力上表现出了一定的行为高效性，但新型职业农民相较其他职业（如工人等）仍处在弱势发展阶段，培育对象表现出的对于产业化发展能力提升与社会保障获得等职业化需求难以得到实际满足。因此，政府的主导参与对新型职业农民培育的系统开展起到关键作用。政府作为兼具强制力、服务力和公信力的行政部门，通过不同的行政级别和业务划分，出台有关新型职业农民培育的法规、政策与规范性文件不仅有利于明确新型职业农民培育的基本方向，而且有利于统筹计划目标，形成培育的制度集合，规范培育的路径方法，监管培育的投资与质量。从目前的推进性文件来看，我国的新型职业农民培育已基本形成了由中央到地方、由政府到部门的工作推进格局，在工作重点上表现为中央政府制定战略方针，农业农村部拟定实施要求，地方政府配套指导方案的政府行为特征。

尽管如此，政府在对培育的战略规划和政策推进上仍存在以下问题：一是立法相对缺失，文件强制力不够。目前尚没有针对农民培育的国家法律出台，在地方性条例中也仅是对农民培训的相关内容进行了规定，对职业化培育的指向性不足。二是中央政府与地方政府规划未能实现衔接配套。在中央政府文件中，农业部门行为色彩浓重，部门行政职能相对弱化，系统协调力度不够，难以有效保障培育规划的落地效果。

第三节　政府的教育培训

新型职业农民培育是在以往的农民素质提升、农业科技培训、农业人才队伍培养等工作基础上开展的长期性、系统性工程，是对职业化务农群体的全面投资。教育培训作为人力资本投资的主要形式，成为新型职业农民培育的基础与核心环节。由于新型职业农民的特征中包含了学历素质与科学技能，对其进行培育的重点也相应在农民职业教育与农民科技培训两个方面。近年来，随着国家对职业教育与在职培训的重视力度加大，新型职业农民培育在农民教育培训的基础上实现了稳步开展（见表5-5）。

表5-5　　　　　　　各类有关新型职业农民教育培训的政府工程

工程措施	实施部门	实施时间	措施方向	工程目标
绿色证书工程	农业部	1994 年	素质与技能提升，探索农业准入：培养一批发展农村经济的示范户和带头人，建立一支农民技术骨干队伍	1994~2002 年共培训农民 2296 万人，2003~2010 年共培训农民 1600 万人，全国每 8 户农民中有 1 人参加绿色证书培训
青年农民科技培训工程	农业部财政部团中央	1999 年	青年农业劳动力培养：培养青年新的就业观念和建设社会主义新农村的责任感，为农业专业化生产和产业化经营培养高素质的劳动者和带头人	1999~2000 年为试点阶段，2001~2005 年为全面实施阶段，共培训 800 万人，基本达到每个村民小组有 1~2 名优秀青年农民参加培训
新型农民创业培植工程	农业部财政部	2003 年	经营模式升级：着力提升新型农民的创业创新能力，培养一批规模化、产业化、专业化经营的农场主与农业企业家	2003~2010 年共培植 10 万人，平均每个乡（镇）培植 2~3 人
阳光工程	农业部等6 部门	2004 年	农民增收：提高农村劳动力素质与就业水平，增强劳动力转移能力	2003~2010 年共培训劳动力 3000 万人，年培训 500 万人
农业科技示范户工程	农业部	2005 年	农业科技能力提升：推广农业新科技与新方法，提升部分领军人物的示范水平和带动能力	在 100 个试点县培育 10 万个科技示范户，辐射带动 200 万农户，推广 50 个主导品种和 20 项主推技术

续表

工程措施	实施部门	实施时间	措施方向	工程目标
农民科学素质行动计划	农业部、中国科协等19个部门	2006年	农民素质提升：面向农民宣传科学发展观，着力提高农村富余劳动力的转移就业能力和农村妇女与欠发达地区农民的科学文化素质，培养有文化、懂技术、会经营的新型农民	向全国农民重点开展节约能源资源、保护生态环境、保障安全生产的宣传教育，推广普及发展低碳农业、建设低碳农村的知识技术，编制通俗易懂的农民科学素质宣传作品和优秀科普作品向农村推介
百万中专生计划	农业部	2006年	受教育水平提升：培养具有中专学历的农业人才，促进社会主义新农村建设的领军人才队伍建设	培养100万名具有中专学历的从事种植、养殖、加工等生产活动的人才，以及农村经营管理能人、能工巧匠、乡村科技人员等实用型人才，使他们成为建设社会主义新农村的带头人
新型职业农民培育工程	农业部财政部	2014年	推进农民职业化：培养造就具有科学文化素质、掌握现代农业生产技能、具备一定经营管理能力的新型职业农民队伍	到2020年，培育新型职业农民2000万人，其中生产经营型350万人，专业技能型和社会服务型1650万人，最终建立覆盖全国范围和农业产业的，总量为1亿人的新型职业农民队伍

资料来源：根据农业农村部网站（http：//www.moa.gov.cn/）相关文件整理。

一、农业职业教育

农业职业教育一般指以农业科学技术知识为教学内容的学校教育，是传授农业科学知识和生产技术的重要手段，是新型职业农民获得素质教育、学历教育的重要途径与手段。自20世纪80年代起，以农业中、高职院校为主体的农业职业教育获得了迅猛发展。1998年，我国共有365所中等农业学校，50余万人在校学生，农林类专业毕业生占比90%以上，他们至今活跃在农业生产服务一线，成为农业生产与科技应用的领头人，带动了现代农业的发展。

然而，进入21世纪，由于传统农业比较效益日益低下，农村劳动力外流速度加快，加之义务教育的普及和普通高等学校的大面积扩招，农业职业院校学校停办、更名、生源外流的现象逐年加剧。到2007年底，农林类中职学校仅为 141 所，较 20 世纪 90 年代锐减 224 所，在校教师仅为 1.71 万人[126]。到 2012 年，中等职业教育学校针对农业专业的招生人数和毕业人数分别占当年招生总数和毕业生总数的 12.1% 和 10.4%，远低于一产从业人员占全部就业人员 33.6% 的比重。在农村劳动力中，未接受过农业职业教育培训的占比超 75%，接受过中等职业教育的仅占 0.13%。而在我国农业科技推广人员中，初中以上受教育水平的不足 40%，平均万名劳动力中仅有 0.16 个技术人员，只依靠他们难以担当起支持农业发展、带动农村建设的历史重任，大力发展农业职业教育势在必行[127]。

在这样的背景下，党和国家针对推进农业职业教育出台了系列措施。2005 年，党的十六届五中全会上提出了人才强国战略。随即召开的全国人才大会指明了国家整体社会经济运行与各行业的发展重心要转移到培养人才、依靠人才、发展人才上。由此，2006 年农业部启动农村实用人才培养"百万中专生计划"，重点培养 100 万名有学历、有技能的农业生产活动人才、农村经营管理能人、乡村能工巧匠与科技人员，造就一支规模宏大、结构合理、素质优良的农村实用人才队伍，使其成为发展农业生产、推进农村建设、实现全面小康的有力人才保障。2008 年 10 月，党的十七届三中全会指出加快普及农村高中教育，重点发展农村中等职业教育，在体系建设与全面普及的基础上，逐步实现农村中职教育免学费。2008 年 12 月 2 日，国务院召开常务会议，决定从 2009 年秋季学期起，逐步免除对公办中等职业学校全日制学生中涉农专业学生的就学学费，免费标准以各省（区、市）政策为准[128]。2014 年，为了更好地促进中职教育对新型职业农民培养的核心作用，加快建立农民职业教育制度，教育部、农业部联合印发了《中等职业学校新型职业农民培养方案（试行）》，结合新型职业农民的学习特点，实行学习年限为 2~6 年的弹性学制，采用半农半读、农学交替等方式，让新型职业农民分阶段完成学业，以此提高新型职业农民的基础文化水平，培养其高度的社会责任感和职业道德、良好的科学文化素养和自我发展能力、较强的农业生产经营和社会化服务能力，以适应现代农业发展和新农村建设的要求。

二、农民职业培训

农民职业培训是与农民职业教育相对应的短期教育行为，一般是指针对即将参加或正在参加农业生产经营的个人进行的农业科学技术知识的培养训练。就农民而言，职业培训相比职业教育的接收范围更广泛，方法更贴合生产实际，内容更新速度更快，能够在短期内就某一关键的知识领域或技术能力予以掌握和应用[129]。由于历史原因，我国农业劳动力的素质相对较低。改革开放后，农业发展的约束越来越体现为生产力水平与生产关系的不平衡。因此，国家逐渐重视针对农民的科技素质培训与职业能力培训，并长期将其作为政府工作重点，强化其政策支持。

从农民素质提升的相关措施来看，2004 年，为了更好地促进农村富余劳动力转移就业，增加农民收入，提高农业集约化水平，农业部会同财政部、人社部、教育部、科技部、建设部组织实施了"农村劳动力转移培训阳光工程"，要求重点支持农村劳动力向非农领域转移，做好其就业前的职业技能培训示范。农民工接受培训后，转移流动逐步呈现有序性，明显改善了农民结构性失业问题，促进了农民收入的提高，推动了生产力和农村经济的发展[130]。2006 年，由农业部与中国科协牵头，联合中组部、中宣部、人社部等 19 个部门在全国组织实施"农民科学素质行动计划"，重点结合农民素质现状和科技需求，探索提高农民科学素质的有效途径，分部委协调组织工作。其中，中宣部、科技部、卫生部开展"文化、科技、卫生三下乡"；农业部在阳光工程培训基础上，结合基层农技推广体系改革与示范县建设项目，对基层农技人员和科技示范户开展深入培训[131]。2009 年起，农民科学素质试点村建设工作全面启动，试点村结合当地社会主义新农村建设、科技入户工程、"一村一品"、科技特派员等项目、工作和活动，在广大农村形成了良好的学习风尚，激发了农民提升科学素质的积极性，提高了农村富余劳动力的转移能力，提高了农业劳动力的文化素质[132]。

从农民职业培训的相关措施来看，1990 年，农业部开始在全国组织实施"绿色证书"试点工作，1994 年开始在全国范围内全面组织实施绿色证书工程。绿色证书是农民从事某项农业技术工作所必须具备的知识、技能及其他条件的资格证明。该项目是对具有初、高中文化程度的农业社会化服务人员、专业户、科技示范户等技术型农民进行的包括思想政治、职业道德、专业知识等岗位标准等内容的系统培训，最终提供有效的资格证明。"绿证工程"的目标是通过培养千百万农民技术骨干，全面提高农民的科学文化素质，广泛地推广农业科技成果，依靠科技进步和劳动者素质提升，全面振兴农村经济的系统工程。2001 年，针对回乡劳动两年以上，具有初、高中学历水平的优秀农村青年农民，特别是妇女青年农民，农业部会同财政部、团中央共同组织实施了"跨世纪青年农民科技培训工程"。该工程以全面提高农村青年农民务农热情、文化水平、农业技能、创新意识和创业精神为目标，以科技培训为手段，联合培养一批具有现代意识、社会责任、发展能力的青年农民，使其成为农业生产骨干和农村发展带头人，为实现我国农业和农村的现代化建设提供智力支持和人才保证[129][133]。随着信息知识的应用和普及，在"农民科学素质行动计划"下，农业部组织开展了农业远程培训工程，重点运用现代化手段，快捷、有效地向更大范围的农民群体提供信息、知识、技能与咨询服务，大面积推广农业知识与科技成果[134]。2006 年，农业部牵头开展了新型农民创业培植工程，旨在促进农业领域的创新、创业，培育新型农业经营主体，其基本策略是从参加以往培训工程的学员中，选拔具备规模化生产能力和创业能力的优秀学员，通过政策、信息、资金和技术扶持，将其培育成适应专业化生产的农场主和企业家。21 世纪以来的农民培训事业取得了显著成效，一来提高了农民群体的基础素质层次，二来提升了农民的就业创业能力，三来奠定了农业科技推广与成果转化应用在农民群体中的认识水平与认可程度，这些均为新型职业农民的系统培育奠定了良好基础。通过 2012～2014 年新型职业农民培育的试点工作开展，2014 年 7 月，农业部、财政部正式启动实施新型职业农民培育工程，由中央财政安排农民培训补助资金 11 亿元，用以建立健全新型职业农民培训体系，开展新型职业农民示范培育，支持培育新型职业农民 70 万人。

　　从新型职业农民培训体系建设来看，为了满足培育对象的层次化需求，整合教育培训资源，新型职业农民培训引入了市场化主体。但由于新型职业农民教育培训同样属于准公共产品，既具有消费的普遍性，又具有一定程度的竞争性与排他性，政府仍需承担主要的供给任务，保障教育培训的供给总量和结构平衡。在培训主体的遴选中，各省市依据组织能力、师资力量、培训场所、设施设备、食宿保障等基本条件，兼顾选择公益性培训机构与规模化企业、合作社等主体。从 2015 年河北省新型职业农民培育基地的认定情况来看，共有 211 家机构承担了新型职业农民的教育培训任务，其中农广校占培训机构总数的 28.43%，农业技术推广机构占 24.17%，农机校占 13.74%，农业职业院校占 6.16%，农业大学占 0.95%，农科院所占 0.95%，农民合作社占 6.64%，农业龙头企业占 2.37%，其他业务机构①占 16.59% （见表 5-6）。从主体结构来看，新型职业农民培育虽已呈现出多元化发展趋势，但政府仍然是农民教育培训的最重要投资主体。此外，各主体获得政府支持的方式和力度也多有不同：对于公益性主体，政府多采用财政拨款、项目整合等形式实际牵头开展培训；对于私益性主体，政府多采用政府购买、设施配套等形式予以培训支持。

表 5-6　　　　　　　河北省新型职业农民培育主体认定情况

培育主体	数量（个）	占比（%）
政府型主体	192	90.99
农广校	60	28.43
农业技术推广机构	51	24.17
农机校	29	13.74
农业职业院校	13	6.16
农科院	2	0.95
农业大学	2	0.95
其他业务机构	35	16.59
企业型主体	19	9.01
农民合作社	14	6.64
农业龙头企业	5	2.37
合计	211	100

资料来源：河北省农业厅网站 www.heagri.gov.cn，《关于对 2015 年河北省新型职业农民培育工程拟认定培训基地的公示》。

从新型职业农民培训的内容与形式来看，新型职业农民具有时代性、发展性、职业性等独特属性，与传统农民在成长要求上存在一定差异，尤其体现在思想观念、市场开拓以及社会责任感等职业素养上。在现行的新型职业农民培训体系下，对于专业技能型与专业服务型职业农民一般围绕其相应的工种与岗位开展专项技术培训，而对于重点培育对象——生产经营型职业农民而言，大部分地区仍然将农业生产技术作为重点培训内容，仅有部分地区开展了诸如农业经营管理知识、从业职业道德修养等内容的培训。以崇州的

---

　　①　业务机构指农业产业业务部门下设的中心、组织与机构，包括农业服务技术中心、农作物引育种中心、动物卫生监督所、植保植检站等。

农业职业经理人培训为例，崇州围绕粮油和生猪两个产业分学时制订了专门的培训计划，以期提升生产经营型职业农民（职业经理人）的经营能力、专业素质、实操水平与职业道德（见表 5 – 7）。该课程结构体现了生产经营型职业农民培训的多样化形式与多元化内容。从培训方式来看，生产经营型职业农民培训包括理论培训（占比 52.46%）、实践操作（占比 37.7%）与观摩交流（占比 9.84%）三个部分，其中理论培训占比较大；从内容结构来看，生产经营型职业农民培训包括技术型培训（占比 70.49%）和非技术型培训（占比 29.51%），培训内容上仍以技术型培训为主。

表 5 –7 　　　　　　　　　　崇州农业职业经理人培训课程及内容

培训形式	内　　　容	学时
	职业素质教育	4
	土地股份合作社生产经营管理及规模化建设	4
	农业职业经理人相关政策	4
	土地适度规模经营知识	4
	农产品市场营销知识	4
	农产品质量安全知识	4
	农业生产管理技术（种植业）	28
	（1）大春生产技术	2
	（2）小春生产技术	2
理论培训	（3）大麦高产栽培技术	4
	（4）农业服务超市与粮油作物收储	4
	（5）机防手与机插秧培训	4
	（6）粮油作物有害生物防治技术	4
	（7）测土配方	4
	（8）农产品质量安全	4
	农业生产管理技术（养殖业）	12
	（1）畜牧产业生产现状与发展	4
	（2）生猪适度规模养殖场生产管理技术	4
	（3）畜禽养殖消毒知识	4

续表

培训形式	内　　容	学时
实践操作	现场会	18
	（1）小麦播种现场会	3
	（2）晚秋生产现场会	3
	（3）小麦条锈病现场会	3
	（4）水稻育秧现场会	3
	（5）水稻中后期病虫害防治现场会	3
	（6）水稻机插秧现场会	3
	实践操作	28
	（1）机耕实践操作	4
	（2）机械化育秧实践操作	4
	（3）机插实践操作	4
	（4）水稻机收实践操作	4
	（5）油菜机播实践操作	4
	（6）油菜、小麦机收实践操作	4
	（7）统防统治实践操作	4
观摩交流会	观摩交流	12
	（1）组织参观学习具有实践经验并取得一定成效的土地股份合作社	3
	（2）组织参观综合性农业社会化服务公司——成都蜀农昊农业服务公司	3
	（3）组织参观规模化种植基地	3
	（4）组织参观规模化养殖基地	3
合计		122

资料来源：崇州公共信息网，http：//www.chongzhou.gov.cn/。

三、基本评价

　　现代农业发展需要高素质的劳动力资源，对新型职业农民开展长期、持续、系统的教育培训是改善当前我国农业劳动力问题的有效途径。教育培训具有较强的经济价值，受教育水平与科技素养较高的新型职业农民具备较强的信息获取能力、资源配置能力、生产能力和流动能力，决定了现代农业的生产效率与可持续发展水平。

新型职业农民教育培训以提高农民生产技能和经营水平，解决产业发展中的具体问题为目标，是系统培育中的一个重要环节。在长期的教育培训工作中，政府由单一供给者逐步转变为资源整合者，使新型职业农民的教育培训在方式方法和工作理念上都得到了革新。以课堂教育与实践讲授相结合，向新型职业农民灌输完备的法律法规、农业知识、农业政策、农场管理、人力资源管理以及农产品品牌建设等在内的体系知识，同时让新型职业农民认同现代化理念、可持续发展理念、合作理念、创新理念于一体的新时代发展理念，使新型职业农民恪守热爱农业、尊重科学、珍惜资源、保护环境、诚实守信的良好职业操守，为现代农业的核心生产力注入力量。同时，由于新型职业农民教育培训不同于"一事一训"的单技能培训，除由农业部门重点提供的教育培训资源外，政府也开始逐步整合其他部门的资源，多层次、多渠道、多手段进行新型职业农民教育培训的有效供给。

然而，通过近年来的实践，新型职业农民教育培训也暴露出一些现实问题，仍需要政府持续通过投资结构调整、行政手段规范、公共服务供给等做好对新型职业农民教育培训的直接投资和间接调控。这些问题与困境包括：

（一）教育培训投资来源受限

虽然在财政部的大力支持下，新型职业农民教育培训的直接经费有所增加，但各级政府配套资金仍显不足。随着"自上而下"的培育任务加重及成本的持续增加，物质资源明显缺乏，制约了教育培训的实施效果[135]。从财政资金投入效果来看，涉农高校、职业院校较同区域、同层次的其他高校、职业院校投入回报差距明显；实训基地一般依托种养大户自有土地建设，成本较高，基础较差，教学设备缺乏，手段方式落后，这些都直接影响新型职业农民培育的最终效果。

（二）教育培训资源失衡

首先表现为农村教育资源的匮乏，涉农职业院校、涉农培训中心布局不合理。据统计，截至 2009 年，全国中等职业院校涉农点共 4542 个，其中农业院校 237 所，涉农专业学生 195 万人，占全部在校生的 10.7%，且农村户口学生占中等职业院校学生总数的 82%①。截至 2016 年，全国高等农业、涉农职业院校 232 所，涉农专业学生 185.29 万人，占全部在校生的 20.89%②。其次表现为农民职业教育师资队伍整体数量的不足。农业是艰苦行业，较难吸引人才，留住人才，尤其是缺乏既有理论又懂技术的"双师型"教师[137]。现阶段，各地一般聘用当地农业技术推广人员担任新型职业农民的培训教师，这些人员虽然技术专业，但是知识结构较为单一，信息接收渠道以及培训方法都较为传统，对新技术、新信息的认识有限，又缺少继续接受教育的机会，难以满足成长中的农民对职业教育的现实需要，更难以满足新型职业农民提高生产经营水平的客观要求。

（三）教育培训覆盖率低

改革开放以来，农民科技素质虽较之前有所提高，但仍不能完全与农业现代化的要求相匹配。总的来看，我国大部分农民都没有参加过系统的职业教育或职业培训，只有 20% 的农民接受过短期培训或是初等、中等职业技术培训。从结构上看，2012 年我国农村劳动力中受过农业技术教育的占 3.8%，受过非农职业教育的占 4.4%，说明农村劳动力在选择学习时间较长的职业技术教育时，多数选择了非农专业；农村劳动力中受过农业培训的占 7.6%，受过非农培训的占 5.1%，农业专业培训覆盖大于非农专业。从年龄上看，21~40 岁的农村劳动力接受非农教育培训的多，41~60 岁的农村劳动力接受农业教育培训的多；30 岁及以下农村劳动力受过农业技术教育和培训的仅占同龄人参加过技术教育和培训总人数的 26.8%[138]。这在一定程度上反映出，青年农村劳动力对农业教育培训的参与性较低，从事农业生产经营的意愿也相对较差。

（四）教育和培训脱节

新型职业农民的基本素质培养中，对农业的责任感、使命感、幸福感的培育是重要的培养内容。而农民职业教育是提高农民自身综合素质，提升农

---

① 资料来源于《2010 年中国教育事业发展统计简况》。
② 资料来源于《2017 年全国新型职业农民发展报告》。

村人力资本的有效途径[139]。由于主体和对象的差异化，农业教育与农业培训的资源、层次、结构不尽相同，教学内容、教学计划、教学方法也难以统一，农民教育与农业培训相互分离、分散和脱节。学历教育、农民后续教育尚未与农民职业教育体系相融合，农民个人修养、职业素养与生产技能、经营能力等也未能同步配套。而由于科技在农业现代化发展、农村经济建设、农民稳定增收等方面的作用愈发突出，农业技术培训成为我国农业人才培养的重要工作内容。相比而言，农民学历教育与职业教育发展则较为缓慢、落后。

第四节　政府的认定管理

认定管理是指政府对新型职业农民实行准入控制，体现为政府对从事现代农业生产经营的个人学识、技术和能力等必备标准的设定，是政府参与新型职业农民培育的重要行为组成。改革开放以来，随着人才评价制度的改革与发展，我国已初步确立了包含 23 个行业，90 多个工种的职业准入制度，职业资格成为人们择业就业的"通行证"。现代农业是应用现代科技和现代工业提供的生产资料和管理方法的社会化农业，凸显了一定的技术标准特征。农民要迈向职业化，必须进行相应的认定与管理，以此逐步落实现代农业生产经营的准入标准。从制度层面来看，认定管理是培育新型职业农民的基本依据，是设立农业职业化条件，保障新型职业农民自身发展，构建现代农业人力资源平台的有效途径[142]。只有通过系统认定，才能确认新型职业农民的内涵和特征，明确新型职业农民的责任与义务。只有通过科学管理，才能保障新型职业农民的择业就业，促进农业人才的供需平衡，支撑新型职业农民的持续发展。

作为一项投资类的经济活动，新型职业农民培育是完善农业劳动力市场的重要措施。主流经济学认为，完全竞争市场在现实中并不存在，信息不对称是普遍现象。前文对企业与新型职业农民关系的探讨中已对企业在劳动力市场中可能的逆向选择行为进行了分析：在要素市场中，新型职业农民的工资是离散的，而企业在了解新型职业农民的个人技能信息时会产生递增的信息成本，因此农业劳动力市场容易出现逆向选择。新型职业农民的资格认定是一种对新型职业农民区分等级的评价方法，能够揭示农业劳动力品质的高低，是一种有效的信号传递手段，可以带来要素市场交易的帕累托改进。

从国外培育职业农民的经验来看，政府对农民的职业认定是培育的基础工作。发达国家建立了完善的农民资格证书制度，并规范了农业的从业条件与环境。如欧洲共同体颁发并通用绿色证书，该证书共分为五级，获得三级证书后才能获得经营农场的资格，获五级证书则必须要有农业大学学历和一定的从业经历[143]。相类似的，德国颁发"农业师傅证书"，日本颁发"农业士"和"指导农业士"证书等[144]。

因此，政府对新型职业农民的认定管理行为是明确新型职业农民职业属性的过程，是赋予新型职业农民权利与义务的关键，是保障新型职业农民群体利益的核心，需要本着农民自愿、公开公正、动态管理、与扶持政策挂钩等原则予以落实。政府的认定管理行为分为科学认定与动态管理两个方面。其中，新型职业农民的认定是构建新型职业农民认定管理制度的基础工作和核心内容，是衔接教育培训与政策扶持的中间环节；动态管理是指通过建库管理和准入准出监督对新型职业农民资质进行管理和重复性考核。新型职业农民认定管理主体为各级政府机构，主体行为包括制定认定标准、设定认定程序、实施监督管理等。

一、制定认定标准

新型职业农民的认定标准是衡量新型职业农民的一般性准则，是在一定范围内获得最佳秩序，经科学制定并由公认机构批准使用的一套规范性条件，是政府以培育对象的个人素质能力、农业生产经营规模与效益、农村社会效益、未来发展潜力等为指标，综合考察思想道德状况、身体状况、从业状况、教育培训状况等而拟定的新型职业农民必须达到的最低标准。农业部职业技能鉴定指导中心出台印发的《2013 年农业职业技能开发工作要点》指出，要根据农业产业发展对技能人才的需求，对不同类型的职业探索不同的鉴定评价模式，增强技能人才评价的科学性。从我国农业人才需求现状以及认定标准化的阶段性成果来看，生产经营型职业农民是政府认定管理的重点对象，专业技能型与专业服务型职业农民则可结合各自的职业类型特征，按照《农业行业特有工种职业技能鉴定程序》和《农业行业特有工种职业鉴定实施办法的有关规定》，通过国家职业资格鉴定体系予以认定。

对生产经营型职业农民而言，政府认定一般是在充分考虑不同地域、生产力水平等因素的基础上，依据"以农业为职业、占有一定的资源、具有一定的专业技能、有一定的资金投入能力、收入主要来自农业"[145]的五个基本特征，分产业确定认定标准，因地制宜、客观公正地评断，体现新型职业农民的真实水平。通过对 2014 年全国 23 个省市（地区）的 151 个新型职业农民培育试点县（见表 5 - 8）发布的认定标准材料的整理与分析可知，各地生产经营型职业农民的认定标准存在不同的分类与分层特征。但总的来看，各地方政府生产经营型资格认定都是以农业收入和经营规模为基础指标，同时兼顾年龄、受教育水平等反映农户素质与发展潜力的其他指标（见表 5 - 9）。

表 5 - 8　　　　出台认定管理办法的试点县分布情况（2014 ~ 2015 年）

行政地区	出台政策的试点县数量（个）	行政地区	出台政策的试点县数量（个）
山西	18	福建	6
山东	16	上海	5
辽宁	12	湖北	5
湖南	10	重庆	4
安徽	10	新疆	2
甘肃	9	河南	2
河北	9	浙江	2
江西	9	江苏	1
云南	8	黑龙江	1
贵州	7	西藏	1
广西	7	海南	1
青海	6	合计	151

资料来源：根据中国职业农民网（http：//www. nmpx. gov. cn/）公布及中央农广校提供的各地区认定管理办法材料整理所得。

表 5 - 9　　　　　　　各试点县的认定指标结构（2014 ~ 2015 年）

认定指标	选择该指标的试点县数量（个）	占比（%）
农业收入	147	97.35
经营规模	132	87.42
培训时间	65	43.05
文化程度	125	82.78
年龄	143	94.70
职业道德	12	7.95

资料来源：根据中国职业农民网（http：//www. nmpx. gov. cn/）公布及中央农广校提供的各地区认定管理办法材料整理所得。

（一）农业收入

农业收入是对新型职业农民进行资格认定的基础指标。新型职业农民的职业性特征体现为其主要收入来源于种植、养殖、渔业捕捞等农业生产、经营和销售活动。通过分析 147 个拟定收入标准的试点县政府工作文件可知，在对生产经营型职业农民进行认定时，由于各地区经济发展水平、优势产业结构、劳动收入水平不尽相同，各地方政府对新型职业农民的收入认定标准也存在较大差异，收入认定门槛（最低收入域）为 2 万 ~ 10 万元，均值为 4.59 万元（见表 5 - 10）。

表 5 - 10　　　　　　　新型职业农民收入标准拟定情况

新型职业农民最低收入标准（万元）	2	2.5	3	4	5	6	8	10
拟定标准的试点县数量（个）	38	2	28	12	40	11	6	10

资料来源：根据中央农广校提供的各地区认定管理办法材料整理。

虽然各地制定出台的收入标准不等，但从标准制定的方法来看，多数地方政府对生产经营型职业农民认定标准的测度是依照《新型职业农民培育试点工作方案》的指示性意见，将新型职业农民的收入 R 与当地农村户均纯收入 E 或当地外出务工人员年工资收入 T 进行量比或倍比，倍数为当地平均家庭劳动力数量 N。通过前面对新型职业农民行为理性与培育对象行为的分析，若收入水平不能与外出打工收入持平，个体劳动力在相对开放的市场上会向工资率水平较高的地区与部门转移，农业职业化均衡将被打破；若收入水平无法与传统农户的家庭收入持平，则证明对新型职业农民进行的投资效率极低，人力资本与社会资源造成了浪费。因此，新型职业农民的农业收入标准一般为不低于外出打工的工资性收入，或为当地农村人均纯收入水平的 N 倍以上（见图 5 - 3），即新型职业农民的收入认定水平为：R≥T 或 R≥NE。

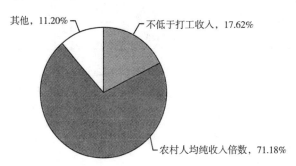

图 5 - 3　新型职业农民收入标准的测定方法选择

（二）经营规模

经营规模是认定新型职业农民的核心指标。改革开放以来，尽管家庭联产承包责任制激发了农业发展的活力，但也同时带来了农户土地面积狭小、经营分散等问题。2012 年数据显示，我国农村居民家庭经营耕地面积仅为 2.34 亩，严重限制了土地的规模产出效率。生产经营型职业农民是家庭农场、农民合作社、农业企业等新型经营主体的核心，作为现代农业生产经营的决定性力量，其经营规模必须达到一定的标准，才能规避农业生产经营中的不确定性风险，确保农业机械化、技术化、智能化手段的应用，优先保障土地的产出水平，进而通过相适应的农产品销售手段，保障农业经营收入等职业化条件的实现。各地在该项标准的制定中，多以达到既定收入标准为主要依据。根据微观经济学中的厂商理论可知，不论是何种市场结构，生产者的边际收益曲线（MR）是不递增的（递减或维持不变），边际成本曲线（MC）一定是递增的，生产者利润最大化的产出条件为维持边际收益等于边际成本时的产量水平（MR = MC）。生产规模过小会造成生产效率的损失，规模过大则会增加生产成本。因此，新型职业农民的经营规模标准是一个适度规模的概念。

通过国家地理分类标准①，我们对调查的 23 个省市（地区）进行了分类，通过表 5 - 11 的对比可以直观地看出，新型职业农民认定的经营规模标准需要综合考察不同地区的政策、市场及产业发展等条件，通过投入产出的量比，针对不同的经营产业和发展阶段进行测定。

表 5 - 11　　　　　　　新型职业农民经营规模认定标准比较

产业类型	华东地区代表山东莒南	华南地区代表广西苍梧	华中地区代表江西余干	华北地区代表山西曲沃	西北地区代表青海互助	西南地区代表云南西山	东北地区代表辽宁康平
粮食（亩）	50	20	100	50	50	20	80
露地蔬菜（亩）	50	30	30	10	10	5	30
设施蔬菜（亩）	10	—	5	3	2	2	3
家禽养殖（羽）	3000	1000	3000	1000	100	500	10000

资料来源：根据中国职业农民网（http：//www. nmpx. gov. cn/）公布及中央农广校提供的各地区认定管理办法材料整理。

第一，不同地区相同产业的规模认定标准不同。江西余干县对粮食产业的新型职业农民的认定规模标准为 100 亩，而云南西山区的认定规模标准仅为 20 亩；辽宁康平县对家禽养殖产业的新型职业农民的认定规模标准为 10000 羽，而青海互助县仅为 100 羽。这样的差异化标准设置可能是由于两地的自然地理区位、经济发展水平、农业主导产业定位、农业社会化服务条件等因素的不同导致的。相比而言，一是平原比山区或丘陵地区更容易实现土地连片经营，农业生产经营的机械化水平与技术效率较高，经营规模相对较大；二是经济发展势头强劲的地区一般在土地流转方面具备优势，富余劳动力实现了区域转移与职业分化，使得劳均耕地面积较大，单个劳动力的经营能力增强，经营规模扩大；三是在农业产业结构调整中若设定为当地主导产业，为了获得较大的产出收益，在相对优化的政策环境下会促进单个农民生产规模边界的扩张；四是在农业社会化服务体系建设完备的地区，规模化

① 根据国家地理区位划分规则，将 2015 年参与新型职业农民培育试点工作的地区对应的划分并设置代表区域为：华东地区（包括山东、江苏、安徽、浙江、福建、上海）选取山东为代表；华南地区（包括广东、广西、海南）选取广西代表；华中地区（包括湖北、湖南、河南、江西）选取江西为代表；华北地区（包括北京、天津、河北、山西、内蒙古）选取山西为代表；西北地区（包括宁夏、新疆、青海、陕西、甘肃）选取青海为代表；西南地区（包括四川、云南、贵州、西藏、重庆）选取云南为代表；东北地区（包括辽宁、吉林、黑龙江）选取辽宁为代表。

的生产经营较容易实现产前、产中、产后的链条延伸与服务协调，新型职业农民的经营规模一般也较大。

第二，同地区不同产业的规模认定标准不同。以青海互助县为例，粮食产业新型职业农民的认定规模为50亩，露地蔬菜种植仅为10亩。这样的差异化标准设置多是受到产业技术难度和用工水平等因素的影响。首先，产业技术难度越大，农产品生产的边际收益越高，土地作为生产要素，对技术的边际替代率也就越大，因此在技术边际替代率较高的情况下，新型职业农民会减少土地要素的投入量，使得粮食等基础产业的认定规模比蔬菜等经济作物产业的认定规模大；其次，用工水平直接决定了投入产出函数中的劳动产出弹性，用工越多，单位土地的劳动力投入成本越大，因此在等额的收入水平下，用工水平越低的产业的新型职业农民规模认定标准越高。

第三，同产业不同经营方式下的新型职业农民认定规模标准不同。同为蔬菜产业，露地蔬菜与设施蔬菜的认定规模标准存在显著差异，如辽宁康平县的露地蔬菜认定规模为30亩，设施蔬菜的认定规模仅为3亩。理论上讲，这是由土地经营的平均收入水平决定的。与设施蔬菜相比，露地蔬菜的生产经营方式相对粗放，且受农业生产的自然条件约束，此类产业的劳动投入时间较短，经营品种相对单一，价格局限较大，因此单位土地带来的收入较低，为达到既定的收入目标，需要认定较大的经营规模。

（三）其他指标

1. 文化程度与培训时间

政府对新型职业农民的认定是承启教育培训与政策扶持的一项制度设计，要求培育对象必须参加相关培训项目并获得结业证书或合格证书后才能获得新型职业农民资格。根据定义，新型职业农民一般是具有一定人力资本的现代农业从业者。因此，受教育程度与参加培训的时间一方面可作为个人参与系统培育的凭证与保障，另一方面也体现出人力资本投资的整体情况。从各试点县的认定标准制定情况来看，新型职业农民的受教育程度一般设定为初中（占比88.8%）以上学历，部分设定为高中（占比8.8%）或大专（占比2.4%）以上。培训时间则多按照培训天数（占比42.42%）或课时数（占比33.33%）进行统计。一般来看，生产经营型的培训时间为15天或80～120课时，而专业技能型与专业服务型的培训时间为7天或42～60课时。

2. 年龄

年龄是评价新型职业农民身体素质与人力资本状况的重要指标。前面分析中已经提到，我国农业劳动力老龄化是制约现阶段农业发展与培育新型职业农民的重点问题。一方面，新型职业农民作为一种新兴职业，在劳动法的界定下，其年龄标准需在 18 岁以上；另一方面，新型职业农民作为农业发展的领军人物，其作用的发挥需要一定的阶段性与可持续性，既要在当前解答"谁来种地"的科学问题，又要在今后一段时期的现代农业发展中持续发力。因此，新型职业农民的年龄标准是一个区间概念，需要同时设定上下限，规避因培育对象年龄过小或太大带来的边际收益递减问题。从各地方政府的认定标准来看，143 个县市区中有 116 个试点县（占比 81.12%）将新型职业农民的年龄标准设定为 18 ~ 55 周岁；有 7 个试点县（占比 4.9%）降低了年龄下限，将新型职业农民的年龄标准设定为 16 ~ 55 周岁；有 20 个试点县提高了年龄上限，将新型职业农民的年龄标准设定为 18 ~ 60 周岁。然而，农村劳动力结构性转移的压力犹存，在短期内，为了兼顾农业劳动力的现实结构，同时鼓励和促进青壮年劳动力成长为新型职业农民，可结合实际的准入准出制度，适当放宽年龄范围，不应排斥年龄较大的专业大户与生产能人。

3. 职业道德

职业道德是新型职业农民区别于传统农民的重要属性标签。新型职业农民不仅要有文化、懂技术、会经营，担负的社会责任也相对更重。作为现代农业的带头人，新型职业农民肩负着保障食品安全与农业可持续的重任，同时也要对传统农民群体起到标杆示范作用。但实际上，职业道德标准的测度难度较大，各地区政府在认定标准的拟定中，仅有 12 个地区利用"非否定"方式对职业道德作出了明确要求，即通过无重大违法记录、无重大生产安全事故与破坏环境行为等指标条件来对新型职业农民进行认定。

二、设计认定程序

设计认定程序是提高新型职业农民管理规范程度的重要措施，是新型职业农民培育中政府兼顾产出效率所作出的公平保障行为。认定程序是新型职业农民认定过程中应严格执行的方案步骤。实践来看，各地政府均因地制宜地制定了认定程序和操作方案，并在认定程序上遵循两个思路步骤：首先，以当地农业主导产业为目标，根据各类农业经营主体的发育情况，通过对农业劳动力整体规模和结构的摸底，按产业需求进行新型职业农民规模与结构的测算；其次，政府依照相应标准开展资格认定。由于新型职业农民资格直接指向可享受的扶持政策利好，为明确新型职业农民的边界，避免多部门的寻租行为，真正实现精准培育与精准扶持，必须以地方政府为认定主体，维护新型职业农民资格的权威性和公信力，地方农业部门、各产业中心等可参与进行辅助管理。

开展新型职业农民认定工作首先要严格标准、规范程序，确保公平、公开、透明。在综合考虑当地自然资源特征与农业生产情况，因地制宜地明确新型职业农民认定指标与标准后，需向社会发布认定标准与配套政策的相关公告，接受农户的自愿报名，由专门机构或部门对申报材料予以审核，通过后进行公示，接受社会监督，随后予以公布，颁发新型职业农民证书。在这一点上，安徽省界首市、南陵县两地做出了有益探索（见图5-4）。两地区根据当地生产经营条件与农业发展需要，从基本要求、生产规模、收入水平、带动能力四大方面制定了认定标准，配套制定了严谨的认定程序，组建包括

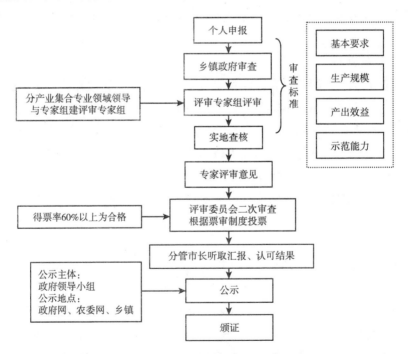

图5-4 安徽省南陵县新型职业农民资格认定程序

部门领导、行业专家在内的评审专家组，对个人自主申报并初步通过乡镇政府审查的培育对象材料进行审核阅卷，同时前往实地进行信息核查，给出专家评定意见，报由农委评审委员会进行二次审阅，票选得票率60%以上的人员纳入认定对象范畴，最后经由政府领导小组在政府网、农委网以及申请人所在乡镇进行7天的公示，无异议后确认最终的新型职业农民认定对象，由市政府颁发新型职业农民证书[146]。

三、实施监督管理

从前面的分析可得结论，对新型职业农民进行认定是政府介入解决农业劳动力市场信息不对称的有效途径。与其他职业与工种资格相类似，新型职业农民资格也是一个阶段性的认可概念，认定是为了明确新型职业农民的准入边界，管理则是要依靠监管手段完善新型职业农民的准出机制。因此，政府对新型职业农民队伍的科学管理应把握以下要点：第一是通过建库，加强新型职业农民的档案管理。政府需要设立或委托专门机构对获得资格证书的新型职业农民进行实名登记，建立个人档案，纳入人才库管理，并及时公开诚信信息，以便加快劳动力市场建设，促进供需对接，同时便于落实优惠与扶持政策。第二是建立考核制度。一是对新型职业农民进行资格考核，对已认定的新型职业农民，政府定期实行考核评估，并将考核结果作为实施动态管理的重要依据，对考核不合格、有违法行为、不接受管理、不按要求参加学习，或因其他原因不宜继续作为新型职业农民的，取消其新型职业农民资格，退出新型职业农民管理系统，退出人员不再享受新型职业农民的相关扶持政策[147]。二是对培育主体进行考核。政府应对培育主体的师资、设施、内容体系建设、培育业绩等进行系统考核，新型职业农民对培育主体的教育培训方法、服务能力等进行满意度测评，针对不达标或不满意的培育主体，政府应采取规制行为，撤销其承担新型职业农民培育任务的相关资格。第三是建立制约与保障机制。地方政府可运用行政手段，对主管职业农民资格认定的工作部门进行管理。一方面，政府要为相关部门顺利开展工作提供必要的经费和资源，将新型职业农民的认定、培训与动态管理工作纳入地方政府的财政预算，专款专用，公开透明。另一方面，政府也要有效防止相关部门在认定管理中的寻租行为，规避其寻求部门利益的风险。

四、基本评价

对新型职业农民进行认定管理是实施职业准入准出的重要手段。从目前的资格认定情况来看，各地基本按照属地认定与属地管理的原则构建起了相应制度，明确了认定标准、实施流程与后续的监管评价机制。需要指出的是，对新型职业农民开展认定，是在农业产业化的趋势下，通过推进职业群体的现代化提升农业发展地位，进而提高国家对农业的扶持、监督和管理效率，并不意味着要对农业从业设置门槛。

横向来看，新型职业农民培育需要教育培训、认定管理、政策扶持三项制度的平衡建设。在当前的制度变迁成果中，由于农业教育培训经过长时间的重点实施和经验积累，已发展成较为系统的，涉及多领域、多部门、多层次、多环节、多渠道、多类型的工程体系，教育培训制度建设相对最为完善。新型职业农民培育问题归根到底是解决农民、农村、农业高效、快速、可持续发展的根本问题，政府的行政性与服务性政策扶持制度为新型职业农民发展提供了良好环境，涉及"三农"问题的一切政策和实施方案均对职业农民培育起到一定的支撑作用。而认定作为农民职业化的关键环节，管理作为农民职业权利与义务的系统安排，是随着新型职业农民概念的明确，农民职业化发展受到重视才提到制度层面上来的，工作起步相比教育培训和政策扶持较晚。

纵向来看，我国尚未形成系统性的新型职业农民认定管理制度。农民的职业化进程相比其他职业群体起步晚，标准设置、等级分化、证书效用等问题仍在不断的探索与讨论中，当前形成的仍是区域性新型职业农民分级认定管理制度，尚未展开系统性的职业农民资格考核与国家认定工作，实践中也体现出分级认定中主体界限不明、标准不一、衔接不畅、系统不全等问题，相关的政府行为仍需进一步改进和完善。

第五节　政府的政策扶持

政策扶持是指由政府或其他相关主体针对解决新型职业农民就业、创业、稳定、发展中的相关问题所制定、出台、应用政策集合的行为，是增强新型职业农民发展能力的关键手段，具有公共性、公益性、系统性的特征。政府出台政策的有效性体现为可以协调与整合行政资源和财政资源向认定后的新型职业农民倾斜，同时处理好各部门的利益关系，积极争取人社、国土、教育等相关部门出台配套政策，合力降低行政成本，提高行政资源的使用效率。政策扶持作为增强现代农业引力的核心措施，需要结合新型职业农民发展的客观需要和政府公益性服务的有关内容，"以人为本"地进行系统设计，既要涉及对农业生产经营的促进，又要体现新型职业农民地位的优越。通过分析、总结我国 20 个行政地区共 114 个新型职业农民试点县（见表 5 - 12）的政策扶持文件可以看出，各地政府对新型职业农民培育的重视程度不同，拟定的政策扶持方向、落地程度均存在较大差异。总的来看，114 个县（区）的扶持政策方向主要有信贷支持（占总县区比重 77.19%）、教育培训（占比 73.68%）、土地流转（占比 69.30%）、惠农补贴（占比 65.79%）、农业保险（占比 63.16%）、科技服务（占比 62.28%）、奖励奖金（占比 38.60%）、农业基础设施建设（占比 37.72%）、项目申请（占比 37.72%）、市场倾斜（占比 22.81%）和社会保障（占比 21.93%）等（见表 5 - 13）。根据各类政策的指向性特征，可将各类扶持政策划分为产业扶持、科教扶持、荣誉激励、保障扶持及其他扶持政策五大方面，并可以就各类扶持政策的作用和地方做法等内容进行详细的比较，明晰扶持政策的供给方向与手段。

表 5 - 12　　　　出台扶持政策的试点县分布情况（2014～2015 年）

行政地区	出台政策的试点县数量（个）	行政地区	出台政策的试点县数量（个）
山西	18	上海	4
江西	10	河南	4
河北	10	浙江	2
云南	9	新疆	2
湖南	8	四川	2
安徽	8	广西	2
山东	7	福建	2
贵州	7	重庆	1
辽宁	6	西藏	1
甘肃	6		
湖北	5	合计	114

资料来源：根据中国职业农民网（http：//www.nmpx.gov.cn/）公布及中央农广校提供的各地区认定管理办法材料整理。

表 5 –13 各试点县政策扶持方向（2014～2015 年）

政策扶持方向	出台政策的试点县数量（个）	占比（%）
信贷支持	88	77.19
教育培训	84	73.68
土地流转	79	69.30
惠农补贴	75	65.79
农业保险	72	63.16
科技服务	71	62.28
奖励奖金	44	38.60
农业基础设施建设	43	37.72
市场倾斜	43	37.72
社会保障	25	21.93

资料来源：根据中国职业农民网（http：//www.nmpx.gov.cn/）公布及中央农广校提供的政策扶持制度材料整理。

一、产业扶持

良好的产业政策是保障人才活力的重要基础。通过定义可以看出，新型职业农民在就业兴业的过程中需以集约化、规模化、专业化为首要特征。因此，政府在参与新型职业农民培育时，首先需要通过调整农村产业结构、促进产业升级、推进剩余劳动力转移、创设土地流转新政策等手段使土地适当集中，为新型职业农民的产业发展提供资源基础；其次要在农业补贴、农业项目申报上加大对新型职业农民的倾斜力度，确保实惠落在"种地人"手中[148]；再次要加速促进新型经营主体与新型职业农民"两新并行"，科学处理新型职业农民、适度规模经营和新型经营主体之间的内在关系；最后将新型职业农民与新型经营主体"两新"培育和发展相挂钩，整合政策资源，保障政策效力[149]。理论上看，产业扶持政策包括土地流转、惠农补贴、农业保险、农业基础设施建设、市场倾斜等方面。在产业政策扶持中，各地政府的行为存在一定的差异性。

（一）土地流转政策

经营的细碎化直接制约了农业的产业化程度与农民的收入水平，致使农业吸引力下降，大量青壮年劳动力外流。而留有土地的农民则更多地将土地作为生存保障，不愿为了短期的地租收益承担土地产权纠纷的风险。即使农村抛荒撂荒现象严重，土地流转水平仍然较低。新型职业农民是产业化的现代农业从业者，从生产经营型新型职业农民的认定标准来看，规模收益是对其进行资格认定的关键指标。因此，在完善土地确权制度的前提下，制定良好的土地流转政策，有利于将土地要素指向性地集约在"有文化、懂技术、善管理、会经营"的新型职业农民手里，促进农业的规模化和产业化发展。在促进土地流转方面，湖北、湖南、山东、辽宁等省市政府的扶持行为较为突出，具体措施如表 5 – 14 所示。

表 5 – 14　　　　　　　　　新型职业农民土地流转政策说明

湖北	湖南	山东	辽宁
监利县：对经营面积达 500 亩以上的新型职业农民，由财政给予每亩 30 元补贴。枣阳市：对规模流转土地从事种植业生产的新型职业农民，由财政给予每亩 100 元的一次性流转租金补助	临澧县：对直接用于或服务于农业生产的生产设施和附属设施用地，按农用地进行管理，用地单位不得擅自或变相改变其土地用途和性质；对新型职业农民发展产业确需使用非农建设用地的，应在符合土地利用总体规划和节约用地要求的前提下，纳入年度用地计划并依法给予保障	郯城县/临沭县等：鼓励支持新型职业农民在依法、自愿、有偿的原则下，采取转让、转包、租赁、入股、联营、托管等方式流转农村土地，引导土地承包经营权流转，发展适度规模经营	建昌县：县财政安排 200 万元的专项资金，用于扶持新型职业农民土地流转工作。鼓励和支持新型职业农民在依法、自愿、有偿的原则下，采取转让、租赁、互换、入股、联营、托管等方式流转农村土地，发展适度规模经营；对发展规模经营的职业农民，经过批准直接用于农产品生产的设施用地，不再办理农用地专用审批手续

从表 5 – 14 中可以看出，土地流转政策的制定要有以下侧重：一是遵循自由流转和依法规划的原则，以市场交易为主、政府调节为辅的方式方法，鼓励和促进新型职业农民发展规模经营，不能采取强制措施或寻租手段；二是通过转让、租赁、入股、互换等方式引导兼业农民或农民工群体转出闲置土地或低效率土地，将土地集中流转给新型职业农民；三是针对新型职业农民的土地经营，规模要同时设定下限与上限，在适度规模的前提下给予流转支持；四是鼓励新型职业农民流转土地种植粮食等主要农产品，保障国家粮食安全与食品安全。

（二）惠农补贴政策

通过取消农业税等政策的实施，农业生产得到了一定的促进，但与其他产业相比生产效益仍然较低。要增强务农劳动力的稳定性，需要在提高其生产经营能力的同时给予一定的补贴补助，以增加其实际收入水平。针对新型职业农民培育对象需求的调查结果也显示，获得补贴是新型职业农民参与培育的主要目标需求。2012 年，中央财政中的"三农"支出共计 12387.64 亿元，其中"四项补贴"1643 亿元，农民人均享受补贴 225.8 元①。由此可见，我国的惠农补贴范围覆盖面广，补贴对象多为户籍农民，并未真正让新型职业农民得到明确的支持。因此，地方政府在进行补贴扶持时应重点从享受补贴的倾向性和指向性入手，一来着重按照"稳定存量、增加总量、完善办法、逐步调整"的总体思路，推动新增补贴向从事粮食等重要农产品生产的新型职业农民倾斜，二来制定专门性的补贴政策，对从事区域性重点产业的新型职业农民进行定向支持。截至 2015 年，大多数地区仍未创设性地出台定向性的新型职业农民补贴办法，而在倾斜性补贴方面，湖南、辽宁、山西、四川、福建等省市政府的扶持行为相对明确，具体内容如表 5 –15 所示。

表 5 –15　　　　　　　　　　新型职业农民惠农补贴政策说明

湖南	辽宁	山西	四川	福建
平江县：新增的粮食补贴向新型职业农民倾斜，生猪调出大县奖励和能繁母猪补助优先照顾新型职业农民，对新型职业农民购置农机具的优先解决农机购置补贴	建昌县：新型职业农民优先享受政府出台的土地流转、农资、农机等农业补贴；逐步探索新增惠农补贴重点向新型职业农民倾斜	沁水县：粮食产业的新型职业农民有限享受种粮农民直补、良种补贴、农资综合补贴、农机购置补贴、畜牧良种补贴；新型职业农民承担产业化项目的，享受项目资金补贴和物化补贴	成都市：除享受各级农机购置补贴外，油菜收割机由市级财政每台追加补贴 2 万元，水稻插秧机由市级财政追加补贴至 90%，优先满足土地股份合作社示范社，育秧设备 50% 补贴	谭平市：新增农业补贴以及农药、新型高效肥料补助向新型职业农民倾斜；新型职业农民优先享受农机具购置惠政策，在原有优惠基础之上，农机具购置费追加 5% 补助（封顶 1000 元）

从表 5 –15 可以看出，补贴政策的制定要有以下侧重：一是落实四大补贴与项目补贴相结合，补贴与补助相结合，给予新型职业农民综合性的扶持倾斜；二是采取现金补贴、物化补贴等多种补贴方式扶持新型职业农民发展；三是分产业、分类型定向给予新型职业农民补贴倾斜；四是突出新型职业农民在享受补贴时的群体优越性，按比例提高补贴补助水平。

---

① 资料来源：万德数据库，http：//www. wind. com. cn/。

（三）农业保险政策

农业保险是加快推进农业现代化的重要支撑，是农业生产经营者分散自然风险、市场风险及违约风险，创建相对安全的生产经营环境，保障农民利益最大化的重要措施，是促进农业持续增产、农民持续增收的"稳定器"[150]。但由于农业生产的自然风险与技术风险较高，保险赔付率也较高，在农民能够负担的保险价格水平下，商业保险公司难以承保，若按市场价格制定农业保费，农民一般难以负担。因此，农业保险扶持需依靠政府力量，一来推进落实政策性农业保险措施，通过提高新型职业农民保险的保费补贴标准，引导新型职业农民增加保费投入，提高保障水平；二来推动保险机构针对新型职业农民开发保险责任广、保障程度高、理赔程序简单、费率水平低的保险产品；三来开展试点改革，把设施农业、农机具等纳入保险范围，为新型职业农民提供直接投保、单独出单、查勘到户、理赔到户等便利化服务。在列入统计的地方政府中，云南、山东、江西、安徽、福建在农业保险方面的扶持行为较为突出，具体内容如表5－16所示。

表5－16　　　　　　　　　　新型职业农民农业保险政策说明

云南	山东	江西	安徽	福建
禄丰县/思茅区：由人保财险禄丰支公司积极开发农业保险新品种，拓展农业保险范围，提高农业保险承保面	临沭县：对种粮大户、家庭农场、粮食种植专业合作社等新型经营主体再追加保险达到一定额度的给予扶持补助	鄱阳县：保险公司对参保的取得新型职业农民证书的受灾农民优先提供理赔服务	凤台县：新型职业农民参与农业保险的，根据种类财政予以保费80%补贴。含山县：保险公司应争取上级政策补助，以较高比例进行赔付，以减轻职业农民损失	谭平市/永定区：保费自缴部分由人保财险公司全额贴补；其农业产业险的保费自缴部分再由县财政补助50%（封顶1000元）

从表5－16可以看出，农业保险政策的制定中要有以下侧重：一是通过财政补贴的方式针对保费自缴部分给予适额补贴；二是通过开发新品种拓宽农业保险范围，适应新型职业农民发展的阶段性、层次性需求；三是突出新型职业农民在接受理赔时的群体优越性，优先或高比例享受保险赔付。

（四）农业基础设施建设

农业基础设施是发展规模化、集约化农业的必备条件，新型职业农民作为真正活跃在农业产业一线的示范性群体，是农业基础设施的主要建设主体和需求主体。因此，政府需重点针对主要农业生产基地根据不同新型职业农民的产业要求和基础条件，开展区别于一般普惠制基础设施的公路、水利、电力、互联网、仓储等设施建设。截至 2015 年底，部分地区已明确对新型职业农民的基础设施建设支持，大多以倾斜性支持为主，其中云南、湖南、辽宁、江西等省市政府的扶持行为相对明确，具体措施如表 5 – 17 所示。

表 5 – 17　　　　　　新型职业农民农业基础设施建设政策说明

云南	湖南	辽宁	江西
腾冲市：引导土地整理、小型农田水利建设等基础设施建设向新型职业农民倾斜，同等条件下优先给予立项和扶持	平江县：经过批准直接用于农业生产基础设施的用地，可不办理农用地转用审批手续。对于管理和生活用房、仓库、硬化晾晒场、生产物质肥料生产场地等附属设施占用土地的，按规定申报用地	建昌县：优先给予水、电、路、土地整理等基础设施建设配套支持	鄱阳县：政策范围内，同等条件下，对取得新型职业农民证书人员连片承包经营土地优先进行田、水、路、林等综合整治

从表 5 – 17 可以看出，农业基础设施建设政策的制定要有以下侧重：一是整合现有的设施条件，适当给予新型职业农民使用优先权；二是基础设施建设方向要指向新型职业农民生产经营的规模化、现代化需要，重点突出土地、用水、公路等设施的建设；三是逐步提高新型职业农民的土、渠、路、电等基础设施建设标准。除此之外，政府应明确不同产品属性与建设目标的农业基础设施建设主体，公益性较强的基础设施以政府、基层农技推广机构或村集体经济组织投入为主；其他直接用于提高农业生产能力和产出水平的设施，则可审批以新型职业农民投入和自行管护为主。

（五）市场倾斜政策

新型职业农民是具有经济理性的市场化人群，获得更多的市场信息，参与更多的市场行为，斩获更多的市场资源是新型职业农民提升收入水平，稳定职业发展的关键。在政府的扶持行为中，应重点突出新型职业农民所提供产品（或服务）的市场定位，一来在获得商标、品牌等产品认证上突出对新型职业农民的支持，二来在各类新型经营主体的领办与生产基地认定等产业化项目立项时向新型职业农民倾斜。在此次列入统计的地方政府中，湖南、江西、浙江、湖北、山西、云南等省市在市场倾斜方面的扶持行为较为明确，具体措施如表 5 – 18 所示。

表 5 – 18　　　　　　　　　新型职业农民市场倾斜政策说明

湖南	江西	浙江	湖北	山西	云南
临澧县/桃源县：支持和帮助新型职业农民开展无公害农产品认证、绿色食品认证、有机食品认证及商标注册，打造特色品牌。建设各级各类农产品销售市场，在大中城市建立农产品营销网点，推动农超对接、农校对接。大力发展农产品深加工企业，提高产品附加值。平江县：鼓励和支持新型职业农民创办或领办农民专业合作社、农业企业、行业协会、家庭农场等农业新型经营主体，相关部门要简化办证手续，减免办证费用，并优先推荐示范社的评选	弋阳县：支持和帮助新型职业农民开展"三品一标"认证及商标注册，打造特色农产品品牌。铅山县：在政策范围内，允许获得新型职业农民资格证书者优先申请国家和省级产业项目资金	云和县：新型职业农民生产农产品通过国家无公害农产品认证奖励 1000 元，绿色食品认证奖励 2000 元，有机食品认证奖励 3000 元；创设产品品牌荣获中国名牌产品奖励 3000 元；浙江名牌产品 2000 元；丽水名牌产品的 1000 元；荣获中国驰名商标奖励 3000 元；浙江著名商标 2000 元；丽水著名商标 1000 元	枣阳市：新型职业农民优先申报承担涉农项目，获得证书可作为注册、年检的条件之一；优先申报国家、省、市示范社；子女优先继承业主拥有的公共资源	繁峙县：新型职业农民优先申报承担涉农项目，组建专业合作社的可以优先申报示范社	江川区：对符合条件的新型职业农民，优先申报承担涉农项目，登记注册农民专业合作社的可以优先申报省、市示范社，优先享受其他的项目和扶持政策；产业和产品取得品牌认证的，县政府凭认证证书等有关材料给予一定的奖励

从表 5 – 18 可以看出，市场倾斜政策的制定要有以下侧重：一是突出与市场结合的产后环节支持，在产品销售市场上对新型职业农民生产品在品牌建设、产业链延伸等方面予以政策支持或保障；二是结合项目补贴与奖励政策，提高新型职业农民的市场项目申报热情；三是在社会公平的前提下，分层次予以项目支持，重点将省、国家级项目向新型职业农民倾斜；四是通过设定项目申报门槛，突出新型职业农民与新型经营主体等产业化项目的结合，协同促进现代农业主体发展。

二、科教扶持

科学技术更新是培育的重要环节，也是新型职业农民自身发展的迫切需要，只有通过新型职业农民将科学知识和新兴技术内化成人力资本，才能转化为高效生产力，最终服务于农业现代化进程。现阶段，新型职业农民的专用性人力资本水平不高，不同类型的新型职业农民间协调作用机制也不健全。因此，一来应继续加大新型职业农民教育培训的投入力度，逐步将新型职业农民培养纳入学校教育的免学费范畴，增强新型职业农民的文化素质基础[151]；二来应加快融合农业职业教育、农民培训、农技推广等体系，保障新型职业农民的技术更新力度与速度，增加农产品技术附加，提升农民收入水平，进一步增强农民职业化程度与产业化经营的积极性。

（一）教育培训政策

新型职业农民是发展中的概念。当前，农业新知识、新技术的革新速度逐步增快，农产品市场瞬息万变，面对农业产业结构的不断调整，新型职业农民必须做到"一专多能"，学会"举一反三"，在职业期内接受时间适宜、形式多样、内容丰富的岗中再教育与再培训，稳步提高综合素质和就业创业能力[152]。从各试点县的情况来看，教育培训政策的制定较受各地政府的重视，且云南、湖南、上海、山西、安徽、甘肃等地方政府的扶持行为较为突出，具体措施如表5-19所示。

表5-19　　　　　　　　　新型职业农民教育培训政策说明

云南	湖南	上海	山西	安徽	甘肃
龙陵县：对于中、高级新型职业农民，可由县政府选派、进入大中专院校进行免费学习培训；对符合条件者优先申报晋升农民专业技术职称	平江县/石门县：实行职业技能、专项技术、农业创业等免费培训；定期选拔优秀新型职业农民进入大中专院校研修学习，并补贴部分学习费用，全面提升其专业技能水平	浦东新区：凡新型职业农民参加上海开放大学农业类专业大专学历教育或参加中国农业大学网络学院农业类专业本科学历教育深造的，本地学员给予学费全免、外地学员给予学费减半的补贴政策	全省范围：对新型职业农民实行免费教育和技能培训，选拔优秀的新型职业农民到大专院校学习	泗县：免费参加省、市、县农委组织的业务知识、生产技能和经营管理等方面的知识培训	景泰县：对新型职业农民实行职业技能免费培训，定期组织新型职业农民培育对象参加农村劳动力阳光工程培训、退耕还林区劳动力技能培训、专业实践技术教育培训、绿色证书培训，免费参加大中专涉农专业学历教育，全面提升其专业技能水平

从表5-19可以看出，教育培训政策的制定要有以下侧重：一是突出政

府的教育资源整合能力，将新型职业农民发展需要的教育培训内容予以定向供给；二是以减少农民负担为原则，对非政府财政支出性的教育培训内容，由政府给予学费的减免；三是采取竞争手段对新型职业农民予以择优支持，提高新型职业农民对再教育机会的珍惜程度；四是将学历教育作为新型职业农民再教育的重点予以扶持和保障。

（二）科技服务政策

科技是第一生产力，是新型职业农民实现现代化生产经营的必备要素。在实际的职业发展中，由于个人人力资本积累的阶段性、专用性与有限性，新型职业农民仍需要较大规模与较高水平的技术指导与咨询服务，需要政府协调科技资源予以定期或不定期的跟踪服务，在这一点上，云南、新疆、江西、安徽等地方政府的扶持行为较为明确，具体措施如表 5 – 20 所示。

表 5 – 20　　　　　　　　　新型职业农民科技服务政策说明

云南	新疆	江西	安徽
隆阳区： 对职业农民实行职业技能免费培训； 对符合条件者优先申报晋升高一级农民专业技术职称； 对从事农业生产经营的职业农民实行"一对一"对口帮扶，涉农单位优先选派专业对口的科技人员进村入户、联户结对开展技术指导服务，帮扶成效作为今后农业专业技术人员年终考评和职称晋升的主要依据	博湖县： 充分发挥农业专家团队、首席专家作用，对从事农业生产经营的新型职业农民实行"一对一"对口帮扶，优先选派专业对口的科技人员进村入户、联户结对对新型职业农民开展技术指导服务	莲花县： 建立专家、技术员与新型职业农民帮扶结对子，有重点地开展指导，鼓励引导农业院校、科研院所、现代农业技术体系组建技术团队，对新型职业农民进行技术帮扶	泗县： 实行农技人员联系服务新型职业农民制度，对新型职业农民进行三年以上的"一对一"或"一对多"联系指导服务

从表 5 – 20 可以看出，科技服务政策的制定要有以下侧重：一是突出政府在公益性科技服务资源整合中的主导作用，完善针对新型职业农民的社会化科技服务团队；二是采取定人、定位、定向的科技服务方式，满足新型职业农民在实际生产经营中对实时、便捷的科技服务的需求；三是对科技服务人员予以激励，改善其在科技服务中的参与态度；四是落实对新型职业农民的长期跟踪服务。

三、荣誉激励

荣誉激励是适应新型职业农民自我实现需要的重要手段，对吸引人才、留住人才、激发人才潜力具有重要意义[153]。在政策体系中，荣誉激励主要依靠奖励奖金的方式予以制定落实。在完善农业农村人才培养的政策体系中，要合理建立政府表彰和社会激励相结合的人才激励体系，分类研究针对新型职业农民的奖励办法，对做出突出贡献的新型职业农民给予表彰或授予荣誉称号，支持新型职业农民参与农业专业技术资格评定等工作，不仅要满足新型职业农民个人的需要，而且要充分发挥典型的示范带动作用。在新型职业农民的政策扶持措施中，多数地方政府采取以奖代补的方式给予新型职业农民直接的奖励激励，以激发其参与培育的热情和职业自豪感。表5-5中的统计数据显示，在114个新型职业农民试点县中，仅有不足半数的地方政府（38.60%）制定出台了奖励奖金政策，侧面说明政府对新型职业农民个人激励的整体力度不够。但从典型区域来看，云南、湖南、湖北、辽宁、山东等地方政府对此做出了有益探索，具体扶持内容如表5-21所示。

表5-21　　　　　　　　新型职业农民奖励奖金政策说明

云南	湖南	湖北	辽宁	山东
江川区：县财政每年安排10万元的新型职业农民补助经费，用于奖励优秀的新型职业农民；县政府每年对新型职业农民的能力和水平进行考核，对考核优秀的中级、高级新型职业农民给予一定的补助	桃源县：对参加新型职业农民培育的学员实行奖学金制度，即按参训人数5%比例，县政府给予取得突出成绩的优秀学员每人1000元表彰奖励	枣阳市：对评为优秀的新型职业农民给予5000元奖励，新型职业农民经营产业或产品取得品牌认证，一项给予5000~20000元现金奖励	康平县：对参加新型职业农民培育的学员实行奖学金制度，即按参训人数10%比例，县政府给予取得突出成绩的优秀学员每人1000元表彰奖励	郯城县：扶持奖励资金由县财政列入专项资金预算，总额50万元，其中表彰奖励10万元，扶持资金40万元。喀左县：新型职业农民每人每年奖励200元

从表5-21可以看出，政府制定新型职业农民荣誉激励扶持政策时要有以下侧重：一是争取财政资金，稳定奖励奖金的渠道来源；二是构建考核评选机制，突出奖励的层次比例原则，做到优中选优，提高个别群体的示范带动作用，保障奖金的有效运用；三是突出奖励的时效性，在后续管理期考核

合格的情况下每年给予奖励，增强新型职业农民的从业稳定性；四是将获得新型职业农民资格和发展产业相联系，融合产业项目资金，加大对发挥较大作用的新型职业农民的奖励力度。

四、保障扶持

保障扶持政策是促进农民职业化发展的关键，是对新型职业农民培育后端环节进行扶持服务的关键内容，包括社会保障、就业保障、服务保障等方面。在全面深化改革期间，无论从我国的社会结构还是经济结构来看，新型职业农民没有完全实现与其他职业化人群的平等，仍然缺乏应对老龄、医疗、失业、金融等风险的能力，需要通过政策的倾斜来扶持个体，调控整体。因此，在保障扶持上，首先应支持新型职业农民参加并享受职工医疗、养老与失业保险，体现其职业属性；其次应改善农村金融服务总量与渠道，持续发挥财政、信贷资金对新型职业农民的协调支撑，合理使用金融杠杆保障新型职业农民的可持续发展；最后由政府参与构建市场化农业社会化服务平台，引导社会资金参与农业社会化服务，直接作用于新型职业农民个人与其产业发展[154]。

（一）社会保障政策

社会保障是提高人们福利水平的根本措施，是实现群体社会化发展的重要支撑。从我国国情出发，长期的二元结构造成了城乡居民和不同行业从业者的地位与待遇失衡，传统农民较难享受与城镇人口相一致的就业、医疗、教育等保障。新型职业农民作为职业化群体，是维护国家粮食安全与社会稳定发展的关键人才队伍，突破了传统农民的身份界限，在资格与标准上应当与工人等职业人群享受统一的社保政策，以解决其从业的后顾之忧，进而加速农民职业化进程。因此，在政府的社会保障扶持行为中，必须紧跟城乡一体化进程，通过中央指导、地方配合的协同方式，提高新型职业农民享有劳动就业、公共教育、医疗卫生、公共服务的权利，并逐步推进其享有与当地城镇人口同等的教育资助、就业扶持、住房保障、养老服务、社会福利、社会救助等权利的进程。在社会保障的扶持落实上，地方政府的工作难度相对较大，整体来看没有力度强劲的有效措施，而比较来看，云南、山东、辽宁、四川、浙江等地方政府的扶持行为较为突出，具体措施如表 5–22 所示。

表 5 – 22 新型职业农民社会保障政策说明

云南	山东	辽宁	四川	浙江
全省范围：符合政策规定的新型职业农民在社会保障、医疗保障、农业种养殖业保险保障、养老保障等方面给予优先保障	河东区/郯城县：新型职业农民在保险、养老及子女就学就业等方面享受优惠扶持	建昌县：新型职业农民可享受进城落户的农村居民社会保障政策，对个人缴费部分由政府给予一定的补贴	成都市：将没有土地经营权和林地使用权的农业职业经理人纳入就业失业登记范围，发放《就业失业登记证》，凭证享受公共就业服务；将已领《就业失业登记证》且女性年满40周岁、男性年满50周岁的农业职业经理人纳入就业困难人员范围，凭证享受就业扶持政策；鼓励农业职业经理人以个体身份参加城镇职工养老保险，以上一年度全省在岗职工月平均工资的60%为缴费基数，缴费费率为20%，其中个人缴费8%，财政补贴12%	富阳区：职业农民办理工商执照或加入农民合作组织的，可参加并享受城镇职工基本养老保险

从表 5 – 22 可以看出，地方政府在新型职业农民社会保障扶持政策制定中要有以下侧重：一是从现行的社会保障体系中选择符合新型职业农民需求导向与政策条件的社会保险形式与内容，向新型职业农民群体倾斜；二是鼓励新型职业农民以个人身份参与各项社会保险，并通过财政支持或财政补贴的方式予以落实；三是突出新型职业农民的职业化属性，优先给予就业保障和职工养老；四是通过失业登记证、工商执照注册等资格化手段确定新型职业农民的社保享受权利，在制度边界上进行相应扶持。

（二）信贷支持政策

根据新型职业农民的发展需求分析可知，资金是制约其发展的主要因素。高风险低收益的特点决定了农业发展要以政策性金融为主，商业金融与合作金融为补充的农村金融体系来解决资金难问题。因此，在对新型职业农民的保障性政策供给中，需要通过创新金融产品，丰富担保方式方法，灵活确定承贷主体，简化审贷放贷流程等方式，针对农村金融"短、小、频、急"的特点，兼顾满足"小额、短期、分散"的周转式需求和"长期、大额、集中"的规模化需求，确保满足新型职业农民的合理信贷需要。各试点县情况来看，多数地方政府将此项措施作为扶持新型职业农民培育的重点措施，支持力度较大，且云南、湖北、湖南、辽宁、贵州等地方政府的扶持行为较为突出，具体措施如表 5 – 23 所示。

表 5 – 23　　　　　　　　　　新型职业农民信贷支持政策说明

云南	湖北	湖南	辽宁	贵州
腾冲市： 引导鼓励金融机构加大对新型职业农民发展产业的支持力度； 采取贷款贴息的办法，引导小额贷款向新型职业农民倾斜，简化审批程序，缩短办理时限； 逐步设立职业农民创业基金，支持新型职业农民创业就业。 禄丰县： 人行禄丰县支行负责指导金融机构采取多种措施支持职业农民创业；探索"三农"信贷担保机制，督促和引导农村合作金融机构逐步提高扶持"三农"发展的信贷比例，指导金融机构开展农村金融产品创新； 农行禄丰县支行、县农信社负责创新金融产品，为职业农民从业创业提供全方位、多层次的信贷支持；加强农村信用体系建设，推广农村小额信用贷款；拓展物权抵押范围，探索推行职业农民以农村土地承包经营权、林权、农村房产、加工设备等用益物权进行抵质押融资	东西湖区： 对创业型新型职业农民给予 5 万 ~ 7 万元，2 年期无息小额贷款支持，给予吸收 30 名新型职业农民以上的企业 400 万元以内 2 年期无息贷款。 监利县： 对能按协议按期还款的，金额在 5 万 ~ 10 万元的小额助农贷款，由县财政给予 1 年的贷款贴息支持。 枣阳市： 最高可一次性给予新型职业农民 10 万元贷款支持	安乡县： 对新型职业农民优先提供金融信贷支持，简化审批程序，优先满足创业融资需要； 新型职业农民按照有关规定，以农村土地承包经营权、农村房产、农业订单、机械、养殖基地、加工设备等进行抵押贷款。 澧县： 以农业银行、农村信用社、邮政储蓄银行为主，优先向新型职业农民提供额度在 10 万元以内的贷款，并视规模、效益和相关规定，适当放宽额度，享受贴息优惠	建昌县： 新型职业农民投资创办农业项目的可享受创业促就业小额担保贷款； 职业农民自主创办农业生产经营项目的，可协调 10 万元以内，不超过 2 年的小额担保贷款；职业农民合伙创办农业企业的可协调 50 万元以内，不超过 2 年的小额担保贷款。 康平县： 新型职业农民符合申请小额担保贷款及贴息条件规定的，可申请 5 万 ~ 10 万元的小额担保贴息贷款，贷款期限不超过两年；以农业银行、农村信用合作社联社、邮政储蓄银行为主，优先向职业农民提供贷款，贷款额度一般在 10 万元以内；依据相关政策与规定，优先对新型职业农民予以小额担保贷款和贷款贴息，扶持促进新型职业农民生产经营发展壮大	凤冈县： 可提供 10 万元以内，不超过 2 年的小额担保贷款； 新型职业农民合伙创办农业企业的可提供 50 万元以内，不超过 2 年的小额担保贷款； 新型职业农民创办农副产品加工企业的，按其规模可提供 100 万元以内，不超过 2 年的小额担保贷款

　　从表 5 – 23 可以看出，地方政府在新型职业农民信贷支持政策的制定中要有以下侧重：一是注重通过宏观经济手段，以财政贴息的形式增强新型职业农民的贷款能力；二是推动金融机构简化审批程序，通过产品、利率、期限、额度、流程、风险控制等方面的创新，对新型职业农民在信用评级、抵押担保形式、贷款期限和额度上做出差异化安排；三是由政府规定各金融主体的责任边界，完善农村金融系统建设，整合金融资源，适应新型职业农民

在贷款融资上的阶段化需求；四是推进新型经营主体与新型职业农民两新融合，通过对经营主体的直接信贷扶持，对不同主体在聘用新型职业农民的规模、层次、类型等方面进行差异化扶持，增强新型职业农民的就业水平与产业化发展能力。

五、基本评价

政府在新型职业农民培育中的扶持行为是调动新型职业农民积极参与现代农业发展的重要推动力量。对比各新型职业农民培育试点县在产业扶持、科教扶持、荣誉激励、保障扶持等方面的政策来看，各地方政府基本都出台了相关的方案或措施。从扶持行为上来看，呈现出了经济手段扶持、经营主体扶持及优选对象扶持等特点，体现了一定的科学性和适用性。

但整体来看，扶持政策的落地效果并不理想，具体体现在以下三个方面：一是倾斜性政策多，指向性政策少。以土地流转政策为例，69.30%的试点县在其方案中提及了相关方向的政策内容，但真正明确促进方式、流转原则等实效措施的尚不足5%。二是农业行政政策多，其他部门政策少。新型职业农民培育的政治影响与行政管理层次仍显薄弱。三是产业化政策多，职业化政策少。各被调查试点县仍将培育新型职业农民作为扶持农业生产经营的一项辅助措施，并未认识到该群体的职业发展需要。事实上，新型职业农民培育不仅与现代农业发展有着直接联系，而且对国家职业体系完善，二元经济平衡优化，社会安定团结等都有重要影响。

因此，从行为方向上来看，政府的政策扶持不仅与农业行业管理部门及农业生产经营直接相关，更与其他如社会保障部门等行政管理部门及职业化群体定位密切联系。在未来的新型职业农民培育工作中，一方面要继续发挥农业部门的优势，建立和完善多部门参与的管理机制、政府为主的投入机制、面向市场的运行机制、调动农民积极性的激励机制、公开透明的监管机制，另一方面要总结新型职业农民培育中的国内外政府行为经验，立足我国经济社会发展实际，探索和把握规律，以当前和今后培养造就新型职业农民队伍的战略目标和重点任务为导向，研究出台专门专项的扶持政策，并将其向经培养认定的新型职业农民倾斜，在消除城乡二元社会结构体制约束的同时，消除城乡人员身份差异，缩小新型职业农民与城镇职工的待遇差距，促使农民与其他社会成员共同分享社会发展成果。

本 章 小 结

在新型职业农民培育系统中，政府作为推进培育事业发展的核心主体，需要进行方向把控和关系协调。本章从培育的系统性和正外部性特征出发，分析了政府参与培育的必要性和必然性，并针对政府在新型职业农民培育中的规划职能、投资职能和管理职能，重点分析了政府在新型职业农民培育规划设计、教育培训、认定管理与政策扶持中的行为特征，明确了政府在新型职业农民培育中教育培训资源整合者、培育质量监督者及公共服务供给者的角色定位，并就政府在新型职业农民的认定标准、认定程序与监督管理的行为范式，以及产业扶持、科教扶持、荣誉扶持与保障扶持等领域的行为准则作出了总结说明。

第六章 新型职业农民培育中的经济主体行为关系分析

经济主体行为本质上是行为人的一种选择，也就是说，经济主体本身具有对特定行为的选择权。新型职业农民培育是一项投资性的经济活动，在一般均衡框架下，经济主体行为的决定因素源自预期，即当培育对象、企业、政府参与新型职业农民培育的预期收益（包括经济收益与社会收益等）大于预期成本（包括交易成本与时间成本等）时，各经济主体才会对培育产生自发的参与需求，否则，为规避可能产生的风险和损失，经济主体会自主选择不参与。在新型职业农民培育的过程中，各经济主体行为会产生一定的作用耦合，因此，经济主体的行为选择不仅决定各经济主体的收益，也同时影响培育的成本总量与成本结构。均衡是经济行为的结果，以投资的成本收益为核心对政府、企业、培育对象三大经济主体的培育参与行为进行关系博弈，对明确收益均衡条件，激发主体参与热情，明确经济主体的重点行为方向，提高培育整体效率具有重要的理论意义与现实作用。

第一节 政府与培育对象的行为关系

政府在推进新型职业农民培育的过程中充当了如下角色：一是教育资源的整合者，政府通过对新型职业农民阶段性培育需求的供给侧调控，整合教育培训资源，优化培育的投资与供给结构；二是培育质量的监督者，政府对培育情况进行监督把控，确保培育能够保质保量开展；三是公共服务的供给者，政府为新型职业农民提供基础性的公共服务，建立健全政策保障体系[157]。在新型职业农民培育中，政府的最关键行为仍然是通过经济手段保障资金投入的稳定性。对培育对象而言，通过政府的直接投资，有效降低了其参与培育的成本费用，提高了大多数新型职业农民参与培育的热情，促使其获得知识、技能和保障，提升其发展能力，扩大其经营规模，实现其个人收益增值。对政府而言，只有培育对象自主、广泛地参与培育，才能培养造就规模庞大、结构合理的新型职业农民队伍，促进农民增收，农业发展，农村繁荣，实现政府对于人才队伍建设、城乡劳动力市场与产品市场均衡、经济协同发展、社会安定团结的既定目标，最终获得社会福利的整体增进。

一、博弈模型假设

在政府与培育对象的关系博弈中，政府可以选择对新型职业农民培育进行政策干预（进行投资、予以监管、政策扶持）或者不进行政策干预（不进行投资，不予以监管，也不予以政策扶持）；培育对象考虑到参与培育可能会增加误工等机会成本，也可能选择参与或者不参与培育。但在新型职业农民培育过程中，二者的行为具有次序性，逻辑上体现为政府先做出决策，继而由培育对象做出反应。

假设：

（1）政府与培育对象作为理性的博弈者，双方参与培育的目的都是追求自身利益的最大化。

（2）政府和培育对象在采取行动时，要同时考虑自身和对方的行动对己方收益的影响。

（3）政府的选择策略为政策干预或不干预，培育对象的选择策略为参与培育或不参与培育。

（4）新型职业农民培育需要投入场地、人员、设备、资料等既定成本，记作 C，无论由哪方主导新型职业农民培育，都将付出成本 C。

（5）假设政府进行政策干预，政府需要额外付出两类成本，一是除既定成本外的直接财政投资，记作 C_{g1}，二是对新型职业农民进行认定管理与政策扶持等间接干预成本，记作 C_{g2}，因此政府干预的总成本 $C_g = C_{g1} + C_{g2}$；政府参与培育获得的收益也可记作两类，一是通过新型职业农民成长成才所获得的社会人力资本增加值，记作 R_{g1}，二是强化社会认识，推动社会稳定等政治效益，记作 R_{g2}，因此政府干预的总收益为 $R_g = R_{g1} + R_{g2}$。假设培育对象参与新型职业农民培育，其需要支付的额外成本也有两类，一是参与新型职业农民培育的机会成本，记作 C_{f1}，二是参与新型职业农民培育所需付出的个人投资成本（交通费、餐食费以及为高层次内容学习或技能培训所必须支付的额外学杂费等），记作 C_{f2}，因此培育对象参与的总成本 $C_f = C_{f1} + C_{f2}$；培育对象所能获得的收益也可记作两类，一是通过培育所获得的个体人力资本增加值，记作 R_{f1}，二是得到的社会地位保障、从业稳定性提高等个人效用增值，记作 R_{f2}，因此培育对象获得的总收益 $R_f = R_{f1} + R_{f2}$；假设新型职业农民培育的个体效率无差别，社会人力资本的边际增加值等于单个培育对象的人力资本增加值，则有 $R_{g1} = R_{f1}$。

（6）假设政府进行政策干预的概率为 p，不干预的概率为 1 - p；农民参与新型职业农民培育的概率为 n，不参与的概率为 1 - n。

二、均衡解分析

根据以上假设可知，在政府意愿干预的情况下，培育对象自主参与新型职业农民培育，政府的收益净值为 $R_g - C_g - C$，培育对象的收益净值为 $R_f - C_f$；培育对象不参与培育，政府的净收益仅为 $R_{g2} - C_g - C$，培育对象的净收益为 0。在政府不进行干预的情况下，若培育对象有迫切的培育需求，则需要自行支付培育既定成本 C，政府虽然没有干预新型职业农民培育，但由于培育对象自发通过其他渠道参与了培育，产生了收益外溢，使得社会人力资本总量增加，此时政府收益净值为 R_{g1}，培育对象收益净值为 $R_f - C_f - C$；培育对象不参与培育，双方收益净值均为 0。

综上所述，可得政府与培育对象的行为博弈矩阵如下（见表 6 - 1）。

表 6 - 1　　　　　　　　政府与培育对象博弈矩阵

博弈方 1		博弈方 2	
		培育对象	
		参与	不参与
政府	干预	$(R_g - C_g - C, R_f - C_f)$	$(R_{g2} - C_g - C, 0)$
	不干预	$(R_{g1}, R_f - C_f - C)$	$(0, 0)$

从博弈模型可以求得，政府的期望收益：

$$E_g = p[n(R_g - C_g - C) + (1 - n)(R_{g2} - C_g - C)] + (1 - p)nR_{g1}$$

令 E_g 对 p 求偏导数并令其为 0，得政府参与概率最大时的培育对象参与均衡概率：

$$n^* = \frac{R_{g2}}{C + C_g}$$

培育对象的期望收益：

$$E_f = pn(R_f - C_f) + (1 - p)n(R_f - C_f - C)$$

令 E_f 对 n 求偏导数并令其为 0，得培育对象参与概率最大时的政府参与均衡概率：

$$p^* = \frac{R_f - C_f - C}{C}$$

综上所述，当达到均衡点（p^*，n^*）时，政府和培育对象对于参与新型职业农民培育都达到最大期望。因此，（p^*，n^*）是政府与培育对象共同参与新型职业农民培育的均衡点。根据博弈论的观点，此均衡结果为政府与培育对象参与新型职业农民培育的最优策略组合，此时博弈处于一种稳定的状态。

在单侧均衡点 n^* 时，政府干预新型职业农民培育的概率处于最高水平，影响政府参与新型职业农民培育的关键收益项是政治性收益并非投资性收益。同样地，在单侧均衡点 p^* 时，培育对象参与新型职业培育达到最大期望，培育对象是否参与新型职业农民培育主要受到农民自身收益以及自身参与成本的影响，且在成本增加时，培育对象参与新型职业农民培育的积极性被削弱。因此，政府若想积极推进培育对象自主参与新型职业农民培育，可以通过补贴、奖励等支持方式弥补其参与损失，减轻其参与负担。

第二节　企业与培育对象的行为关系

企业培育新型职业农民，一是为培育对象提供了更具实践性、便捷性的培训环境与教师资源，二是为培育对象提供了职业化的发展机会，三是通过提供现代化的生产经营资源（包括农资、技术、市场化信息、社会化服务、国家政策解读等），规避了新型职业农民在产业发展中的市场风险和技术风险。培育对象只需要付出机会成本，便可实现个体人力资本的增值，获得稳定的就业或创业机会。因此从理论上看，企业培育新型职业农民对更多的培育对象自发参与培育产生了有效激励。同时，企业通过增强培育出的代理人、客户和合作伙伴的发展能力，带动周边更多的传统农民参与到以企业为核心的市场活动中，为企业带来了更多的现实利益，最终形成企业与新型职业农民间较稳定的利益联结以及互促共进的良性循环。

一、博弈模型假设

在企业与培育对象的关系博弈中，企业可以选择对新型职业农民培育进行投资支持或者不进行投资支持；培育对象考虑到参与培育可能会增加误工等机会成本，也可能选择参与或者不参与培育。在新型职业农民培育的过程中，二者的行为逻辑为企业先做出决策，继而由培育对象做出后续反应。

假设：

（1）企业与培育对象作为理性的博弈者，双方参与培育的目的都是追求自身利益的最大化。

（2）企业和培育对象在采取行动时，要同时考虑自身和对方的行动对己方收益的影响。

（3）企业的选择策略为支持或不支持新型职业农民培育，培育对象的选择策略为参与或不参与新型职业培育。

（4）新型职业农民培育需要投入场地、人员、设备、资料等既定成本，记作 C。无论由哪方主导新型职业农民培育，都将付出成本 C。

（5）无论企业是否参与培育，最终都与新型职业农民形成紧密型的利益联结关系。

（6）假设企业支持新型职业农民培育，企业需要付出三类成本：一是培育对象的找寻成本，记作 C_{c1}；二是培育中除既定成本外的其他专用性人力资本投资 C_{c2}；三是培育中对新型职业农民的管理成本，记作 C_{c3}，因此企业支持培育的总成本 $C = C_{c1} + C_{c2} + C_{c3}$。企业获得的收益也可分为三类：一是进行新型职业农民培育所获得的专用性人力资本，记作 R_{c1}；二是由利益联结带来的企业创新能力提升、规模化生产经营等实际利益组合，记作 R_{c2}；三是企业支持新型职业农民培育所带来的社会影响、声誉等社会资本，记作 R_{c3}，因此企业支持培育的总收益 $R_c = R_{c1} + R_{c2} + R_{c3}$。需要指出的是，由于企业进行新型职业农民培育可能会造成一定的收益外溢，理论上逐利性的企业行为会对相应风险进行规避，故假设企业支持新型职业农民培育时存在外溢风险 w。假设培育对象参与新型职业农民培育，培育对象需要付出两类成本，一是参与新型职业农民培育的机会成本，记作 C_{f1}，二是参与新型职业农民培育所需付出的个人投资成本，记作 C_{f2}，因此培育对象参与的总成本 $C_f = C_{f1} + C_{f2}$；培育对象所能获得的收益也可记作两类，一是通过培育所获得的个体人力资本增加值，记作 R'_{f1}，二是得到的社会地位保证、从业稳定性提高等个人效用增值，记作 R_{f2}，因此培育对象获得的总收益 $R_f = R'_{f1} + R_{f2}$。因企业对培育对象的人力资本投资是在通用性基础上的专用性投资，因此可知单位收益 $R'_{f1} \geqslant R_{c1}$，差值 $R'_f = R'_{f1} - R_{c1}$ 为培育对象通过其他培育渠道获得的单位通用性人力资本增加值。

（7）假设企业支持新型职业培育的概率为 m，不支持的概率为 1 − m；农民参与新型职业培育的概率为 n，不参与的概率为 1 − n。

二、均衡解分析

根据以上假设可知，在企业支持培育的情况下：培育对象参与培育，企业的收益净值 $R_c - C_c - w - C$，培育对象的收益为 $R_f - C_f$；培育对象不参与培育，企业的收益净值为 $R_{c3} - C_c - w - C$，培育对象的收益为 0。在企业不支持培育的情况下：培育对象参与培育，企业的收益净值为 $R_{c2} + R_{c3}$，培育对象的收益净值为 $R'_f - C_f - C$；培育对象不参与培育，企业与培育对象的收益净值均为 0。

综上所述，可得企业与培育对象的行为博弈矩阵如下（见表 6 − 2）。

表 6 − 2　　　　　　　　企业与培育对象的博弈矩阵

博弈方 1		博弈方 2	
		培育对象	
		参与	不参与
政府	支持	$(R_c - C_c - w - C,\ R_f - C_f)$	$(R_{c3} - C_c - w - C,\ 0)$
	不支持	$(R_{c2} + R_{c3},\ R'_f - C_f - C)$	$(0,\ 0)$

从博弈模型可以求得，企业的期望收益：

$$E_c = m\left[\,n(R_c - C_c - w - C) + (1-n)(R_{c3} - C_c - w - C)\,\right] + (1-m)n(R_{c2} + R_{c3})$$

令 E_c 对 m 求偏导数并令其为 0，得企业参与概率最大时的培育对象参与均衡概率：

$$n^* = \frac{R_{c2} + R_{c3} - C - w - C_c}{R_{c1}}$$

培育对象的期望收益：

$$E_f = mn(R_{cf} - C_f) + (1-m)n(R_f' - C_f - C)$$

令 E_f 对 n 求偏导数并令其为 0，得培育对象参与概率最大时的企业支持均衡概率：

$$m^* = \frac{R_f' - C_f - C}{C}$$

综上所述，当达到均衡点（m^*，n^*）时，企业和培育对象对于参与培育新型职业农民培育都达到最大期望。因此，（m^*，n^*）是企业与培育对象共同参与新型职业农民培育的均衡点。在单侧均衡点 n^* 时，企业参与新型职业农民培育的概率最大，此时若企业社会资本与实际利益组合增大，培育对象会更具参与动机。同样地，在均衡点 m^* 时，培育对象参与新型职业培育达到最大收益期望，此时企业更关注实施培育的固定成本 C，当 C 增加时，企业支持新型职业农民培育的概率减小。同时，培育对象的通用性人力资本收益也与企业参与培育的程度有关，通用性人力资本积累越多，企业培育新型职业农民的边际收益越大，此时企业更愿意对新型职业农民培育进行支持。

第三节　三主体行为关系

一、主体行为目标趋向

（一）培育对象的行为目标趋向

由于新型职业农民培育的准公共产品性质，新型职业农民作为主要受益方，对参与新型职业农民培育表现出层次性需求。一是关于素质提升的需求，培育使"农民"突破了身份的界限，成为一类职业，新型职业农民作为该职业的主体代表，通过培育获得了基础文化素质和专业技能素质的双提高[155]。二是关于职业化的需求，新型职业农民相比普通农民接受了更多的教育，掌握了更先进的生产技术和设备资料，使得新型职业农民获得更优的社会地位与职业保障。三是关于产业发展的需求，产业发展更加需要专业化的新型职业农民，培育对象参与新型职业农民培育最终可通过知识技能、政策倾斜、主体扶持等获得产业化发展能力，从而改变农业生产方式，增加产业的知识附加，提高自身的收入水平。因此，总的来看，作为准公共产品的新型职业农民培育，除公共部分要由政府予以一定的投资外，受益人也要承担部分投资。新型职业农民培育调查问卷数据显示，培育对象对培训费用的关注程度较低（仅有 3.78% 的培育对象选择考虑培训的费用问题），即在政府与企业无法及时、有效供给培育时，培育对象为了参与培育以获得以上需求的满足，也会产生一定的自投资行为。同时，由于新型职业农民培育兼具成人教育的特殊性，培育对象会综合考虑务工成本、时间成本等参与培育的机会成本，当参与培育的预期收益（效用满足）水平高于自投资成本与机会成本之和时，培育对象会自主选择参与到培育当中。而分类来看，不同特征的培育对象会通过不同的从业选择方式追求自身效用的最大化，通过成长为不同类型的职业农民，优化个体劳动力在现代农业产业结构中的自主配置，实现自身的职业化发展。

（二）企业的行为目标趋向

通过分析企业参与新型职业农民培育的意义与路径可以看出，支持和参与培育是企业将新型职业农民内生于组织系统的有效途径，是打破传统的小规模农业经营方式，实现现代农业集约化、规模化发展的重要措施，有利于提升企业内的分工分业水平，提高农业劳动效率与企业运行效率。在企业对培育的参与行为中，通过构建企业与新型职业农民间的紧密型利益联结，重点加大了对技能型和管理型职业农民的投资，通过聘请专业老师或农业专家的方式帮助农民获取更多及时有效的信息和资源，有针对性地进行了新型职业农民培育，探索了效益化和规模化的人才培养路径。在新型职业农民培育中，企业的行为主要包括对新型职业农民的教育培训行为，就业保障行为和发展扶持行为，各项行为的根本动力均在于企业的内在逐利性。企业作为培育新型职业农民的主要载体，是农民与市场对接的重要渠道，肩负着将农业生产引向市场化的责任，当农民获得了一定的人力资本积累，实现了职业地位的提高，增强了市场化发展能力与谈判能力，发展成为较高阶段的农业劳动力代表，完成了与先进的农机设备、农技手段及高效生产经营模式的匹配，一来可以为企业创造内容更丰富、结构更合理的人力资源队伍，二来能够增强企业的技术改造能力与创新能力，三来可通过其开展产业化、规模化的生产经营主体建设，与企业开展密切合作，实现利益集团的规模扩张，增强经济的外部性。因此，为提高企业的高新化、规模化、效益化发展能力，在培育带来的经济效益大于培育对象的找寻成本、培训成本和管理成本时，企业会自主参与培育事业，开发更多的人力资源、客户资源和合作伙伴资源。

（三）政府的行为目标趋向

由于新型职业农民培育的系统性与公益性，政府兼具公共资源供给者和调控者的双重身份，理所应当地成为新型职业农民培育的主导力量，在新型职业农民培育中占据举足轻重的主体地位。政府作为权力机构与社会利益的代表，培育新型职业农民的目标在于民之根本与国之根本的稳固[156]：一是科学促进三农事业的发展，通过财政投资、主导规范、整合引导等行为，促使各方主体广泛参与新型职业农民培育，融合多方力量，整合培育资源，培养造就新型职业农民队伍，解答"谁来种地"的问题；二是通过培育有文化、有道德、会管理、善经营的新型职业农民，保障国家粮食安全，实现粮食生产的规模稳定与能力提升，增强粮食等战略物资的储备能力，维护国家基础产业的生产能力；三是通过培育新型职业农民，提高务农的收入水平，提升农民的群体地位，使之实现职业化转型，与工人、教师等职业在社会经济生活中实现平等化，以此缩小城乡差距，促进城乡一体化发展，维护社会的稳定；四是在政府的统筹下，通过培育新型职业农民的制度创设和公共服务供给，与经济社会发展的整体规划相结合，解决农民群体的福利待遇问题，创造有利于全体社会成员发展的社会环境，增加社会的整体福利水平。

新型职业农民培育作为准公共产品，既具有消费的普遍性，又具有一定程度的竞争性与排他性，政府对培育的主导至关重要。政府在培育中体现出的经济职能体现为政府的投资行为，即政府作为公共物品的最大受益方，需要为具备公益性的服务买单。通过前文分析可以看出，政府负有培育供给的责任，但并不完全等同于政府的直接供给。事实上，政府在培育中的投资行为具有一定的边界，即在能力和财力有限的条件下，公共产品供给应讲求方向和方法，即使财力充沛，由公共产品最优供给理论所示，公共需求也并非完全由政府单方供给就能够获得效率。政府在新型职业农民培育中的行为趋向表现为由全部的政府直接财政投资向直接财政投资与间接调控相结合的方向转变，直接投资表现为政府对新型职业农民"教育培训、认定管理和政策扶持"三位一体的行为支撑，间接调控则表现为通过直接购买、税收优惠、转移支付等手段对企业等市场化培育资源的整合、调节和运用。

二、博弈模型假设

长久以来，人们在经济活动中的思维定式是将公益性和私益性对立起来，认为从事公益就无法考虑私人利益，否则即是背离公益目标；而私益行为因为具有逐利性，对公益性经济活动有着本能的排斥。但实际上，二者并非截然对立，可以在不同的环节结点上实现互联互补、协调统一。新型职业农民培育如单纯依靠政府财政支持，则会导致资金来源和产业化支持缺乏永续动力。而私人资本在参与新型职业农民培育的过程中，因对社会资本、人力资本、技术资本的自发追求，本身具有配合政府指导，以获得更多得利机会的可能。在博弈的过程中，政府为了更好更快地达到培育效果，会加大对企业的扶持力度和约束力度，依照新型职业农培育的目标要求，通过立法约束、资格认定、补贴支持、税收减免等形式对企业参与培育予以管理或支持；企业为获得较高层次的政府认可、政府优惠、培育收益等利益，会对政府的行为进行观察和解读，继而采取相应的行动。从培育的供需关系来看，培育对象是唯一的需求端主体，具有较强的经济理性。而政府与企业共同组成了新型职业农民培育的供给端主体。政府主导培育是为了促进社会公平与发展，而企业参与培育是为了获得更好的雇员、客户或合作伙伴。因此，要把社会发展的需要、培育对象的需要，以及政府的目标、企业的目标有机结合起来，通过政府与企业的共同努力来做好新型职业农民的培育。同时，也要通过合理的制度设计来激励企业参与新型职业农民培育，促进新型职业农民队伍与产业和市场的有效对接，实现新型职业农民的职业化目标与专业化发展。

假设：

（1）参与培育的各行为主体都是理性的，自觉用边际原则指导自己的经济行为。

（2）在新型职业农民培育中，政府可以选择对企业进行政策干预（如进行政府购买市场化培育资源，运用财政拨款、财政补贴等形式激励企业积极参与培育，出台相应政策、法律法规等规范企业在新型职业农民培育中的权力或义务等）或者不进行政策干预；企业考虑到投入资金、场地、外溢风险等成本因素，也可以选择支持或者不支持新型职业农民培育；培育对象考虑到参与新型职业农民培育可能会增加误工等机会成本，也可能选择参与或者不参与培育。

（3）新型职业农民培育需要投入场地、人员、设备、资料等既定成本，记作 C，无论由哪方主导新型职业农民培育，都将付出成本 C。

（4）若政府对新型职业农民进行政策干预，政府需要付出两大类成本：一是互联类成本，包括除既定成本外对新型职业农民给予的直接财政投资 C_{g1} 和对新型职业农民进行认定管理与政策扶持等间接干预成本 C_{g2}；二是互补类成本，包括政府对企业的直接投资成本 C_{g3} 以及政府对企业的规范、管理类成本 C_{g4}，由此知政府的干预总成本为 $C_{tg} = C_{g1} + C_{g2} + C_{g3} + C_{g4}$。政府能获得的收益记作三类：一是带动农民基础素质提高所获得的社会人力资本增加值 R_{g1}；二是强化社会认识，推动社会稳定等政治效益 R_{g2}；三是全社会获得的培育资源增加量 R_{g3}，因此政府政策干预培育的总收益为 $R_{tg} = R_{g1} + R_{g2} + R_{g3}$。

（5）若企业支持新型职业农民培育，企业需要付出三类成本：一是培育对象的找寻成本，记作 C_{c1}；二是培育中除既定成本外的其他专用性人力资本投资 C_{c2}；三是对新型职业农民的管理成本，记作 C_{c3}，因此企业支持培育的总成本 $C_{tc} = C_{c1} + C_{c2} + C_{c3}$。此时企业获得的收益为四类：一是进行新型职业农民培育所获得的专用性人力资本，记作 R_{c1}；二是由利益联结带来的企业创新能力提升、规模化生产经营等实际利益组合，记作 R_{c2}；三是企业支持新型职业农民培育所带来的社会影响、声誉等社会资本，记作 R_{c3}；四是通过政府扶持获得的直接经济收益 R_{c4}，因此企业支持培育的总收益 $R_{tc} = R_{c1} + R_{c2} + R_{c3} + R_{c4}$。除以上成本收益条件外，由于企业进行新型职业农民培育可能会造成一定的收益外溢，理论上逐利性的企业行为会对其进行规避，故假设企业支持新型职业农民培育时存在外溢风险 w。

（6）若培育对象参与新型职业农民培育，培育对象需要付出两类成本：一是参与新型职业农民培育的机会成本，记作 C_{f1}；二是参与新型职业农民培育所需付出的个人投资成本，记作 C_{f2}，因此培育对象参与的总成本 $C_{tf} = C_{f1} + C_{f2}$。培育对象所能获得的收益有两类：一是通过培育所获得的个体人力

资本增加值 $R_{tf1} = R_{f1} + R'_{f1}$；二是得到的社会地位保证、从业稳定性提高等个人效用增值，记作 R_{f2}，因此培育对象获得的总收益 $R_{tf} = R_{tf1} + R_{f2}$。

三、博弈模型构建

政府、企业、培育对象在新型职业农民培育中的参与行为存在动态博弈，政府选择是否对新型职业农民培育进行政策干预，企业选择是否支持新型职业农民培育，培育对象选择是否参与新型职业农民培育。由此建立三主体动态博弈模型如下。

（1）参与主体：政府、企业和培育对象。

（2）博弈方行动顺序：政府——企业——培育对象。

（3）参与方行为维度及均衡概率分布为：

政府——干预（q_1）和不干预（$1 - q_1$）；

企业——支持（q_2）和不支持（$1 - q_2$）；

农民——参与（q_3）和不参与培育（$1 - q_3$）。

（4）构建博弈树模型（见图 6-1），由于博弈能力具有一定的差异，依照从上到下、从左到右的博弈顺序，令序号①表示政府干预、企业支持、培育对象参与，序号②表示政府干预、企业支持、培育对象不参与，序号③表示政府干预、企业不支持、培育对象参与，序号④表示政府干预、企业不支持、培育对象不参与，序号⑤表示政府不干预、企业支持、培育对象参与，序号⑥表示政府不干预、企业支持、培育对象不参与，序号⑦表示政府不干预、企业不支持、培育对象参与，序号⑧表示政府不干预、企业不支持、培育对象不参与，最终得出三主体收益矩阵（见表 6-3）。

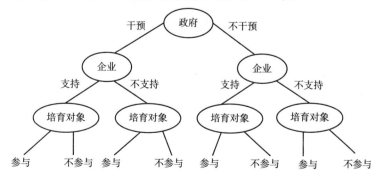

图 6-1　基于政府、企业、培育对象三方的博弈树

表 6 – 3 政府、企业、培育对象的收益矩阵

序号	收益矩阵
①	$(R_{tg} - C_{tg} - C, \ R_{tc} - C_{tc} - w, \ R_{tf} - C_{rf})$
②	$(R_{g2} + R_{g3} - C_{tg} - C, \ R_{c2} + R_{c3} + R_{c4} - C_{tc} - w, \ 0)$
③	$(R_{g1} + R_{g2} - C_{tg} - C, \ R_{c2} + R_{c4}, \ R_{f1} + R_{f2} - C_{tf})$
④	$(R_{g2} - C_{tg} - C, \ R_{c4}, \ 0)$
⑤	$(R_{g1} + R_{g3}, \ R_{tc} - C_{tc} - C - w, \ R'_{f1} + R_{f2} - C_{tf})$
⑥	$(R_{g3}, \ R_{c2} + R_{c3} - C_{tc} - C - w, \ 0)$
⑦	$(R_{g1}, \ R_{c1} + R_{c2}, \ R_{f1} + R_{f2} - C_{rf} - C)$
⑧	$(0, \ 0, \ 0)$

四、均衡解分析

通过博弈树和博弈矩阵可以求出该动态博弈均衡解，现各经济主体的培育收益均衡解可作分析如下。

1. 政府的期望收益均衡解

$$E_1 = q_1 q_2 q_3 (R_{tg} - C_{tg} - C) + q_1 q_2 (1 - q_3)(R_{g2} + R_{g3} - C - C_{tg})$$
$$+ q_1 (1 - q_2) q_3 (R_{g1} + R_{g2} - C - C_{tg}) + q_1 (1 - q_2)(1 - q_3)(R_{g2} - C_{tg} - C)$$
$$+ (1 - q_1) q_2 q_3 (R_{g1} + R_{g3}) + (1 - q_1) q_2 (1 - q_3) R_{g3} + (1 - q_1)(1 - q_2) q_3 R_{g1}$$

对 q_1 求一阶导数并令其为 0，可得政府最大期望收益，函数表达为：

$$\frac{\partial E_1}{\partial q_1} = q_2 q_3 (R_{tg} - C_{tg} - C) + q_2 (1 - q_3)(R_{g2} - R_{g3} - C_{gt} - C)$$
$$+ (1 - q_2) q_3 (R_{g1} + R_{g2} - C_{gt} - C) + (1 - q_2)(1 - q_3)(R_{g2} - C_{tg} - C)$$
$$- q_2 q_3 (R_{g1} + R_{g3}) + (q_2 + q_2 q_3) R_{g3} + (q_2 q_3 - q_3) R_{g1} = 0$$

化简可得：$q_2 = \dfrac{R_{g2} - C_{tg} - C}{2R_{g3}}$

2. 企业的期望收益均衡解

$$E_2 = q_1 q_2 q_3 (R_{tc} - C_{tc} - w) + q_1 q_2 (1 - q_3)(R_{c2} + R_{c3} + R_{c4} - C_{tc} - w)$$
$$+ q_1 (1 - q_2) q_3 (R_{c2} + R_{c4}) + q_1 (1 - q_2)(1 - q_3) R_{c4}$$
$$+ (1 - q_1) q_2 q_3 (R_{tc} - C_{tc} - C - w)$$
$$+ (1 - q_1) q_2 (1 - q_3)(R_{c2} + R_{c3} - C_{tc} - C - w)$$
$$+ (1 - q_1)(1 - q_2) q_3 (R_{c1} + R_{c2})$$

对 q_2 求一阶导数并令其为 0，可得企业的最大期望收益，函数表达为：

化简可得：$q_3 = \dfrac{R_{c2} + R_{c3} - C_{tc} - C - w - q_1 C}{q_1 R_{c2} - R_{c2}}$

3. 农民的期望收益均衡解

$E_3 = q_1 q_2 q_3 (R_{tf} - C_{tf}) + q_1 (1 - q_2) q_3 (R_{f1} + R_{f2} - C_{tf}) + (1 - q_1) q_2 q_3 (R'_{f1} + R_{f2} - C)$
$\quad + (1 - q_1)(1 - q_2)(R_{f1} + R_{f2} - C_{tf} - C) = 0$

$\dfrac{\partial E_2}{\partial q_2} = q_1 q_2 (R_{tc} - C_{tc} - w) + q_1 (1 - q_3)(R_{c2} + R_{c3} + R_{c4} - C_{tc} - w) - q_1 q_3 (R_{c2} + R_{c4})$
$\quad + q_1 q_3 (R_{c2} + R_{c4}) + (q_1 q_3 - q_1) R_{c4} + (1 - q_1) q_3 (R_{tc} - C_{tc} - C - w)$
$\quad + (1 - q_1)(1 - q_3)(R_{c2} + R_{c3} - C_{tc} - C - w) + (q_1 q_3 - q_3)(R_{c1} + R_{c2}) = 0$

对 q_3 求一阶导数并令其为 0，可得培育对象的最大期望收益，函数表达为：

$\dfrac{\partial E_3}{\partial q_3} = q_1 q_2 (R_{tf} - C_{tf}) + q_1 (1 - q_2)(R_{f1} + R_{f2} - C_{tf}) + (1 - q_1) q_2 (R'_{f1} + R_{f2} - C)$
$\quad + (1 - q_1)(1 - q_2) q_3 (R_{f1} + R_{f2} - C_{tf} - C) = 0$

化简可得：$q_1 = \dfrac{(R_{f1} + R_{f2} - C_{tf} - C) - q_2 (R_{f1} - R'_{f1} - C)}{q_2 (R_{f1} - C) + C}$

综合上述分析，得出政府、企业、培育对象三者的最大收益均衡解为：

$$\begin{cases} q_1 = \dfrac{(R_{f1} + R_{f2} - C_{tf} - C) - q_2 (R_{f1} + R'_{f1} - C)}{q_2 (R_{f1} - C) + C} \\[3mm] q_2 = \dfrac{R_{g2} - C_{tg} - C}{2 R_{g3}} \\[3mm] q_3 = \dfrac{R_{c2} + R_{c3} - C_{tc} - C - w - q_1 C}{q_1 R_{c2} - R_{c2}} \end{cases}$$

为简化公式方便计算，将 q_1 中 $R_{f1} + R_{f2} - C_f - C$ 记作 F；q_2 中 $R_{g2} - C_{tg} - C$ 记作 G，q_3 中 $R_{c2} + R_{c3} - C_{tc} - C - w$ 记作 P。最大期望收益得到改写及简化后，可记作：

$$\begin{cases} q_1 = \dfrac{2 F R_{g3} + G (R_{f1} - R'_{f1} - C)}{2 C R_{g3} - G (R_{f1} - C)} \\[3mm] q_2 = \dfrac{-G}{2 R_{g3}} \\[3mm] q_3 = \dfrac{E [2 C R_{g3} - G (R_{f1} - C)] - C [2 F R_{g3} + G (R_{f1} - R'_{f1} - C)]}{R_{c2} - [2 R_{g3} (F - C) + 2 G R_{f1} - G R'_{f1}]} \end{cases}$$

通过求解政府、企业、培育对象三者博弈的均衡解可以得出以下结论。

首先，从 q_1 的均衡概率解可以看出，政府参与新型职业农民培育的概率与培育对象自发参与新型职业农民培育时的净收益 $R_{f1} + R_{f2} - C_{tf} - C$、政府干预进行新型职业农民培育时的收益 $R_{g2} - C_{tg} - C$，以及政府干预新型职业农民培育所获得社会培育资源增加量 R_{g3} 正相关，并且当政府的参与净收益、培育对象的净收益以及全社会获得的培育资源增加时，政府干预新型职业农民培育的概率会明显增加。该结果可以证明，在新型职业农民培育中，政府对通用性人力资本的投资和对企业行为的定向扶持具有一定的必要性和必然性。

其次，从 q_2 的均衡概率解可以看出，企业支持新型职业农民培育的概率与政府的政治影响收益 R_{g2} 负相关，而与全社会获得的培育资源增加量 R_{g3} 呈正相关的关系，说明在外界条件不变的情况下，全社会培育资源总量越多，新型职业农民培育的市场化水平越高，企业支持新型职业农民培育的概率越大。

最后，从 q_3 的均衡概率解可以看出，培育对象参与新型职业农民培育的概率受到多因素的影响。当政府干预新型职业农民培育时，对于新型职业农民培育所投入的资金尤为重要，即政府财政支持的力度越大，培育对象参与新型职业农民培育的成本越小，积极性也就越高。然而，政府在干预新型职业农民培育过程中所获得的政绩类收益对培育对象选择是否参与新型职业农民培育的影响并不大。当企业支持新型职业农民培育时，企业的创新能力提升、规模化生产经营等实际利益、社会影响、声誉等社会资本与培育对象的参与概率具有较强的相关性。同时，培育对象参与新型职业农民培育的概率越大，企业在支持过程中得到的规模化效益和社会资本就越多，企业收益的增加也会激发培育对象参与新型职业农民培育的积极性，两主体行为是良性互动的。

综上所述，政府、企业与培育对象三方经济主体在新型职业农民培育中表现出一定的合作博弈关系。从需求方来看，培育对象表现出一定的理性参与特征；从供给方来看，需要协同做到政府主导和企业配合。其中，政府主导指政府一方面投资新型职业农民的通用性人力资本和发展能力中的稳定要素，另一方面对企业予以政策激励与扶持，增加全社会的培育资源总量；企业配合则指企业重点投资新型职业农民的专用性人力资本。如此才能最大限度地改进政府、企业与培育对象三大经济主体的收益水平，最终实现效益均衡。

本章小结

在新型职业农民培育中，收益关系是各主体参与的核心条件。本章以培育对象、企业、政府参与培育的行为目标分析为基础，运用博弈论得出新型职业农民培育中各经济主体在利益均衡下的参与条件和重点行为方向。

第一，在政府与培育对象两主体行为关系中，政府增强新型职业农民培育的影响力比直接进行投资更有效率，培育对象则重点考察参与培育的综合成本。因此，政府可通过直接补贴、费用优惠等方式弥补其参与损失，促使培育对象自主参与新型职业农民培育。

第二，在企业与培育对象两主体行为关系中，企业社会资本与直接利益组合增大时，会提升培育对象的参与程度，而当培育既定成本减小，培育对象的人力资本累积基础较大时，企业更愿意对新型职业农民培育进行支持。

第三，三主体间利益博弈的均衡条件为，只有当政府、企业、培育对象三者共同参与培育，且由企业对新型职业农民投资专用性人力资本，政府对新型职业农民投资通用性人力资本且对企业予以激励与扶持，才能最大限度地改进政府、企业与培育对象三大经济主体的收益水平，最终实现均衡。

第七章 促进新型职业农民培育
效率实施的对策建议

通过前章的分析已知，培育对象、企业与政府三方经济主体的共同参与才能实现培育的利益均衡。其中，企业的重点行为方向是对新型职业农民进行专用性人力资本投资；政府的重点行为方向是对新型职业农民进行通用性人力资本投资，以及对企业和培育对象参与培育的相关行为进行激励与调控。本章以收益均衡条件下培育对象、企业、政府三大经济主体的重点行为方向为基础，分析政府、企业如何实现行为与功能的互联、互补与相融，为适应培育对象需求，实现培育效率改进提出相适应的对策建议。

第一节 完善新型职业农民培育体系

根据对新型职业农民培育的系统分析，新型职业农民培育体系应突出政府、企业与新型职业农民的关系，让各主体在教育培训、认定管理、政策扶持方面各司其职，耦合并进，共同促进新型职业农民培育的效率运行（见图7-1）。在新型职业农民培育制度的演化中，诱致性变迁与强制性变迁往往同时发生，共同作用，政府与企业共同组成新型职业农民培育的供给系统。从供给侧来看，供给学派主张政府的行为重点着力于想方设法发挥市场活力，即通过深化体制机制改革使得供给方更有活力，让市场在资源配置中发挥决定性作用。因此，从供给侧来看，优化新型职业农民培育体系，本质上是以需求为导向，优化对新型职业农民培育的供给层级与供给结构。

从理论上来讲，由于新型职业农民培育具有准公共产品特性，理想的供给体系建设应本着公共产品的最优供给原则，即通过多主体合作实

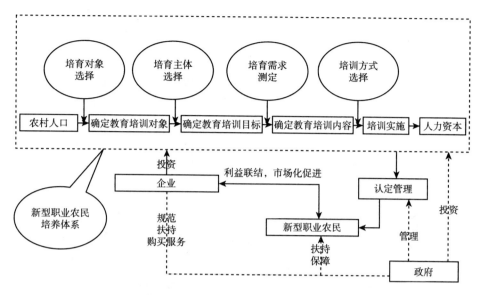

图7-1　新型职业农民培育运行系统

现效率改进。这其中，需重点说明由谁来培育、培育的目标与方法、不同层次的培育主体应提供什么样的培育服务等。因此，优化新型职业农民培育体系，需要从培育主体结构优化、培育内容完善、培育方法改进等方面予以着手，促进各环节、各层次的新型职业农民培育在形式和内容上的协同。

一、优化新型职业农民培育主体结构

新型职业农民培育是一项复杂的系统工程，不同的培育时段和层次表现出差异化的公益性程度。培育内容与层次的公益性越强，供给主体代表政府的实际权益越多，这些主体主要包括农村基础教育学校、农业职业教育学校、普通高中、大学等学历教育机构、农广校、田间学校、农技推广中心等农业科技培训机构以及各项政府工程中创办的公益性机构与组织[161]。而代表私益性权益的培育主体主要包括农业产业化龙头企业、农民合作社、农业服务公司以及家庭农场等新型农业经营主体。

供给经济学认为，只要供给主体是理性的，就不会创造"无效供给"[159]。在其他学者对新型职业农民培育主体的研究中，多以中观视角考查培育的供给行为，以各方培育机构为主体对象，推进以农广校为核心的"一主多元"的新型职业农民培育主体体系。事实上，新型职业农民培育的系统全面性决定了，在供给体系中，一方面需要对政府、企业、个人三大经济主体进行全面分析，另一方面也要突出宏观、中观、微观的培育主体结构，强化不同视角下的主体责任与分工，多角度、多维度优化培育主体结构。从主体投资的形式与特点来看，政府投资具有一定的系统性与长期性，通过公共教育与公共培训，重点提高培育对象的学历层次与普适性科学技术，而企业投资具有一定的针对性和短期性，通过构建利益联结机制，重点提高培育对象的市场参与能力和专用性技能。

通过对新型职业农民培育典型模式的总结与对比分析以及培育中相关经济主体的行为博弈结果可以看出，只有政府、市场、个人都参与新型职业农民培育，各主体相互配合，通过不同培育阶段的功能替代与互补，促进培育的供需协调与均衡，才能保障培育供给的效率提升。因此，新型职业农民培育的供给需要代表政府权益及企业权益的多方主体共同参与，共同打造多元化、多层次的培育网络，才能实现培育主体结构的优化。其中，政府是培育的主导力量：一方面通过政府的整合能力、公信力量和行政职能将培育任务进行分解，交由其他主体机构来分工完成，即通过政府委托、政府购买、政策优惠等形式，增强其他主体机构的参与意愿，由公益性机构或私益性组织作为实际供给主体对新型职业农民进行精准的培育供给，统一构建起"政府主导、社会参与、农民受益"的新型职业农民培育机制；另一方面由政府推进培育主体改革，对承担公共产品供给职责的事业单位，剥离过时或不符合培育需要的机构和职能，组建专门部门或挂靠对口部门实施培育，将以营利为目的的机构推向市场，并将与培育目标和工作实际不相适应的机构从培育主体体系中撤除，同时通过政策与措施支持，鼓励市场化主体的进一步发育。

二、健全新型职业农民培育内容体系

以往的农民培训目的多在于推广一项或多项农业实用技术，提高农民的生产能力，而新型职业农民需要接受的是全面的农业教育培训，培育的根本目的是提高务农群体与现代农业的匹配程度。因此需要把满足农民需求作为新型职业农民教育培训工作的出发点和落脚点，切实帮助农民解决生产生活中的实际问题。中国幅员辽阔，各地差异很大，不同地区、类型、层次的培育对象需求各异，但总的来看，培育对象均以职业化需求为导向来参与培育。现代农业是多产业的集合，新型职业农民发展现代农业的需求难以由单一学科来适应，必须根据现代农业发展规律和新型职业农民的成长特点，积极开发适合新型职业农民培育的综合内容体系[162]。系统的新型职业农民培育需要经过漫长的时间过程，不仅限于农业生产领域，还涉及文化素质的提高、思想观念的转变、农产品销售渠道改进、市场开拓与品牌建设、土地规划与整治利用、农业项目承担和农业社会化服务等方面[163]。从新型职业农民必备的职业素质来看，开展新型职业农民培育涉及的环节与内容不仅包括基本的文化素质培养，还包括符合产业布局、农业发展实际、个人从业选择需求的管理素质、专业素质与职业道德等。

首先，新型职业农民是有文化、有思想的先进群体，具有一定的文化素质是其成长发育的基础。因此，新型职业农民培育内容首先要包括科学文化、思想道德、文明礼仪以及基本生产生活知识等方面的内容如图 7 - 2 所示。

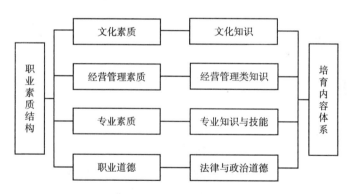

图 7 - 2　新型职业农民培育内容体系

其次，新型职业农民必须是具备从业稳定性的市场主体，尤其是对生产经营型职业农民而言，需要必备经营管理类知识与技能。经营管理类内容十分丰富，不仅包括农业经济、土地规划、资源利用、财务管理、成本控制、风险控制等，也包括经营主体的运营、合作组织的建设以及农产品的营销、品牌建设等，这些都是新型职业农民应该掌握的内容。

再次，新型职业农民作为职业化群体，本身是专业化分工的代表，需要具备较强的专业知识与技能。对于农业从业者而言，广义的专业知识与技能包括农业文化、农业发展理念、推广性知识与技能、专业岗位知识与技能等内容。这些是培育内容体系的核心，需要通过多种形式和方法，分类、分层架构科学的内容体系。其中，农业文化方面的内容主要涉及传承与发展两个方向，具体包括传统农业文化与现代农业文化教育；农业发展理念方面的内容主要涉及观念的现代化转变，具体包括可持续发展理念与农业多功能发展理念的教育；推广性知识与技能主要涉及农业职业教育，具体包括培育对象对农业特性的认识以及获得农业生产、服务或管理所需要的必备知识；专业岗位知识与技能主要涉及培育对象的分类培育，即对生产经营型职业农民突出组织化、产业化、规模化能力的培养，使其掌握投资、经营、管理的本领，对专业技能型职业农民突出不同产业、不同品种、不同生产程序的岗位技能传授，使其成为有知识的产业工人，对专业技能型职业农民则突出新品种、新技术、新设备的应用性内容培训，提高其在农业产前、产中、产后的服务能力与服务水平。

最后，新型职业农民作为具有一定社会地位的职业群体，需要接受系统的法律、政治与道德教育，了解农业在社会发展中的地位、作用与功能，认识自身的社会责任，在保障食品安全、环境保护、市场秩序维护等方面做出自己的示范性贡献。

三、改进新型职业农民培育方式方法

新型职业农民培育不仅要依靠主体建设，而且要依靠各类主体的培育手段调整与方法创新，将培育要素充分耦合，构建联合机制，发挥各种培育资源对新型职业农民发展的相融作用，一方面做到取长补短，另一方面以乘数效应扩大整体效能，形成大联合、大协作、大教育、大培训的格局。由于新型职业农民培育对象的基础特征与发展需求存在差异性，新型职业农民培育的方法与途径也应体现多样性。从国内外各地区的培育实践来看，福建全省、河南夏邑等地开展对新型职业农民的学历教育工程，由政府出资免费选送优秀学员进行学历深造；广东雷州等地开展固定课堂与流动课堂、田间课堂的教学实践结合性培育工作；陕西安康依托企业开展对新型职业农民的实习实训，通过产业内培育手段提高新型职业农民的职业能力等（见表7-1）。

表 7 - 1　　　　　　　　　　**新型职业农民培育的主要方式方法**

地区或主体	培育方式	主要做法
福建	学校教育	选送了 1600 多名新型职业农民免费参加大中专涉农专业学历教育和农业职业技能培训，实现免试入学、免费学习，在培训方式、培训内容上进行改革，创新了职业农民的培训思路；教学采取面授、函授、网络教学和实地现场指导等多种方式
广东雷州	四大课堂	雷州市职业技术学校在 21 个镇（街）设立了教学点；固定课堂设在镇（街）会议室或属地中学；田间课堂适应产业时节，在农闲多上课，农忙少上课或不上课；使用流动车作为"流动课堂"，"双师型"教师与"流动课堂"一起流动
山西临猗	科技入户	利用基层农技推广补助项目，把新型职业农民与农业科技示范户统一管理，实现技术指导员与新型职业农民的有效对接，完成了"一乡一站""一村一点""一业一校"技术培训体系建设任务，从技术培训、指导和跟踪服务上实行包户制度
澳大利亚	学徒制	企业与劳动者签订为期 4 年的雇佣合同后，学徒除了在企业参与工作以外，雇主还需在 4 年中的 3 年内，将学徒送至继续教育机构进行学习
陕西安康	干中学	对于具有一定养猪经验的学员来说，选择需要培训的岗位进行实习；对于普通学员，实行轮岗制实习，每个工种都实习操作几天，不同岗位都有所接触，从而能够熟悉生猪养殖的各个环节
广校	远程教育	各级农广校始终坚持"面向农村、面向基层、面向农业生产"，"为农业服务、为农村经济建设服务、为农民科技致富服务、为农村两个文明建设服务"的办学方针，利用远程教育手段，采取电化教育与面授相结合的方法，直接对农民进行科技培训

借鉴国内外先进经验可知，依据培育主体的不同，可采用多样化培育形式来优化新型职业农民培育体系。

以政府为主体供给培育应重点采取公益性较强的普适性方式，如学校教育、四大课堂、科技入户等手段。其中，学校教育是满足新型职业农民对系统知识的需求，将培育对象集中至正式学校接受学历教育的培育形式，对农业后继者和部分潜在的新型职业农民教育对象可以实行全脱产的系统教育，对现有的新型职业农民应采用非脱产的方式实现学历教育；四大课堂是指综合利用师资、产业、信息等条件，构建集中理论培训的"固定课堂"，现场示范指导的"田间课堂"，送教下乡的"流动课堂"和远程培训的"空中课堂"；科技入户是借助农业技术推广体系，以技术特派员为主要师资，通过进村入户的形式，以示范户建设为重点，在田间地头指导农业生产中的关键技术，解决科技成果转化与技术应用中的现实问题，并通过发挥示范户的带动作用，强化周边农民科技素质提升的培育手段。

以企业为主体供给培育可重点采用学徒制、岗前培训和"干中学"等形式。其中，学徒制是指学徒与企业中的技术师傅结对，徒弟在师傅指导下习得知识或技能的传艺活动，随着近代学校教育的发展，学徒制也逐步转型成企业与学校共同推进的育人模式，即学徒不仅在企业进行生产，同时也在学校进行知识更新；岗前培训是指农业产业工人或其他代理人在入职培训前，企业为了更好地让其适应企业发展目标、熟知岗位职责、掌握岗位技能所进行的培育方式；"干中学"则是指新型职业农民在从事农业生产与农业服务的同时，通过积累经验而从中获得知识的培育方式，是企业通过开放的实习实践，提升新型职业农民专业技能的重要途径。

第二节　优化新型职业农民培育路径

不同的需求对象与供给内容决定了新型职业农民培育的供给结构。新型职业农民培育作为一项经济活动，要协调运用好"看不见的手"和"看得见的手"，努力形成政府与市场作用相互协调、相互补充、相互促进的培育格局。新型职业农民培育的高效路径，归根到底是在一定外部环境条件的约束下，通过对政府、企业等不同投资主体与培育对象间的有效供需对接，通过不同的方法手段进行主体联结，最终实现新型职业农民培育效率提升的行为过程。通过对政府、企业及培育对象的博弈关系分析可知，政府通过引导、规范、管理、服务等间接调控手段，对企业与新型职业农民给予一定的激励与扶持，是改进培育效率的有效行为举措，而政府、企业与培育对象的协同参与是新型职业农民培育获得收益均衡的关键条件。那么，政府与企业间究竟运用何种方式进行相互行为的替代与互补？培育主体与对象间通过什么的方式与机制进行供需对接？这些问题涉及新型职业农民培育的稳定运行，需要通过明确新型职业农民培育的路径选择来予以解答。

所谓新型职业农民培育的路径选择，是指通过各种类型、层次、方式的选择与搭配，实现各培育主体与培育对象的精准对接，即在政府指定的法规、制度、政策边界内，通过分析培育对象与产业发展的需求特征，以外部性程度为基准①，测定政府与企业的培育边界，在投资来源、培育方式与培育内容的比较优势作用下，针对不同类型、不同层次、不同发展阶段的培育对象，实现政府主导、企业主导、政企合作的互补性新型职业农民培育路径协同，配套政府的认定管理与政策支持，最终实现新型职业农民培育体系的立体建设与全面优化（见图7-3）。

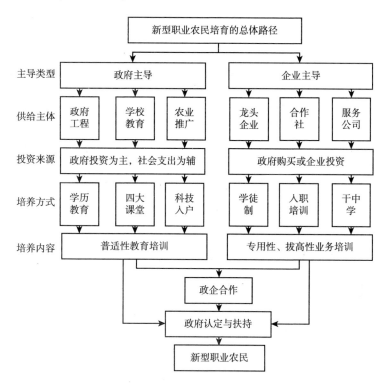

图7-3 新型职业农民培育路径框架

一、不同职业类型的新型职业农民培育路径选择

优化选择新型职业农民的培育路径，首先要考察其与经济环境、产业发展、社会目标的适应程度。新型职业农民培育对象选择的职业类型决定了其产业发展方向与主要能力范畴。因此在选择新型职业农民培育路径时，首先

---

① 理论上来说，财政（政府）投资占社会总投资的比重取决于资本品的外部性——外部性越大，财政（政府）投资的比例越高。

须考虑培育对象的分类特征，包括各类职业的从业人员特点、培育目标需求、培育方法偏好等条件。通过分析新型职业农民培育对象的从业选择影响因素可以看出，性别、年龄、从业经验、家庭负担及所处地区等因素对培育对象的职业发展需求造成一定的差异化影响。因此，在新型职业农民培育中，不仅要对不同地区、年龄、文化层次的培育对象进行分类培育，同时也要结合不同职业类型的特征与人员需求，相应地考察培育目标和扶持方向（见表 7 - 2），以此实现对三类新型职业农民的精准培育。

表 7 - 2   三类新型职业农民的培育目标

职业类别	培育目标	扶持方向
生产经营型职业农民	获得生产经营能力的提升，最终成为规模化、产业化、现代化的新型经营主体领办人	强化产业扶持，增强组织化、产业化发展能力
专业技能型职业农民	获得一项或多项专业技术，最终成为农业产业工人、技术骨干、技术专家等	强化稳定收入与社会保障，增强从业稳定性
专业服务型职业农民	获得专项农业社会化服务能力，最终成为具有一定市场份额的植保员、农机手、经纪人等社会化服务人员	强化服务市场建设及政府公益服务配套，增强农业服务能力

首先，男性、中年、从业年限长、家庭人口多、所处区域农业发展水平较好的培育对象更倾向于选择生产经营型职业。这是生产经营型职业的入职门槛特点与新型职业农民个人的人力资本积累条件相匹配的结果，同时显示出在现代农业发展的过程中，生产经营型培育对象一般处于较高的素质层次、经验层次和发展层次，且其对培育内容的需求较为统一，均表现为对经营管理理念与方法的追求，适合通过高层次的学历教育和实战培训来满足。因此，针对生产经营型培育对象，应重点采取政企合作型的培育路径，一方面通过政府投资，以学校教育或集中培训为手段，转变其思想观念，增强其意识水平；另一方面通过企业参与，以实践经营为目标，通过"干中学"，提升其经营水平，增强其管理能力。

其次，女性、青年、文化程度相对偏低、从业年限偏短、家庭人口偏少、所处区域农业发展落后的培育对象更倾向于选择专业技能型职业。专业技能型职业相比其他两类职业而言，收入水平虽显一般，但从事该职业对物质资料积累的要求较低，且劳作期较短，较为符合女性或拥有一般知识的新型职业农民的岗位匹配需求。同时，由于专业技能型职业农民培育的根本目标是获得专业技术的知识更新与实践应用，针对专业技能型培育对象应重点以增强其劳动稳定性为目标，选择企业主导型培育路径，通过岗前培训、学徒制与"干中学"等方式，在产业中培训技术，在企业中培养人才，在岗位中发展职业。

最后，女性、青年、文化程度较高、从业年限偏短、家庭人口偏少、所处区域经济发展较好的培育对象更倾向于选择专业服务型职业。服务型职业对客户市场的活力及稳定性有一定的要求，因此受地区农业发展水平的影响较为显著。该职业与生产经营型职业相比，物质资料积累与综合素质层次等岗位要求较少，相对门槛较低；与专业技能型职业相比，兼具经营性与技术性双重特征，职业地位也相对较高，较为符合青年人的职业定位。因此，针对专业服务型培育对象，应以提高服务意识，增强服务能力为目标，重点选择政府主导型培育路径，通过农技推广、田间学校、政府工程办班等形式，开展系统化培育，如图7－4所示。

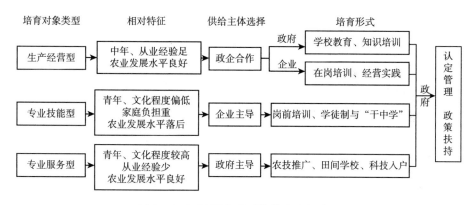

图7－4　不同职业类型的培育路径选择

二、不同从业特征的新型职业农民培育路径选择

新型职业农民培育需要一定的层次递进，根据是否具备长期的农业生产经验为标准，可将新型职业农民培育对象划分为务农劳动者和农业后继者两类。在开展培育前的对象遴选阶段，这两类对象群体的基本素质条件存在较大差异，对培育内容的需求也表现出相应的差别。参照新型职业农民的认定标准，可将这两类培育对象的素质提升需求对应划分为学历提升与技能提升两个方面。

对于务农劳动者群体而言，因其长期服务于"三农"，已经具备一定的生产技能，基本已经是种养大户、家庭农场主、农民合作社领办人或骨干成员、农业技术能手等种地的"老把式"，制约其发展为新型职业农民的主要因素是有限的文化素质与知识眼界，因此应以政府主导为基础，重点针对文化、理念、道德等内容，结合弹性学制，采取中、高职学校教育的形式，提升此类培育对象的文化学历水平，转变其思想意识，普及专业基础知识，再通过政企合作模式，更新其知识架构，提高其专业技能。此外，这一类群体对除知识、技能外的其他发展能力获得也表现出不同偏好。总的来看，该群体需要获得科技教育、荣誉激励等职业化政策支持与保障。分类来看，对应不同从业特征的务农劳动者，其发展定位决定了产业扶持和保障扶持的不同路径：种养大户和家庭农场主更注重创业兴业，需着重予以产业政策扶持；农业产业工人更注重稳定就业，需着重予以"企业就业保障 + 政府社会保障"的政策扶持，如图 7－5 所示。

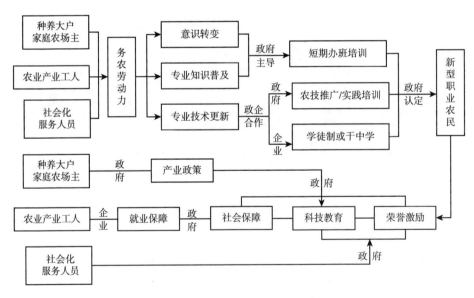

图 7－5　针对务农劳动力的培育路径选择

对二代农民群体（包括农村两后生、二代返乡农民工、青年复转军人等）以及有志务农青年（包括大中专毕业生、创业青年等）组成的农业后继者群体，要把现代农业的产业魅力作为调动其积极参与新型职业农民培育的根本动力，在培育路径的选择上突出系统性与长期性。因该群体已对城乡要素市场与产品市场有了一定的认识，主要缺失务农情感与农业发展知识，缺乏农业领域的实践经验，因此要在素质教育的基础上，突出农业职业教育与专业技能培训。从主体行为方式上来看，需在政府强化政策引导，提供免费教育培训的同时，重点在企业进行实习实践，提高其对农业产业化的认识；从培育手段的选择上来看，一方面要通过政府主导，加大中、高职农业教育的力度，使其获得包含农业特性理解、农业发展理念、农业文化传承等在内的较完备的农业职业素养，另一方面则需通过政企合作的形式，使其获得产业生产、产业经营、产业服务等职业技能，最终提升农业后继者对现代农业的整体适应能力，如图 7-6 所示。

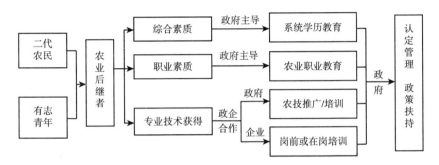

图 7-6　针对农业后继者的培育路径选择

三、不同发展阶段的新型职业农民培育路径选择

新型职业农民是一个发展中的概念，在不同的发展阶段会表现出不同的素质技能层次与发展目标诉求。2013 年底，农业部办公厅、财政部办公厅联合印发的《关于做好 2014 年农民培训工作的通知》，文件提出了分级培育新型职业农民的制度建设要求，为持续适应现代农业发展需要，精准建设新型职业农民队伍提供了政策依据，为下一阶段的新型职业农民培育指明了新的目标方向。参照国外相关经验，一般需根据个人发展能力与产业贡献水平对职业农民进行分级培育与认定。如德国的"农场师傅证书"（绿色证书）体系将农民的从业资格划分为 5 个等级，每个等级分别代表不同的能力水平和从业资格。澳大利亚的职业教育证书框架体系对不同教育或培训层次的职业农民授予初、中、高级职业资格证书，并使其与高等教育体系衔接互通[164]。

借鉴国外相关经验，结合我国国情，可将我国新型职业农民培育对象群体划分为初级新型职业农民培育对象与高级新型职业农民培育对象。两类对象群体间存在明显的培育需求差异与培育递进关系。对于前者，主要选择政府主导型培育路径，重点通过普适性教育培训与农技推广服务，提升培育对象的基础学历素质与一般性技术水平，使其达到新型职业农民的一般资格水平，成为初级新型职业农民。对于已符合初级新型职业农民资格的对象群体，可通过年龄与对知识技能的需求进行人员分流，协调选择政企合作型培育路径。对青年劳动力优先通过学校教育，获得学历层次的提升（如获得高中、本科、研究生学历）；对壮年劳动力则优先通过企业培训，增强个性化、专业化的产业发展能力（成长为技术专家、示范户等专用型人才）。最终通过"学历＋技能"的双提升来达到高级新型职业农民的认定层次与水平，如图7－7所示。

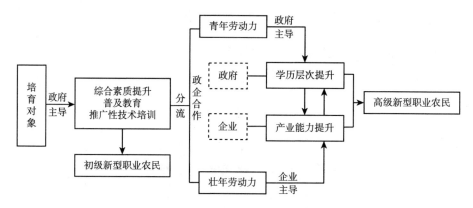

图7－7 不同对象层次的培育路径选择

第三节 创造新型职业农民培育条件

在新型职业农民培育系统中，环境层的社会舆论与全员参与决定了新型职业农民的社会群体属性和社会培育资源，对新型职业农民培育的高效、全面推进具有重要的作用与意义。为解决新型职业农民培育的现存问题，消除新型职业农民培育的发展障碍，结合各经济主体的参与原则与参与条件，需要从社会、市场、主体等层面明确新型职业农民培育的环境条件创设思路。

一、完善相关立法

在农民教育相对发达的国家，以法律法规的形式对农民培育中的相关主体行为与环节机制进行规范是保障系统有序运行的核心手段。农业和农民教育的法制化和制度化，使得农民职业教育在健全的法律保障下，获得了雄厚的资金支持，培养了大量优质人才。其中，美国的农民教育立法可追溯到1862 年的《莫雷尔赠地学院法案》，随后又通过《哈奇法案》（1887）、《史密斯－休斯法案》（1917）、《职业教育法》（1963）等数十部法律法案，对农民教育培训的机构建设、资金来源、方式方法等做出了详尽规定。德国自20 世纪 50 年代以来，先后颁布了《联邦教育法》《职业教育法》《职业促进法》《实践训练师资条例》等十余项法令，明确了职业教育为国家教育的重要组成部分，并对职业教育的内容、范围，参与主体的权利、义务，农业技术标准、考核制度等作出了明确规定。

我国在法律上对农民教育培训也做出过一些原则性规定。在 1993 年颁布的《农业法》和《农业技术推广法》中，分别提出了鼓励各类主体参与发展职业教育和建设农技推广体系，国家对其给予税收、信贷等方面的优惠[165]。但总体来看，以上两部法律对新型职业农民培育的针对性不足，尚缺乏可操作性。新型职业农民培育作为一项职业人才培养事业，在各级政府与农业部门的重视下，虽已具备一定的政策基础与舆论影响，但仍存在项目多、部门杂、管理乱的现实问题。长期来看，只有对其进行法律认可和约束，才能获得长久的制度保证。

增强新型职业农民培育的法制建设，一方面是对新型职业农民培育中相关行为主体权利与义务的规范与保障，另一方面也是对农业法律体系的补充与完善。随着工业化、信息化的社会发展，农业的发展形势、发展条件、发展模式均较从前出现了较大转变，立法也应相适应的予以修改完善，将重点由促进农业生产转变到改善"三农"发展环境、保障农民收入和农民就业上。在相关法规体系中，要强化对国外先进经验的借鉴应用，坚持把新型职业农民作为职业体系的重要组成部分，把新型职业农民培育提高到促进三农发展、改善民生福利、推动社会进步的高度，重点在培育对象的选拔条件规定、经费投入保障、教育培训设施与师资队伍建设、监督考核办法与扶持优惠政策等方面明确原则并提供依据，以保障培育所需的人力、物力和财力投入，改革并完善农业教育培训体系，保证新型职业农民群体发展的持续性，使其在不同历史时期都能发挥应有的作用。

二、营造社会氛围

社会心理学家指出，态度是人们对特定对象的认识、情感和影响的持久性内在意识。我国长期的二元经济结构导致了农民对职业发展的轻视，政府对农民职业化的弱视以及社会对农民群体的歧视。新型职业农民培育的重要目标是改善农民的弱势地位，消除农民的身份歧视，创造新的社会职业体系架构，进而促进现代农业的发展和现代社会的和谐。因此，需要通过加强推广、加大宣传等手段，从新型职业农民自身的认识层次上、政府对新型职业农民培育的认识高度上、社会对"三农"事业的认识地位上着手，提升新型职业农民的高度，动员全社会力量，将新型职业农民问题作为经济战略问题、社会发展问题加以看待，营造热爱农业、尊重农民的社会环境，改善农民的社会地位，强化农民职业化的引力，为新型职业农民培育营造全面的良好氛围。

通过前面的分析，要想从根本上推动培育进程，提高培育效率，需要多方主体的协调参与。而促进行为的转变，必须首先通过转变态度，让各主体认识到培育新型职业农民的实际好处，才能促使其产生自主行动。这其中，培育对象的认识水平决定了新型职业农民队伍建设与成长的基准水平，政府的认识水平则决定了培育在全社会的推进能力与整体效率。调查可知，截至目前，培育对象已表现出对学习知识、促进发展、提高地位的迫切需求，需要各级政府的关注与引导，共同维护新型职业农民培育的推动能力建设与社会舆论氛围。因此，一方面，各级政府要认真学习中央的文件精神，认清新型职业农民培育的战略地位，明确育人的长期历程，通过细化管理、加大扶持、持续支撑推进新型职业农民培育的深入开展；另一方面，各级政府也要通过各种渠道与媒体，在全社会对新型职业农民培育的现实意义做出广泛宣传，从而在社会上形成培育新型职业农民是打破城乡发展界限、优化社会职业体系、尊重人才全面发展的国民共识。最终让农民成为无差于工人等群体的职业，显著提升农民的社会地位，不断优化农业从业人员结构，强力提升农业发展能力，创造和谐社会的良好局面。

三、推进制度改革

推进农民职业化是新型职业农民培育的根本目标，需要营造相对完善、宽松的制度环境，增强"三农"事业对劳动力的引力水平，使职业农民成为兼具发展性与保障性的主流职业。因此，在制度变迁中，要将政府的推动作用与服务功能相结合，统筹城乡，消除新型职业农民发展的体制和制度障碍。

经济引力是农民职业化的根本先导。新型职业农民形成的一个重要条件就是在单位耕地上减少农业劳动力的总量配比，提升单个劳动力的产出水平，促进现代农业生产力与生产关系的协调，加速农业产业化经营。由于我国农业人口众多，人均耕地面积有限，只有优先让一定比例的农民脱离农业，才会促进耕地的集约化，才能定向扩大新型职业农民的种养规模，实现规模化经营[166]，才能在提高农民生产效益的同时，保持社会对各类农产品需求的平衡。

因此，在制度体系优化上，首先要加速户籍管理制度的改革，消除城乡劳动力流动障碍。长期分割的城乡制度为农民设置了"社会屏蔽"，致使不同身份的社会成员占有不同的社会资源，拥有不同的社会权利与机会。而新型职业农民产生与发展的基本条件是城乡就业市场的平衡发展，即劳动者可以进行自由择业。这就要求改变以户口定终身，只有劳动力转移没有实际人口迁徙的户籍制度，消除新型职业农民从业与生活的身份障碍，逐步建立起城乡统筹、迁徙自由、协调发展的新户籍管理制度[167]。其次要创新土地制度，提高农业生产的集约化、规模化水平。党的十一届三中全会以来，高效率的家庭经营体现出了一定的优越性，但同时带来的分散经营则成为农民职业分化的阻碍，造成了大量生产资料的低回报。因此，要在"以家庭承包经营为基础"的农村基本经营制度不变的前提下，依据《物权法》的有关规定，加快落实土地的确权登记，在三权分离的基础上，探索有利于土地经营权有效集中、高效运转的土地使用权流转制度、土地置换制度与土地承包经营制度，鼓励农民以出租、转包、转让、互换、股份合作等形式流转承包土地，发展家庭农场等多种形式的适度规模经营，解除农民对细碎土地的过分依赖，推动土地经营向集约化方向发展[169]。

推进农民职业化发展，同样离不开社会力量的支撑。农民的职业化是农民地位、权利获得根本性提高的过程，需要加速农民向国家职业体系的融入，建立健全以职业为条件的社保机制，同时完善农村的公共设施建设，使新型职业农民的利益得到体制和政策保证，为吸纳更多的新型职业农民提供条件。因此，在社会保障制度的优化上，一方面要创新融资体制，促进公共财政向"三农"领域倾斜，增加对农村教育、文化、卫生等事业的财政开支，增加农村基本建设的资金投入，鼓励金融机构贷款向新型职业农民倾斜，引导社会资本投资"三农"事业[170]，增强农业发展能力，强化"三农"对人才的政策引力。另一方面要创新公共产品供给制度，运用好法律、政策等行政手段，增强财政资金对社会资源的撬动能力，将政府引导与市场化运作有机结合，由政府完善以农业保险、失业保险、养老保险为重点的社会保障机制，由政府与企业协同建立以教育、科技、信息为重点的公共产品供给新机制[171]。

四、加强监督管理

截至目前，参与新型职业农民培育的部门由于缺乏有效的统筹，仍存在条块分割、职能交叉、封闭运行等问题，"九龙治水"、资源不合理配置的现象频频出现，迫切需要建立和完善多部门参与的集约化管理机制，提高新型职业农民培育的效率运行。新型职业农民培育的管理体系主要由政府管理、培育主体管理和市场部门管理共同构成。

新型职业农民培育的政府管理，主要指从中央到地方的各级行政部门和业务部门依据职能和管理权限促进新型职业农民培育的法定行为[171]。政府管理主要是实施对新型职业农民培育的宏观调控和组织管理，主要管理内容包括：统一对新型职业农民培育的认识，制定新型职业农民培育的各项规划和政策，将新型职业农民培育作为政府基础工作予以落实；建立健全有实际行政功能的新型职业农民培育管理机构，统一领导各级新型职业农民培育工作，避免出现业务部门效力不足，和多头管理或无人管理的局面；组织各方力量参与农民职业教育与培训，统筹培育布局，优化配置资源；对新型职业农民教育培训的办学标准、质量、结构、规模和效益等进行监控，制定教育培训水平评估标准；加强人事与教育的工作结合，合理优化认定管理体系，探索制定农业准入制度和职业资格证书制度；对重点培育主体及其相关单位予以奖励与扶持，对其经验进行示范和推广。

　　新型职业农民培育的主体管理主要指获得培育机构或培育基地认证的，具有新型职业农民培育资质的主体机构针对教育培训过程进行的管理与监督。新型职业农民的教育培训是新型职业农民培育的关键环节，是对新型职业农民进行人力资本投资的重要途径，教育培训的过程及效果直接关系到新型职业农民的队伍建设质量与培育事业的可持续发展能力。因此，新型职业农民培育主体应遵循严格的办学标准和人才质量考核标准，依照统一的政府规划与指导性意见，结合不同培育对象群体的需求特点，优选符合条件的师资力量，确定不同的教育培训内容和方法，分产业、分层次、分批次制订培养计划与方案，按时、按量、按需实施教育培训，不断总结经验教训，做好协调与跟踪，保证新型职业农民培育的质量。

　　新型职业农民的市场部门管理主要包括对新型职业农民就业的有关管理措施，包括企业等用人单位的监督管理、人力资源管理等内容。新型职业农民培育的最终目标是培育出更多现代农业劳动力，企业等用人单位的实际要求是培育对象重视的关键问题，也是培育主体开展工作的重要参考。因此，需要由政府与市场部门加强联系与合作，一方面协调解决培育的经费投入，另一方面减少农业劳动力市场的信息不对称，为新型职业农民教育培训内容设计、计划方案设计、教育培训效果评估等提供方向，建立与完善新型职业农民培育的良性运行机制，推进其向规范化、制度化和科学化的方向发展。

五、强化市场建设

　　随着社会经济的开放性、灵活性发展，市场在各项经济活动中的地位得到了显著提高。良好的市场条件与市场规则成为提升经济发展能力的核心支点。新型职业农民作为能动要素——劳动力，是产业化、职业化发展能力的核心载体，只有实现了在各类职业中的自由流动和自主选择，才能优化要素组合，合理配置资源。因此，新型职业农民作为现代农业生产中的关键要素，需要建设完善的劳动力市场来保障其实现自由流动，进而促进新型职业农民队伍的生成与发育。

　　作为农业劳动力的代表，新型职业农民的自由流动包括地域流动和职业流动两方面。从地域流动角度来看，需要完善城乡均衡的劳动力市场建设，促进城乡要素的双向流动。一方面，应支持和鼓励农村青年从农村流入城市，到城镇就业，以此集中土地等生产要素，促进要素间的替代与互补；另一方面，也应支持城市有志青年、大中专毕业生等人才流入农村，选择性成为新型职业农民，增进现代农业的现实生产活力和后续发展动力。从职业流动角度来看，需要打破农业产业链条各环节间的要素流动障碍，依据不同新型职业农民的差异化特征，定向满足不同培育对象的职业化需求，协同发展生产经营型、专业技能型与专业服务型职业，最终造就一支数量充沛、结构优良的新型职业农民队伍，为现代农业发展注入人才力量。

六、加速主体升级

培育新型职业农民不仅要解决对农业劳动力的投资问题，也要解决新型职业农民"从哪来""到哪去"的问题。通过对新型职业农民培育对象的分析，新型职业农民多是来源于活跃在现代农业生产、经营、服务一线的家庭农场主、合作社领办人、农业企业雇工雇员以及社会化服务能手等人群。通过分析企业与新型职业农民的关系可知，这些对象群体均是农业产业化龙头企业、农民合作社等新型农业经营主体的雇员、雇工及其合作伙伴。而这其中，种养大户、家庭农场、农民合作社与农业企业又是新型农业经营主体的组成部分。新型农业经营主体是现代农业发展的中观组织形态，经营效率高，抗风险能力与稳定性强，具有产业组织的根本属性。新型职业农民是现代农业发展的微观个体形态，对象基数大，流动性强，可更新，可持续，具有专用型人力资本的根本属性。今后中国农业的从业主体，从组织形态看就是专业大户、家庭农场、合作社、农业企业等，从个体形态看就是新型职业农民。由此可见，新型职业农民是新型农业经营主体的主体，他们来自新型农业经营主体、成长于新型农业经营主体、发展于新型农业经营主体，培育新型职业农民必须围绕新型农业经营体系建设来实现，培育新型职业农民就是培育现代农业的现实和未来。因此，培育新型职业农民需要加速农业生产经营与服务的主体升级，融合培育家庭农场、农民合作社、农业产业化龙头企业、农业服务公司、社会化服务组织等新型农业经营主体与新型农民服务主体，以此实现培育的对象结构优化与培育成果的有为有效，推进现代农业微观主体与中观主体的协同开发与培育，最终增强现代农业发展的核心动力。

本章小结

　　新型职业农民培育的目标是培养造就能够服务于现代农业发展，协调于职业体系构建，满足于城乡社会成员资源公平享用条件的新型职业农民队伍。在新型职业农民培育系统中，只有企业与政府各司其职，市场与政策共同促进，才能平衡新型职业农民培育的供需条件与相关资源。因此，要把政府的目标、企业的目的、农民的需求有机结合起来，将政府、企业与新型职业农民在培育中的行为作用进行耦合，最终实现宏观劳动力就业结构调整，农业现代化进程加速，微观务农人群职业化发展的良好局面。本章首先从培育对象群体、培育主体结构、培育内容体系、与培育方式方法等要素层面，以新型职业农民培育供给的全面性与效率性为目标，提出优化新型职业农民培育体系的政策建议。其次，以均衡收益下的培育效率改进为目标，结合均衡条件下三大经济主体的重点行为方向，针对不同职业类型、不同从业特征与不同发展阶段的培育对象，配套培育主体、培育内容与培育方式，明确了新型职业农民培育的高效路径。最后，依据新型职业农民培育的系统性特征，围绕培育环境层的立法保障、社会认识、制度改革、监督管理、市场建设、主体构建等层面，提出了创设培育环境条件的有关建议。

第八章 结论与展望

第一节 主要结论

本书首先对新型职业农民培育的经济学内涵、培育中的经济主体与行为进行了界定，评述了人力资本理论、交易成本理论、参与式发展理论、公共产品最优供给理论及博弈论等基础理论，借助中国新型职业农民网上发布的有关新型职业农民培育的文件材料（包括中央及各地区新型职业农民培育实施方案、教育培训实施办法、认定管理与政策扶持方案等）、实地调研的各地区模式总结、全国范围内发放的 1216 份具有代表性的新型职业农民培育调查问卷材料等，以国内典型培育模式与地方实践经验为支撑，采用规范与实证相结合的分析方法，运用理性层次分析、从业选择模型分析、利益机制分析、职能与效用分析等分析手段，重点围绕新型职业农民培育中经济主体（培育对象、企业、政府）的相关行为展开论述，并对三方主体在新型职业农民培育中的行为关系和作用协同进行了归纳总结，进一步从体系优化、路径选择、条件创设等方面提出了促进新型职业农民培育的相关策略。本项研究的主要结论有：

第一，新型职业农民（或培育对象）是具有收入理性和经济理性的行为人，具有较强的主观能动性。新型职业农民培育对象是培育体系中关键的需求侧主体，是明确培育方向，达成既定目标的关键指向。通过对培育对象在教育培训、发展保障和对其二代培育等方面的现实需求分析，得出其参与新型职业农民培育的主要目的是获得产业化发展和职业化发展的综合技能。此外，通过分析培育对象在生产经营型、专业技能型、专业服务型三类职业中的从业结构与从业选择影响因素，得出现有的培育对象中生产经营型占较大比重，而不同的性别、年龄、受教育程度、从业年限、家庭人口结构、所处经济区域的培育对象在三类职业选择中具有差异性偏好，表现出不同的职业化特点，为分类精准培育新型职业农民，优化新型职业农民队伍结构奠定了对象基础。

第二，企业与新型职业农民（或培育对象）的关系有别于传统的"公司＋农户"关系，本质上来看，无论何种类型、何种形态的新型职业农民，都可内生于企业系统，与其组建关系相对紧密的利益综合体。因此，企业作为新型职业农民培育的关键供给主体与收益主体，可通过在教育培训、就业保障、发展扶持等培育环节的深入参与，与培育对象组建稳定的利益联结机制，一方面更好地获取组织人力资本、社会资本、技术资本和直接经济收益，另一方面适应培育对象在人力资本积累和就业创业保障两方面的职业化需求，提高对新型职业农民的全面投资效率，提升社会总体福利水平。

第三，企业在参与新型职业农民培育中体现出较强的优势作用，突出表现为培育效果的优化，企业资源的整合，就业创业的促进，示范作用的突出以及农业引力的增强。但由于新型职业农民培育具有一定的系统性和正外部性，企业培育存在一定的不稳定性，导致培育的结构性供给中频现"市场失灵"现象。因此政府应在培育中运用好"看得见的手"，协调做好对新型职业农民培育的直接供给与间接调控，突出直接投资、行政管理和扶持服务职能，以教育培训行为、认定管理行为和政策扶持行为为重点，扮演好新型职业农民培育中的资源整合者、质量监督者和服务供给者。

第四，政府与企业在新型职业农民培育中的行为具有一定的互联性与互补性。政府既可与企业同时参与培育的直接供给，又可通过立法约束、补贴支持、税收减免等形式对企业参与培育予以支持。政府提出培育新型职业农民的方针后，具有一定前瞻性的企业会通过自主投资或配套投资来进行响应。在这一过程中，政府主导新型职业农民的基础性培育，即提高新型职业农民的基础文化素质，推广普适性技术，给予职业化政策扶持；企业依据自身发展需要，结合培育对象的产业化能力提升需求对其进行特色技术培训和就业创业能力的培养。

第五，新型职业农民培育是一项投资性的经济活动，个人（培育对象）、企业和政府作为该项活动中的经济行为主体，在新型职业农民培育中分别表现出经济理性、逐利性和公益性的行为动机。通过对三者行为的关系博弈，只有当政府、企业、培育对象三者共同参与培育，企业重点对新型职业农民进行专用性人力资本投资，政府对新型职业农民进行通用性人力资本投资，且对企业予以激励与扶持，才能最大限度地改进政府、企业与培育对象三大经济主体的收益水平，激励各经济主体的协调参与，最终实现收益均衡。

第六，新型职业农民培育对象的初始状态不一，需求表达呈现出一定的层次性、差异性和专业性。因此，为协调供需，提高培育效率，应以新型职业农民培养为核心，依据培育对象的现实需求，优化新型职业农民培养的内容体系；依据培育主体的供给目标，优化新型职业农民培养的方式方法。在以上条件的基础上，结合发展扶持措施，针对不同职业类型、从业特征、发展阶段的培育对象群体，协调选择差异化的新型职业农民培育路径。

第二节　研究展望

新型职业农民作为一个新的群体概念，无论是从我国现阶段的社会经济发展背景，还是从新型职业农民培育本身的复杂性质来看，培育都必将是一项系统性任务。本书分析了新型职业农民培育中相关经济主体的行为准则、行为逻辑与行为路径，通过三方主体利益博弈明确了提高培育效率的主体行为方向，提出了我国培育新型职业农民的路径选择建议，为全国范围内新型职业农民培育发展提供了政策依据。但受数据统计与信息收集的局限性限制，研究过程中仍有许多不足。在未来的研究中，需要从以下几个方面对新型职业农民培育中经济主体行为进行更深层次的理论剖析。

第一，新型职业农民培育对象是培育的主要需求方，做好培育工作首先要解决的是培育对象的问题。本书对具有一定发展基础的培育对象进行了研究，并将其作为整体进行了培育参与行为与从业选择行为的分析，缺少对现有妇女农民群体及农业后继者群体的研究。同时，本书强化了对培育对象的分类研究，弱化了对培育对象的分层、分级研究。将来可结合不同发展地区、发展阶段和发展目标进一步深入，持续增强研究的指向性，提高培育的精准性。

第二，培育新型职业农民的根本目标是改进农业经营方式，提高现代农业生产经营水平。因此，企业参与新型职业农民培育具有较强的可行性和有效性，是优化培育供给结构，提高培育综合效率的重要途径。本书将农业产业化龙头企业、合作社和农业服务公司等多种形态纳入企业范畴，对其参与新型职业农民培育的相关行为进行了分析。在今后的研究中，可将家庭农场等新组织形态纳入研究范围，并对新型职业农民与家庭农场、农民合作社、农业产业化龙头企业等新型农业经营主体两新融合培育问题的现状、问题、机理、对策等进行更详尽的分析，为提高新型职业农民培育的市场化建设效率提供相应对策。

第三，综合参照国内外相关经验可知，认定管理是加速农民职业化进程的关键措施。职业农民作为职业体系的一个内含群体，完善的准入机制是可持续发展新型职业农民培育的必要条件。然而，本书仅是站在政府视角，将新型职业农民的认定作为专门的、独立的行为进行研究，并通过比较分析方法探讨了不同地区、不同产业、不同经营方式的认定标准异同，未体现农民职业化的最终要求与标准形态。今后可通过大量的调研、对比与实证，一方面通过大数据分析构建认定指标体系，为新型职业农民明确职业化门槛；另一方面继续研究如何将新型职业农民培育纳入正规职业教育体系，将新型职业农民资格证书纳入职业资格证书框架的有效途径，逐步实现新型职业农民培育与职业资格认定的有序衔接。

附录 A

新型职业农民培育对象调查问卷

尊敬的问卷填写人：

您好！此次调查对象为有意向成为新型职业农民培育对象的人员群体，问卷为不记名填写，烦请您认真回答所列的问题，提供准确的信息，我们将对您提供的信息严格保密，请放心填写（请您勾选答案或将答案填写在横线上）。感谢您的配合！

一、基本情况调查

1. 您的性别：

A. 男 　　　　　　　　　B. 女；您的年龄_____岁

2. 您目前的文化程度：

A. 大专以上　　B. 高中　　　C. 初中　　　　D. 小学及以下

3. 您的职业：

A. 散户农民 　　　　　　　B. 专业大户

C. 家庭农场经营者 　　　　D. 农民合作社负责人

E. 农业企业经营管理人员 　F. 农业社会化服务人员

G. 农村经纪人 　　　　　　H. 农村干部

I. 其他

4. 您的家庭常住人口有_____人；在家以务农为主的有_____人；在家从事非农产业为主的有_____人。

5. 您去年的家庭年收入为：_____万元，收入主要来源为：

A. 大田作物种植（规模_____亩）B. 蔬菜种植（规模_____亩）

C. 果树种植（规模_____亩）　D. 养殖（规模_____存栏）

E. 外地打工 　　　　　　　　　　F. 本地打工

G. 开商店或饮食等服务业 　　　　H. 建筑承包

I. 搞运输 　　　　　　　　　　　J. 其他（请注明_____）

6. 您是否参加了农民合作社或专业协会？

A. 是　　　　　　　　　　　B. 否

7. 您今后的打算是？

A. 发展家庭农场或领办合作社　　B. 维持现状

C. 有机会就出去打工　　　　　D. 发展其他服务业

8. 您是否明白新型职业农民培育与农民培训的差异？

A. 是　　　　　　　　　　　B. 不是

9. 您的目标职业类型是：

A. 生产经营型职业农民　　　　B. 专业技能型职业农民

C. 专业服务型职业农民　　　　D. 都可以

E. 还没想好

二、教育培训相关问题调查

（一）教育培训现状调查

10. 是所采用的农业技术主要来源于（可多选）？

A. 电视或广播　　　　　　　B. 读书看报

C. 观看 DVD 等音像资料　　　D. 上网学习

E. 参加政府组织的培训项目　　F. 合作社或农业企业组织的内部培训

G. 农资经营商提供的指导培训　H. 邻居或相亲间相互学习

I. 其他形式（请注明_____）

11. 在过去的 2 年中，您参加的正式培训主要由哪些部门举办？

A. 农广校　　　　　　　　　B. 农业组织（合作社等）

C. 乡村学校　　　　　　　　D. 远程教育

E. 没参加过

12. 在过去的 2 年中，您参加培训的地点是？

A. 家中（远程教育和网络）　　B. 产业基地

C. 田间地头　　　　　　　　D. 乡或村学校

D. 县学校（农广校或培训学校）　E. 企业内部

F. 省或市级学校　　　　　　G. 其他_____

13. 在过去 2 年中，参加培训的教学方式有哪些？

A. 课堂讲授　　　　　　　　B. 课堂讨论

C. 实验、实践、实习　　　　　D. 个别指导

E. 远程教育或播放录像　　　　F. 其他（请注明_____）

14. 在过去 2 年中，参加培训的内容有哪些？（可多选）

A. 专项技术培训　　　　　　　B. 经营类培训

C. 观念类培训　　　　　　　　D. 政策培训

E. 信息化培训（计算机操作等）F. 其他（请注明＿＿＿＿＿＿＿）

15. 您是否分的清哪些是政府提供的培训项目？

A. 是　　　　　　　　　　　　B. 否

16. 2014 年，您参加各种培训共计＿＿＿＿＿＿天

（二）教育培训需求调查

17. 您近期是否有通过正规机构的系统培训提升生产经营能力的打算？

A. 是　　　　　　　　　　　　B. 否

18. 您认为新型职业农民教育培训应该包含什么内容（可多选）？

A. 高等职业教育　　　　　　　B. 中等职业教育

C. 职业技能培训与鉴定　　　　D. 实用技术培训

19. 您更愿意接受哪些组织提供的培训？

A. 政府部门　　　　　　　　　B. 合作社等组织

C. 民间培训机构　　　　　　　D. 大中专院校

20. 您最需要哪些方面的培训？

A. 农业实用专项技术　　　　　B. 农业组织化经营

C. 产业形势与政策培训　　　　D. 农产品市场信息

E. 创业技能培训　　　　　　　F. 其他（请注明＿＿＿＿＿＿＿）

21. 您参加教育培训最主要目的？请将答案按顺序填到括号内。

第一位（　）第二位（　）第三位（　）

A. 增加收入　　　B. 提高技能　　　C. 获得政策扶持 D. 得到尊重

E. 获得补贴　　　F. 获得学历　　　G. 获得证书

22. 您对技术培训的迫切要求是？

A. 连续一段时间的系统培训　　B. 按生产时节进行的专项技术培训

23. 您能够接受的持续培训时间是？

A. 1 天以内　　B. 2～3 天　　　C. 4～7 天　　　D. 8～14 天

E. 15～30 天　　F. 30 天以上

24. 影响您接受教育培训的主要因素（可多选）？

A. 没钱　　　　　　　　　　　B. 当地缺少学校

C. 没有时间　　　　　　　　　D. 内容不合适

E. 讲述内容专业术语过多，听不懂　F. 无法及时获取近期培训信息

G. 无法学以致用或不确定用了有多大效果

H. 其他＿＿＿＿＿＿＿＿

25. 您愿意到什么地点接受教育培训？

A. 城市　　　　B. 县城　　　　C. 乡镇　　　　D. 本村

E. 无所谓

（三）二代农民教育培养相关问题调查

26. 您一共有＿＿＿＿＿＿＿个孩子，他们的受教育情况为：

男孩的最高学历：

A. 大专以上　　B. 高中　　　　C. 初中　　　　D. 小学及以下

女孩的最高学历：

A. 大专以上　　B. 高中　　　　C. 初中　　　　D. 小学及以下

27. 子女是否就读农业院校：

A. 是　　　　　　　　　　B. 否

28. 子女是否从事农业生产：

A. 是　　　　　　　　　　B. 否

29. 您是否愿意子女从事农业生产：

A. 是　　　　　　　　　　B. 否　　为什么？＿＿＿＿＿＿＿＿

30. 您对抚育子女的态度是？

A. 吃好穿好、长大成人就行、不一定非上中学

B. 一定要上完中学

C. 不论男孩女孩，一定要设法上大学

D. 若不能上大学，一定让孩子学到一门工业技术

E. 从事现代农业生产

31.（1）子女是否愿意从事农业生产？

A. 是　　　　　　　　　　B. 否

（2）若不愿意，原因是（可多选）？

A. 为有更好的收入　　　　B. 农活太苦不愿意干

C. 没有农业生产技术　　　D. 为了享受城市文明

E. 对农民身份不认可

三、政策与保障问题调查

32. 您及您的家人是否加入了新型农村合作医疗？

A. 是 　　　　　　　　B. 否

33. 您及您的家人是否加入了养老保险？

A. 是 　　　　　　　　B. 否

34. 你是否加入了农业保险？

A. 是 　　　　　　　　B. 否

（1）若已加入，费用为_____元/亩，自己承担_____元/亩，政府补贴_____元/亩。

（2）若没有，原因是什么？

A. 保费太高 　　　　　　B. 保额太小

C. 保险赔付难度大 　　　D. 保单条款不合理

35. 您村是否有农村经纪人？

A. 是 　　　　　　　　B. 否

36. 您村是否开展了资金互助？

A. 是 　　　　　　　　B. 否

37. 关于土地问题：

（1）您所在村土地流转现状如何？

A. 很难，基本流转不动，为什么？ _____

B. 按照流转双方需求，基本可以实现自愿流转

C. 仍然被要求强制流转

（2）您所在乡镇是否已开展土地确权？

A. 是 　　　　　　　　B. 否

（3）在确权过程中存在哪些问题？ （如边界不明纠纷大、使农户误工等）_____

38. 您认为阻碍您家庭收入增长的主要原因是什么？（可多选）

A. 农产品价格低 　　　　B. 产量过低

C. 种养殖规模太小 　　　D. 交通不便利

E. 农资上涨过快 　　　　F. 没有其他收入渠道

G. 社会保障低 　　　　　H. 其他（请注明_____）

39. 您现在遇到的最大难题是什么？

A. 融资贷款 　B. 医疗 　　C. 子女教育 　　D. 专业合作

E. 农业社会化服务

40. 您认为新型职业农民最需要哪些方面的政策扶持？请将答案按顺序

填到括号内。

第一位（　　）第二位（　　）第三位（　　）

A. 各类补贴政策　　　　　　B. 社会保障政策

C. 项目倾斜政策　　　　　　D. 土地流转政策

E. 科技服务政策　　　　　　F. 科技服务政策

G. 农业保险政策　　　　　　H. 其他（请注明_____）

41. 您认为自己最需要政府做的工作是什么？

A. 国家进一步加大针对农民的优惠，请注明在_____方面

B. 农业农村政策信息透明化宣传

C. 现代农业技术服务

D. 农产品市场行情解读

四、村干部请回答以下问题

42. 您村总户数_____户，总人口_____人，人均纯收入_____元。

43. 您村耕地面积_____亩，其中平原_____亩，25~50 亩的农户_____户，50 亩以上的农户_____户。

44. 您村有_____户粮食种植大户，粮食种植合作社_____个，种植总规模有_____户蔬菜种植大户，蔬菜种植合作社_____个，蔬菜种植企业或园区_____个，种植总规模有_____户养殖大户，养殖小区_____个，养殖总规模_____（请按动物种类填写）。

45. 您村集体经济发展情况如何？

A. 良好　　　　　B. 一般　　　　C. 没有集体经济

46. 您村农业劳动力总数_____人，其中 18~35 周岁_____人，36~50 周岁_____人，51~65 周岁_____人。

47. （1）您村是否有大学生村官？

A. 是　　　　　　　　　　B. 否

（2）村官是否在农业领域创业？

A. 是　　　　　　　　　　B. 否

48. 您村是否有大学生回乡务农？

A. 是；有_____个大学生回乡　B. 否

调查日期：_____年___月___日　　　　　　调查人：_____

附录 B

新型职业农民培育问卷发放地区汇总表

省份	试点县（区）	发放数量	省份	试点县（区）	发放数量
河北省	围场县	60	福建省	永定区	30
	承德县	30		长汀县	12
	平泉市	30		漳平市	12
	宽城县	30	江西省	黎川县	12
	涉县	60		高安市	12
	巨鹿县	30		南康区	12
	饶阳县	30	山东省	招远市	30
	赤城县	30		郯城县	12
	藁城区	30		桓台县	12
	元氏县	30	河南省	夏邑县	60
	阜平县	30		许昌县（现建安区）	12
山西省	临猗县	30		浚县	12
	曲沃县	30	湖北省	宜都市	12
	榆次区	30		公安县	12
江苏省	昆山市	30	广东省	阳春市	12
	江阴市	30		梅县	12
	兴化市	30	广西壮族自治区	兴安县	12
陕西省	杨陵区	60		桂平市	12
	旬阳县	60		阳春市	12
	靖边县	60	海南省	澄迈县	12
湖南省	醴陵市	60		万宁市	12
	平江县	60	重庆	武隆区	12
	吉首市	60		巴南区	12
内蒙古自治区	喀喇沁旗	12	四川省	浦江县	30
	扎赉特旗	12		金堂县	30
	开鲁县	12		崇州市	120
辽宁省	康平县	12	贵州省	石阡县	12
	建平县	12		湄潭县	12
	岫岩县	12		凤冈县	12

省份	试点县（区）	发放数量	省份	试点县（区）	发放数量
吉林省	辉南县	12	云南省	腾冲市	30
	东辽县	12		景洪市	30
	前郭县	12	甘肃省	泾川县	12
黑龙江	碑林区	12		民勤县	12
	依安县	12	宁夏回族自治区	永宁县	12
	富锦市	12	青海省	互助县	12
浙江省	云和县	12		乐都区	12
	富阳市	12	新疆维吾尔自治区	墨玉县	12
安徽省	南陵县	60		玛纳斯县	12
	巢湖市	60		库尔勒市	12
	界首市	60			

枣阳市人民政府文件

枣政发〔2013〕18号

市人民政府
关于印发枣阳市新型职业农民培育
认定及管理办法（试行）的通知

各镇人民政府、街道办事处，开发区管委会，管理区委员会，市政府有关部门：

现将《枣阳市新型职业农民培育认定及管理办法（试行）》印发给你们，请认真贯彻执行。

枣阳市人民政府
2013年11月10日

枣阳市新型职业农民培育认定及管理办法（试行）

第一章 总 则

第一条 为加速推动我市农业现代化发展进程，提升农民科学种田水平，增加农民收入，实现富民强市的目标，根据中央关于"大力培育新型职业农民"的工作部署，围绕农业部、省农业厅《新型职业农民培育工作方案》，结合枣阳实际，特制定本办法。

第二条 新型职业农民是具有较高文化素质和农业生产管理技能，主要从事农业生产经营，有一定生产经营规模，依靠科技进步和科学管理，并以此为主要收入来源的从业者。培育新型职业农民，有利于吸引和留下一批高素质农业后继者从事农业生产经营，以保障粮食和主要农产品的供给安全。

第二章 认定标准及条件

第三条 新型职业农民的资格认定标准：政府引导，农民自愿，严格标准，动态管理。认定工作坚持公开、平等、择优及德绩并重的原则。新型职业农民必须具备以下基本条件：

（一）劳动力年龄在18~55周岁内的本市从事农业且有一定规模的经营业主、专业合作社负责人、省级以上龙头企业负责人、家庭农场主和种养大户等。

1.种植经营果树：30亩以上。

2.种植生产蔬菜：10亩以上。

3.畜牧业。

（1）生猪年存栏200头以上。

（2）兔养殖：年出笼3000头以上。

（3）蛋鸡蛋鸭养殖：年存笼2000只以上。

（4）肉牛养殖：年出栏50头以上。

（5）羊养殖：年出栏300头以上。

（6）特种养殖：野猪、山鸡等特种养殖视情况而定，畜禽养殖需取得动物防疫条件合格证。

（7）鱼塘面积20亩以上。

4.种植生产粮食作物50亩以上的大户及家庭农场主。

5.加工生产能力1000万元以上的涉农企业负责人。

6.各种农业专业合作社负责人。

（二）具有较高文化素质。

（三）具有一定专业技能和规模化经营管理能力，具备现代农业理念和知识，应对市场变化能力强，实践经验丰富，能够合理配置农业资源，掌握先进成功的经营模式，并根据本地实际进行创新创业，带动当地农民致富。

第三章　权利和义务

第四条　取得新型职业农民资格认定证书者享有以下权利：

（一）直接享受枣阳市新型职业农民专项扶持政策。

（二）优先享受各级各部门制定的专项政策。

（三）优先享受各项强农惠农政策。

第五条　取得新型职业农民资格认定证书者应履行下列义务：

（一）维护农业生态平衡，合理开发与利用温光、土地、水、大气等资源，发挥自然禀赋优势，提高农业资源利用率，有效供给量多质优的农产品。

（二）自觉遵守国家法律法规，严格农产品投入使用，引导周边农户落实农产品质量安全责任，生产经营符合国家相关规定标准。

（三）坚持参加继续教育培训学习，每年不少于24个学时。自觉运用先进农业生产技术，并向社会宣传推广生产经营成果，带动一方农民科学致富，发挥模范带头作用。

（四）协助农业部门开展农业科技示范和生产情况调查。

第四章　认定程序

第六条　主要认定程序是：

（一）由各乡（镇）人民政府负责调查摸底，并通知符合以上条件的农业经营业主，到所在乡镇农技服务中心（畜牧、水产），领取《枣阳市新型职业农民资格认定申请表》，填好后由乡镇人民政府加盖公章后、报送市农业局审核。

（二）市农业局审核后上报市试点工作领导小组办公室汇总。

（三）经市领导小组成员单位会议审核，聘请相关专家评审团按初、中、高三个等级评定职业农民的资格，评定后报市政府备案。报送材料包括：1.《枣阳市新型职业农民认定申请表》一式三份；2.身份证、毕业证书、专业技术职称证书、有关成果证明、获奖证书或荣誉证书（复印件）各一份。3.承包确权证或企业法人证书。

（四）由枣阳市人民政府发证。

第五章　完善培育机制

第七条　按照我市农业产业及农业专业合作社、家庭农场和涉农企业的发展现状，分产业制定新型职业农民的培育模式。

（一）完善设施建设。建立2个以上标准化培训教室，配备电脑、投影仪等先进教学设备；做到有场所、有人员、有制度、所有学员都有纸质及电子档案。

（二）优化师资力量。按不同专业或不同培训阶段所需的师资要求，向社会聘请专家及技术能人，建立一支专业高效的培训师资队伍。结合农业生产特点、农民教育规律和学习特点，采取送教下乡、教师进村等农民易于接受的方式，把培训办进农村、办到田间。

（三）创建实训基地。按照产业规模有针对性选择5～10个种养加大户作为实训基地，基地做到有牌子，有内容，有场所，每个新型职业农民每月要参加学习活动1次以上，并有参加活动的记录、图片等资料。在产业集中区建立田间学校，进行实地教学培训。

（四）实行免费培训。免费培训、免费提供教材、免费提供师资，免费提供实践基地实训，免费外派到农业院校进行专业学习，让其获得各类农科院校的学历证书及农业职业资格证书等。

第六章　强化保障措施

第八条　市政府成立新型职业农民培育试点工作领导小组，由市政府分管农业的副市长任组长，成员由市政府办、农业局、畜牧局、水产局、财政局、教育局、人力资源和社会保障局、农机局、土地局、金融部门及各乡镇分管领导为成员；领导小组下设办公室，办公室地点设在农业局，具体负责新型职业农民培育试点工作的日常工作，协调各方力量，确保人员、技术措施和各项政策的落实到位。各乡（镇）要成立相应机构，进一步加强新型职业农民培育工作的统筹力度。对被确定为新型职业农民者给予以下政策支持：

（一）资金支持：1. 优先享受政府已出台的土地流转，农资、农机等农业补贴向新型职业农民倾斜政策。对新型职业农民规模流转土地从事种植业每亩给予100元的一次性土地流转租金补助。对经营规模在500亩及以上种植大户、家庭农场，一次性奖励1万元；对经营规模在1000亩及以上的种植大户、家庭农场，一次性奖励3万元；对新建的投资在500万元以上且生猪出栏达到10000头以上的猪场，肉牛出栏达到500头以上的牛场，肉羊出栏达到500只以上的羊场，肉鸡出栏达到30万只以上的养鸡场，蛋鸡存笼达到5万只以上的蛋鸡场，各奖励3万元。

2.加大对符合条件的新型职业农民的信贷支持力度，凡属农业生产经营领域和环节的，扩大其信誉担保范围，适当提高其贷款风险容忍度。最高可一次给予10万元贷款支持。

（二）技术支持：对于符合条件的、优秀的新型职业农民，由市政府选派，进入大中专院校进行免费学习培训。对符合条件者优先申报晋升高一级农民专业技术职称。新型职业农民培育办公室定时指派技术人员主动上门进行技术指导，帮助提升种植水平。

（三）项目支持：对符合条件的新型职业农民及已注册的各类农业专业合作社、家庭农场，可优先申报承担涉农项目其获得的证书可作为注册、年检的条件之一，同时可以优先申报国家、省、市示范社。子女可优先继承土地、农场等业主所拥有的公共资源的权利。

（四）评先评优。被评为优秀的新型职业农民给予5000元资金奖励。

（五）品牌认证。产业或产品取得品牌认证的，凭认证证书等有关资质一项给予5000元～2万元奖励。

第九条 每年对新型职业农民的能力和水平进行等级评定，给予评定为高等级的新型职业农民一定的补助，从而引导并鼓励高素质的农民向有技术、懂管理、善经营的新型职业农民方向发展，通过各种优惠政策使职业农民从事农业职业的收入水平赶上或达到各行业平均水平，留住农村科学种田人才。

第七章 准入及退出机制

第十条 根据我市农业产业化发展运行情况，从现有的种养大户和有志从事农业生产、有一定经济基础、文化素质较高的农民中遴选500个农民作为新型职业农民培育对象。进行分级分类培养。

（一）准入机制。按照申请、审核和认定程序，符合条件的农民填报枣阳市新型职业农民资格认定申报表，连同附件证明材料一起，报枣阳市新型职业农民资格认定委员会审核，由市资格审定委员会组织相关人员逐项审核确认，对审核合格的农民进行网上公示，公示无异议后颁发枣阳市新型职业农民资格证书。

附件证明材料：

1.管理型职业农民：农民经纪人资格证书、工商营业执照、资产负债表、农产品注册商标、土地流转或水面承包合同等；

2.经营型职业农民：农民经纪人资格证书、工商营业执照、农产品购销合同与购销凭证等；服务型职业农民：农作物植保员资格证书、单位或村委会从业证明等；

3.生产型职业农民:农艺工、蔬菜园艺工或淡水养殖工资格证书、单位或村委会从业证明等。

(二)退出机制。对取得新型职业农民资格证书的农民实行两年一次的年检,对已不具备证书岗位资格的农民取消新型职业农民资格,对两年以上未年检或岗位类型调整的农民重新认定。

以下情形之一被证实后,取消新型职业农民资格:

1.申报材料弄虚作假;

2.经营活动出现违法行为;

3.套取项目资金,专项资金被挪用、占用,未完成项目建设计划等;

4.被认定后,从事职业与认定类型不符;

5.土地抛荒一年、违规转变土地用途、发生严重农产品质量安全事故,造成较大社会影响、破坏农业生态环境、发生严重面源污染、侵害农业雇工利益、损害农户(社员)利益;

6.被认定后,不接受枣阳市新型职业农民领导小组办公室的统一管理,如证书不能两年一次年检,不按时参加继续教育等。

第八章　附　则

第十一条　本办法由市试点工作领导小组负责解释。

第十二条　本办法自印发之日起施行。

抄送:市委办。

　　　市人大办,市政协办。

枣阳市人民政府办公室　　　　　　　　　　2013年11月10日印发

凤台县人民政府办公室文件

凤政办〔2014〕116 号

关于印发《凤台县新型职业农民扶持政策》的
通　知

各乡、镇人民政府，县直各有关单位：

　　大力培育新型职业农民，是深化农村改革、增强农村发展活力的重大举措，也是发展现代农业、保障重要农产品有效供给的关键环节。为扶持新型职业农民健康发展，现将《凤台县新型职业农民扶持政策》印发给你们，希认真执行。

凤台县人民政府办公室
二〇一四年十月二十一日

凤台县新型职业农民扶持政策

新型职业农民是构建新型农民经营主体的重要组成部分，是发展现代农业、推动城乡一体化发展的重要力量。为加快我县农业现代化发展步伐，促进我县职业农民培育工作健康快速发展，现出台本扶持政策。

一、财政资金支持

凡是被认定的新型职业农民，优先承担各类农业项目；优先安排国家各类支农项目，各级财政及各类资源予以倾斜扶持；优先参加各级、各类涉农专业培训、创业培训和能力提升培训等；优先安排到外地考察学习；购置各类农机局优先享受农机购置补贴；优先参与致富带头人、示范合作社、示范家庭农场、龙头企业等各项评比。

二、生产用地支持

对发展规模经营的职业农民，用于农产品生产的设施用地不再办理农用地转用审批手续，但需报国土、农业部门审定后备案。因生产所需建造简易仓（机）库、管理用房和农产品临时性收购库房等农业生产配套设施的，其用地在不破坏耕作层、不改变土地权属和用途，不建造永久性建筑物的前提下，可按生产面积的一定比例将其作为设施农业农地，优先申请使用集体一般农用地和原有的建设用地。

三、金融信贷支持

对新型职业农民除有效抵押物以外的农村土地（林地）承包经营权、农村房屋、宅基地、农业生产设施（大棚、养殖圈舍、大型农机具等）等用益物权可向银行进行抵质押融资。对新型职业农民实行生产经营收入减免征所得税、营业税，自产自销农产品免征增值税。

四、农业生产支持

支持和鼓励农业社会化服务组织为新型职业农民提供种子种苗供应、农资供应、农机作业、统防统治、粮食烘干、农产品物流配送、农产品检测等服务。积极扶持新型职业农民依托农村专业户、专业村、专业乡镇想农产品加工以及农业生产服务行业拓展；大力扶持新型职业农民从事农副产品加工业、休闲旅游观光和农家乐；积极引导新型职业农民已农业科技创新为重点，投资参与农作物和畜禽良种繁育、动植物疫病防治及节能环保技术研发、推广等。强化服务指导，建立健全农技人员对口联系指导职业农民农业生产服务制度，以解决其生产过程中的技术难题。

五、产业发展支持

指导新型职业农民与农业产业化龙头企业、农民专业合作社建立长期稳定的利益共享、风险工单的农产品产销衔接机制和订单履约机制，支持龙头企业与新型职业农民在签订收购合同的基础上，提供预供定金和良种、肥料、农药等农资支持。支持龙头企业与新型职业农民建立保底收购、股份合作、利润返还等多种形式的利益联结机制，组建农业产业联合体。

六、农业保险支持

对水稻、小麦等大宗农产品开展气象灾害保险，对蔬菜、禽畜养殖、水产养殖开展农业保险，根据种类财政予以保费80%补贴。

参 考 文 献

[1] 中华人民共和国农业部. 关于实施农村实用人才培养"百万中专生计划"的意见 [J]. 中华人民共和国农业部公报, 2005, 12: 27 - 28.

[2] 曹茸, 刘远. 为现代农业建设培育核心主体——访新型职业农民培育专家咨询组组长、中央农广校常务副校长王守聪 [J]. 云南农业, 2013 (7): 19 - 20.

[3] Eric - Wolf. Peasants [M]. Englewood Cliffs, Prentice - Hall, 1966: 25.

[4] 王国庆. 加快培育新型职业农民 努力提高营农收入 [J]. 新农村, 2011 (5): 14 - 15.

[5] 蒋平. 新型职业农民培育的几点思考 [J]. 农民科技培训, 2012, 04: 6 - 8.

[6] 殷喜悦. 论新型职业农民及其培养 [J]. 职业教育研究, 2016, 01: 15 - 19.

[7] 朱启臻, 闻静超. 论新型职业农民及其培育 [J]. 农业工程, 2012, 03: 1 - 4.

[8] 曾一春. 培育新型职业农民需完善制度设计强化配套政策 [J]. 农民科技培训, 2012, 09: 6 - 9.

[9] 朱启臻. 新型职业农民特征、地位与存在形式 [J]. 农民科技培训, 2013, 11: 10 - 12.

[10] Fetsch, R. J., Bastian, C., Kaan, D. A., & Koontz, S. R. A two - state comparison of farmers' and ranchers' risk management education needs [J]. Journal of the American Society of Farm Managers and Rural Appraisers, 2001, 64 (1): 81 - 92.

[11] 王君丽, 祝士明. 从培育新型农民视角探索我国农村职业教育发展之路 [J]. 安徽农业科学, 2006, 07: 1456 - 1457.

[12] 周广熊, 张武鸣, 叶小荣. 对新型职业农民培育的几点思考 [J].

南方园艺, 2013, 05: 54 - 55.

[13] 西奥多·W. 舒尔茨. 改造传统农业 [M]. 梁小民译. 北京: 商务印书馆, 1987: 132 - 149.

[14] 魏登峰. 走中国特色的新型职业农民培育道路——专访农业部副部长、中央农业广播电视学校校长张桃林 [J]. 农村工作通讯, 2012, 07: 26 - 29.

[15] 孔祥波. 勇敢扛起新型职业农民培育大旗 [J]. 农民科技培训, 2013, 10: 52.

[16] 王守聪. 培育职业农民需要教育制度创新 [J]. 职业技术教育, 2012, 36: 22.

[17] 陈别锐, 刘晓辉, 谭增夫. 现代农业园区培养新型职业农民的实践与启示 [J]. 西北农林科技大学学报 (社会科学版), 2014, 14 (3): 58 - 61.

[18] 戴洪生, 张瑞慈. 韩国农民职业教育的特点及启示 [J]. 高等农业教育, 2003, 03: 94 - 95.

[19] 赵正洲, 王鹏, 余斌. 国外农民培训模式及特点 [J]. 世界农业, 2005, 06: 51 - 54.

[20] 王桂芝. 我国农民职业教育模式初探 [J]. 教育与职业, 2011, 18: 162 - 163.

[21] 王秀华. 新型职业农民教育管理探索 [J]. 管理世界, 2012 (4): 179 - 180.

[22] 华芳英. 现代新型职业农民的特征趋向与培育路径 [J]. 继续教育研究, 2015 (6): 37 - 40.

[23] 邓湧, 冯进展, 杜艳艳. 新型职业农民经营管理能力构成与培训策略研究 [J]. 农业经济, 2015 (7): 19 - 21.

[24] 常佳佳, 王伟. 论职业化新型农民的培育 [J]. 青岛农业大学学报 (社会科学版), 2010, 03: 33 - 35, 48.

[25] 丁丽军, 赵莎莎, 钱建中等. 新型农民职业教育培训需求现状分析——以江苏省盱眙县为例 [J]. 江苏农业科学, 2012, 07: 23 - 25.

[26] 陈池波, 韩占兵. 农村空心化、农民荒与职业农民培育 [J]. 中国地质大学学报 (社会科学版), 2013, 01: 74 - 80, 139.

[27] 童洁, 李宏伟, 屈锡华. 我国新型职业农民培育的方向与支持体系构建 [J]. 财经问题研究, 2015, 04: 91 - 96.

[28] 张红. 农业现代化进程中新型职业农民的培育研究——基于关中

杨村的调查 [J]. 西北人口, 2013, 02: 89-94.

[29] 石骏. 农民专业合作社视域下的新型职业农民培养研究 [J]. 教育理论与实践, 2013, 15: 21-23.

[30] 李小红. 农民专业合作社参与新型职业农民培育研究 [J]. 山西农业大学学报 (社会科学版), 2014, 09: 898-901.

[31] 王志成. 新型职业农民培育与家庭农场建设的探讨 [J]. 浙江农业科学, 2013, 12: 1702-1703.

[32] 朱启臻. 新型职业农民与家庭农场 [J]. 中国农业大学学报 (社会科学版), 2013, 02: 157-159.

[33] 王治, 程星. 论职业农民主导下的家庭农场创业 [J]. 江汉论坛, 2015, 04: 21-24.

[34] 赵邦宏. 对培育新型职业农民问题的思考 [J]. 农民科技培训, 2012, 05: 16.

[35] 张桃林. 培育新型职业农民将伴随农业现代化发展全过程 [J]. 农民科技培训, 2012, 05: 4-7.

[36] 李红, 王静. 日本农民职业教育: 现状、特点及启示 [J]. 中国农业教育, 2012, 02: 38-41.

[37] 周建华, 王锡锋. 新型农民培训: 瓶颈与对策 [J]. 江苏农村经济, 2012, 03: 43-44.

[38] 周波. 构建职业教育培育新型农民能力的有效模式 [J]. 湖湘三农论坛, 2009, 00: 518-522.

[39] 李俏, 李辉. 新型职业农民培育: 理念、机制与路径 [J]. 理论导刊, 2013, 09: 82-84.

[40] 张宇, 肖凤翔. 关于构建农民职业资格框架的思考 [J]. 教育与职业, 2015, 05: 11-14.

[41] 邓志军, 黄日强. 澳大利亚的农业职业教育 [J]. 世界农业, 2004, 12: 45-47.

[42] 郜艳丽, 李峰. 农村职业教育在培育新型农民中的意义及发展对策 [J]. 安徽农业科学, 2009, 02: 834-835, 900.

[43] 李青彦, 叶波. 以培训为支撑加快新型职业农民培育步伐 [J]. 云南农业, 2013, 05: 87.

[44] 徐涌, 戴国宝. 我国新型职业农民培育问题与对策研究 [J]. 成人

教育, 2013, 05: 77 - 79.

[45] 段飞泉. 新型农民培育与农村教育改革创新 [D]. 南昌: 南昌大学, 2007.

[46] 莫鸣. 新型农民培养模式研究 [D]. 长沙: 湖南农业大学, 2009.

[47] 张亮. 我国新型农民培训模式研究 [D]. 保定: 河北农业大学, 2010.

[48] 许浩. 培育新型职业农民: 路径与举措 [J]. 中国远程教育, 2012, 11: 70 - 73.

[49] 洪仁彪, 张忠明. 农民职业化的国际经验与启示 [J]. 农业经济问题, 2013, 05: 88 - 92, 112.

[50] 叶俊焘, 米松华. 新型职业农民培育的理论阐释、他国经验与创新路径——基于农民现代化视角 [J]. 江西社会科学, 2014, 04: 199 - 204.

[51] 范禄成. 对发展农民专业合作社的几点思考 [J]. 现代农业科技, 2009, 06: 290 - 291.

[52] 农业部办公厅关于新型职业农民培育试点工作的指导意见 [J]. 农民科技培训, 2013, 08: 10 - 11, 14.

[53] 陈其林, 韩晓婷. 准公共产品的性质: 定义、分类依据及其类别 [J]. 经济学家, 2010, 07: 13 - 21.

[54] 胡永洲. 培养新型职业农民打造现代农业生产主体 [J]. 上海农村经济, 2013, 07: 39 - 42.

[55] 张炳霖. 龙头企业与农户利益联结机制研究 [D]. 北京: 北京工商大学, 2011.

[56] Becker G S. Nobel Lecture: The Economic Way of Looking at Behavior [J]. Journal of Political Economy, 1993, 101 (3): 385 - 409.

[57] Buchanan J. The demand and supply of public goods [J]. American Journal of Agricultural Economics, 1999, 51 (1): 213 - 214.

[58] 黄波. 我国地方政府行政成本控制研究 [D]. 湘潭: 湘潭大学, 2013.

[59] 李伟. 新型职业农民培育问题研究 [D]. 成都: 西南财经大学, 2014.

[60] 公共产品理论的研究与分析 [OL]. http://www.caikuailw.com/news/201507/3453.html.

[61] 李小云. 参与式发展概论 [M]. 北京：中国农业大学出版社，2001.

[62] Jacob Mincer. Investment in Human Capital and Personal Income Distribution [J]. The Journal of Political Economy，1958，4：281 –303.

[63] 李守身，黄永强. 贝克尔人力资本理论及其现实意义 [J]. 江淮论坛，2001，05：28 –35.

[64] 罗君丽. 交易成本概念的演化：一个不完全的综述 [J]. 河南社会科学，2007，06：89 –92.

[65] 王文宾. 演化博弈论研究的现状与展望 [J]. 统计与决策，2009，03：158 –161.

[66] 李凌，王翔. 论博弈论中的策略思维 [J]. 上海经济研究，2010，01：35 –41.

[67] 罗彬. 浅议经济活动中的理性与非理性 [J]. 新疆社科论坛，2002，04：24 –26.

[68] 罗必良. 新制度经济学 [M]. 太原：山西经济出版社，2006.

[69] Jane Yarnall. Career anchors：results of an organisational study in the UK [J]. Career Development International，1998，Vol. 3 Iss：2：56 –61.

[70] 徐勇. 农民理性的扩张："中国奇迹"的创造主体分析——对既有理论的挑战及新的分析进路的提出 [J]. 中国社会科学，2010，01：103 –118，223.

[71] 晋洪涛. 家庭经济周期理性：一个农民理性分析框架的构建 [J]. 经济学家，2015，07：55 –64.

[72] Meyer J P，Stanley D W，Herscovitch L，et al. Affective，Continuance，and Normative Commitment to the Organization：A Meta – analysis of Antecedents，Correlates，and Consequences. [J]. Journal of Vocational Behavior，2002，61 (0)：20 –52.

[73] 何蓉蓉，付亚萍. 浅析第二代农民工综合素质与能力的提升 [J]. 技术与市场，2009，07：72 –73.

[74] 宋晶. 现代职业教育伦理研究 [D]. 天津：天津大学，2013.

[75] 陈会英，周衍平，赵瑞莹. 分化·动因·对策——中国农民职业分化问题探析 [J]. 农业现代化研究，1996，05：258 –262.

[76] 史清华，徐翠萍. 农户家庭农地流转行为的变迁和形成根源——

1986～2005 年长三角 15 村调查 [J]. 华南农业大学学报（社会科学版），2007，03：1 –9.

[77] 牟少岩，杨学成. 农民职业分化微观影响因素的实证研究——以青岛为例 [J]. 农业经济问题，2008，11：90 –95，112.

[78] 杨金凤，张清霞. 教育对农村劳动力外出就业及收入的影响——基于山西省的调查 [J]. 高等农业教育，2005，12：91 –95.

[79] 张林秀，霍艾米，罗斯高，黄季焜. 经济波动中农户劳动力供给行为研究 [J]. 农业经济问题，2000，05：7 –15.

[80] 苏群. 农业产业化经营的组织模式与农民合作经济组织的培育 [J]. 农村经济，2004，03：35 –37.

[81] Gould J L. Notes on Peasant Consciousness and Revolutionary Politics in Nicaragua 1955 – 1990 [J]. Redvet Revista Electrónica De Veterinaria，2014，15：50 –62.

[82] 乔冬. 家庭主要因素对大学生职业选择的影响 [J]. 出国与就业（就业版），2010，14：42 –44.

[83] 赵志群. 职业选择的理论模式与影响因素 [J]. 现代技能开发，1995，02：33 –34.

[84] Huffman, W. E. Allocative Efficiency：the Role of Human Capital [J]. Quarterly Journal of Economics，Vol. 1977，91（1）：59 –77.

[85] 李恒. 外出务工促进农民增收的实证研究——基于河南省 49 个自然村的调查分析 [J]. 农业经济问题，2006，07：23 –26，79.

[86] 马玲. 着力培养和造就新型农民队伍 [J]. 农业经济，2015，01：109 –110.

[87] 李俏，李辉. 新型职业农民培育：理念、机制与路径 [J]. 理论导刊，2013，09：82 –84.

[88] 王守聪，赵邦宏，曹琳琳. 新型职业农民培育的安康实践与思考 [J]. 农民科技培训，2013，11：7 –9.

[89] 四川省崇州市农村发展局. 崇州：搭建四大平台培育新型职业农民 [J]. 农民科技培训，2014，08：16 –17.

[90] 谢瑞武. 培育农业职业经理人　发展新型农业 [J]. 农村工作通讯，2014，19：43 –44.

[91] 张桃林. 培育新型职业农民将伴随农业现代化发展全过程 [J]. 农

民科技培训，2012，05：4-7.

[92] 程国强．"农业共营制"是我国农业经营体系的新突破 [J]．农经，2015，04：10.

[93] 骆永亮．培育新型职业农民 推动现代农业发展 [J]．四川农业科技，2015，02：70-71.

[94] 四川省崇州市委．崇州搭建四大平台培育职业农民 [J]．农村工作通讯，2014，01：34-35.

[95] 培育新型职业农民的三点体会 [J]．农民科技培训，2014，01：28.

[96] 陆信娟，马银洁，温徐涛．聚焦如何构建新型农业服务体系——基于成都等地考察的思考 [J]．江苏农村经济，2014，12：22-23.

[97] 邓小明．创新农村经营机制的有益探索——四川省崇州市"1+4"农业发展方式调查 [J]．农村工作通讯，2012，10：21-23.

[98] 门秀琴．崇州市农村土地股份合作社运行情况的调查 [J]．中共成都市委党校学报，2013，03：93-96.

[99] 罗必良．崇州"农业共营制"试验 [J]．决策，2014，09：60-61.

[100] 韩长赋．大力培育新型职业农民 为建设现代农业提供人才支撑 [J]．农村工作通讯，2013，24：17-20.

[101] 马春艳．我国农业生物产业技术创新路径及政策研究 [D]．武汉：华中农业大学，2008.

[102] 中国共产党第十八届中央委员会第三次全体会议公报 [OL].
http：//politics. people. com. cn/n/2013/1112/c1024-23519136. html.

[103] 隋敏．企业社会资本研究 [D]．青岛：中国海洋大学，2012.

[104] 陈宏辉．企业的利益相关者理论与实证研究 [D]．杭州：浙江大学，2003.

[105] 企业利益——搜狗百科 [OL]. http：//baike. sogou. com/v63719578. htm? fromTitle = % E4% BC% 81% E4% B8% 9A% E5% 88% A9% E7% 9B% 8A.

[106] 梁伟康，吕敏．中小企业的有效财务目标——利润最大化 [J]．当代经济，2001，03：37.

[107] 王文波，张超．知识经济时代对马克思劳动价值论的影响 [J]．中国集体经济，2011，01：81.

[108] 庄玉梅．基于企业成长视角的核心利益相关者界定 [J]．山东社

会科学, 2010, 10: 96 - 98.

[109] 聂伟. 论企业的职业教育责任 [D]. 天津: 天津大学, 2013.

[110] 刘铁明, 袁建昌. 企业人力资本分类研究 [J]. 税务与经济, 2008, 03: 42 - 46.

[111] 利益机制 - MBA 管理百科 [OL]. http: //wiki. mbalib. com/wiki/%E5%88%A9%E7%9B%8A%E6%9C%BA%E5%88%B6.

[112] 崔月明. 利益相关者视角下的企业社会责任研究 [D]. 上海: 华东师范大学, 2010.

[113] 刘有贵, 蒋年云. 委托代理理论述评 [J]. 学术界, 2006, 01: 69 - 78.

[114] 罗必良. 论农业分工的有限性及其政策含义 [J]. 贵州社会科学, 2008, 01: 80 - 87.

[115] 张森林, 陈光玖, 张斌. 企业人力资本投资及效益研究 [J]. 科学管理研究, 2009, 03: 91 - 95, 111.

[116] 企业人力资本投资优化创新的理论与对策 [OL]. http: //www. docin. com/p - 137271281. html.

[117] 杨娅芳. 基于战略的企业人力资本投资收益与风险评价 [D]. 西安: 西北工业大学, 2007.

[118] 人力资本专用性 - 搜狗百科 [OL]. http: //baike. sogou. com/v66889904. htm? fromTitle = %E4%BA%BA%E5%8A%9B%E8%B5%84%E6%9C%AC%E4%B8%93%E7%94%A8%E6%80%A7.

[119] 于吉鑫. 企业资源整合的经济学分析 [D]. 长春: 吉林大学, 2006.

[120] 桑培光. 资源获取与农业企业创业绩效影响关系研究 [D]. 南昌: 江西财经大学, 2013.

[121] 韩娜. 我国新型职业农民培育问题研究 [D]. 大连: 大连海事大学, 2013.

[122] 张养利, 杨建军, 何小伟. 彰显职能作用, 培育新型职业农民——陕西省农广校培育职业农民工作纪实 [J]. 农民科技培训, 2015, 02: 6 - 9.

[123] Sen A K. Collective choice and social welfare [J]. Holden Day, 1970: 201 - 218.

[124] 金绍荣, 肖前玲. 新型职业农民培育: 地方政府的角色、困境及

出路 [J]. 探索, 2015, 03: 108 - 112.

[125] 马建富. 新型职业农民培育的职业教育责任及行动策略 [J]. 教育发展研究, 2015, Z1: 73 - 79.

[126] 文代术. 中等农业职业教育困境与发展对策研究 [J]. 职业教育研究, 2012, 01: 53 - 55.

[127] 陈建华. 中等农业职业教育发展的若干思考 [J]. 中国发展观察, 2009, 07: 35 - 38.

[128] 白菊红. 农村人力资本积累与农民收入分配机理研究 [D]. 杭州: 浙江大学, 2002.

[129] 张宝文. 以人为本, 科学发展, 大力开展农民职业技术教育 [J]. 中国职业技术教育, 2004, 20: 15 - 16, 33.

[130] 张磊. 农业劳动力转移培训研究 [D]. 成都: 西南财经大学, 2007.

[131] 钟博. 提升现阶段我国农村科普工作实效性的路径分析 [D]. 重庆: 重庆大学, 2014.

[132] 贾晟. 农民科学普及在新农村建设中的意义 [J]. 中国农村小康科技, 2010, 11: 19 - 23.

[133] 温家宝主持召开国务院常务会议决定对中等职业学校农村家庭经济困难学生和涉农专业学生逐步免除学费 [J]. 中国职业技术教育, 2010, 01: 5.

[134] 吴鹤, 索志林. 黑龙江省农村青年人力资源开发现状及对策 [J]. 黑龙江科技信息, 2007, 22: 121.

[135] 刘晓春, 乔芬. 社会主义新农村背景下的河北省农民教育体系的建立与实施 [J]. 安徽农业科学, 2012, 06: 3809 - 3811.

[136] 高洁. 农村职业教育发展策略浅析 [J]. 河南教育 (职成教版), 2014, Z1: 24 - 25.

[137] 李成华, 张秀萍, 谷险峰, 曹艳维, 万英杰, 徐雅娟. 关于提高农民教育培训质量的几点建议 [J]. 农业与技术, 2013, 09: 218.

[138] 聂文婷. 人力资本对农村劳动力非农就业及其工资的影响 [D]. 扬州: 扬州大学, 2008.

[139] 李剑富, 许祥云, 魏毅. 农村职业教育发展的思考 [J]. 高等农业教育, 2006, 02: 89 - 91.

[140] 樊剑. 社会主义新农村建设中提升农民素质研究及对策 [D]. 太

原：山西财经大学，2008.

[141] 陈蓓蕾，童举希．地方政府促进新型职业农民培育的思路与对策 [J]．贵州农业科学，2013，06：249－251.

[142] 农业部科技教育司．加快构建新型职业农民政策扶持体系 [N]．农民日报，2014－10－18.

[143] 叶俊焘，米松华．新型职业农民培育的理论阐释、他国经验与创新路径——基于农民现代化视角 [J]．江西社会科学，2014，04：199－204.

[144] 樊英．职业农民培育问题研究 [D]．长沙：湖南农业大学，2014.

[145] 韩力军，刘星，蒋锋．培育新型职业农民是推动农业产业发展的有效途径 [J]．当代农机，2014，10：75－76.

[146] 周瑾，张亮，赵邦宏．科学培育新型职业农民 [N]．农民日报，2015－02－14.

[147] 招远市新型职业农民认定管理办法（暂行）[J]．农民科技培训，2013，07：14，11.

[148] 加快构建新型职业农民政策扶持体系 [J]．山西农经，2014，03：24－25.

[149] 新型职业农民培育工程启动实施 [J]．农民科技培训，2014，08：2.

[150] 周瑾，李逸波，张亮．我国新型职业农民培育的阶段性探索与成效 [J]．河北农业大学学报（农林教育版），2015，02：118－122.

[151] 五河县新型职业农民扶持政策（试行）[OL]．http：//www.360doc.com/content/15/0202/16/21817113_ 445740461.shtml.

[152] 陈蓓蕾．地方政府培育新型职业农民路径研究 [D]．苏州：苏州大学，2015.

[153] 付丽苹．我国发展低碳经济的行为主体激励机制研究 [D]．广州：中南大学，2012.

[154] 唐献玲．农业产业转型升级中新型职业农民培育的思考 [J]．农业经济，2016，01：54－56.

[155] 刘卫东，刘圣庆，张召水．新型职业农民教育培养工程模式构建 [J]．现代教育，2015，01：78－80.

[156] 王凤娇．吉林省新型职业农民培育问题研究 [D]．长春：吉林农

业大学，2014.

[157] 张胜军，黄晓赟，吕莉敏．新型职业农民培育的公益性及其实现策略 [J]．职教论坛，2014，19：65-68.

[158] 张新民，韩占兵．新生代农民的利益诉求与新型职业农民培育 [J]．职教论坛，2014，04：56-59.

[159] 张丽丽，赵邦宏，王哲，刘子刚．新农村建设中农民教育培训的需求分析——以河北省为例 [J]．东北农业大学学报（社会科学版），2008，02：20-23.

[160] 王欣双．中国教育供给的公平与效率问题研究 [D]．鞍山：东北财经大学，2011.

[161] 师连枝．新型职业农民成长的多元载体构建 [J]．河南商业高等专科学校学报，2015，05：11-15.

[162] 钱明．新型职业农民教育培训规律研究——基于泰兴市农民教育培训的实践 [J]．安徽农业科学，2015，04：382-384.

[163] 赵强社．职业农民培育路径探微 [J]．理论导刊，2009，03：56-58.

[164] 周瑾，李逸波，张亮，赵帮宏．澳大利亚职业农民培育的探索与研究 [J]．世界农业，2015，04：184-190，204.

[165] 张亮，周瑾，赵帮宏，李逸波．国外职业农民培育比较分析及经验借鉴 [J]．高等农业教育，2015，06：122-127.

[166] 李逸波．现代化进程中的农民职业分化研究 [D]．保定：河北农业大学，2013.

[167] 赵强社，陈遇春．基于城乡统筹的新农村建设路径探讨——以陕西咸阳为例 [J]．西北农林科技大学学报（社会科学版），2009，01：15-18，24.

[168] 赵强社．论职业农民的培育 [D]．杨凌：西北农林科技大学，2009.

[169] 丁关良．土地承包经营权流转制度法律问题研究 [J]．农业经济问题，2011，03：7-14，110.

[170] 柳晓冰．农业现代化进程中的科技人才培养机制研究 [D]．青岛：中国海洋大学，2011.

[171] 刘双双．基于国际经验的我国新型农民教育培训有效途径研究 [J]．江苏农业科学，2012，07：20-22.

后　　记

　　本书是在我的博士学位论文基础上修改完成的，也是本人 2019 年承担的河北省社会科学基金项目（项目编号：HB19GL027）的研究成果。在书稿即将付梓之际，首先要感谢我敬爱的研究生导师赵邦宏教授。赵老师作为全国新型职业农民培育专家咨询组专家，自 2013 年 8 月便带领我走入了新型职业农民问题研究的大门，六年来，先后支持我参与了 2014 年农业部"百乡万户"调研，2014 年农业部一号课题项目（培养造就新型职业农民队伍政策研究），2016 年农业部新型职业农民培育模式遴选与撰写工作等。在导师的关怀和指导下，2019 年，我有幸受聘为河北省新型职业农民培育专家咨询组专家。在导师的引领和熏陶下，经过多年的农村调研生活，一个在城市长大的我，逐渐变成了一个热爱农村、热爱农民、热爱研究"三农"问题的学者。这样的成长，离不开赵老师孜孜不倦、勤勉认真、求真务实的精神感染。本书从研究选题、资料获得、修订调整到最终的成文定稿，无不凝聚着赵老师的智慧指引。值此著作出版之际，我衷心地向他表示敬意和感谢。

　　在本书的写作过程中，采用了大量的实地调研、问卷数据和个案访谈材料。感谢农业部科教司教育处张景林调研员，在本书写作过程中，与他的交流点亮了许多思考的灵感，让我深受启发，同时他也给予了我导师般的关心和指导。感谢农业部科教司教育处纪绍勤处长，中央农广校齐国副校长、文承辉处长和魏亚萍副处长，以及河北省农业厅杨延昌副处长，他们在政策文件、调查数据、典型案例的获取上给予了我巨大的帮助。感谢河北农业大学、河北师范大学的多位研究生和本科生，他们作为调查员参与了问卷的发放、填写和回收工作，并协助我完成了调查数据的整理和登统工作。感谢各位配合调查的农民朋友，在多年的交流中，他们热情好客、朴实无华、坚毅勤勉的精神深深地感染了我，让我体会到新型职业农民的道德风尚和职业精神。感谢河北师范大学法政与公共管理学院的领导和同仁，他们对本书内容的修订提出了宝贵意见。感谢河北省哲学社会科学规划办公室、河北省教育厅、河北师范大学对于本书阶段性成果的资助与肯定。

最后，感谢经济科学出版社为本书的内容修改和最终出版提供了大力支持。还要感谢我的家人，在本书的写作过程中，他们给予了我极大的包容和支持，他们是我前行的永续动力，是我不灭的精神支柱，他们的爱伴我一路前行。

值此书出版，我心欣然感怀。但对我个人而言，对新型职业农民问题的研究也只是开篇而已，长路漫漫其修远。由于个人水平有限，疏漏之处在所难免，敬请各位专家、学者、领导评析指正。

周　瑾
2020 年 7 月于河北石家庄